FORÇA

Princípios Metodológicos para o Treinamento

Steven Fleck

Roberto Simão

Força – princípios metodológicos para o treinamento

1ª edição brasileira, 2008

Rua 13 de Maio, 598 – Bela Vista – São Paulo – SP
CEP: 01327-000 – Brasil
Tel/Fax: (11) 3141-1033
Site: www.phorte.com *E-mail*: phorte@terra.com.br

Produção e Supervisão Editorial: Fábio Mazzonetto
Gerente Editorial: Sérgio Roberto Ferreira Batista
Editora Assistente: Waldelice Helena de Moraes Dias
Revisão: Marcela Mitie de Souza Magari
Projeto Gráfico e Editoração Elerônica: Cauê Yuiti Losito Imamura
Ilustrações: Altemar Domingos
Capa: Waldelice Dias
Fotografia: Shirley Feu
Modelos: Renata Sardinha; Isaac Balbi; Hérika Dias; Frederico Matos
Impressão: Prol

Este livro foi catalogado pelo SNEL

ISBN 978-85-7655-139-3

Impresso no Brasil
Printed in Brazil

FORÇA

Princípios Metodológicos para o Treinamento

Agradecimentos

Quando começamos um grande projeto, como escrever um livro, muitas pessoas precisam estar envolvidas para torná-lo um sucesso. Este livro exigiu o envolvimento de várias pessoas e estou certo que negligenciarei algumas que merecem minha gratidão ao trazer este livro para publicação. Primeiramente, gostaria de agradecer ao meu co-autor Roberto Simão por seus esforços. Também gostaria de agradecer Sérgio Batista, Fábio Mazzonetto e todas as pessoas da Phorte Editora pelo trabalho que permitiu a publicação deste livro. Todos os atletas, técnicos, personal trainers e preparadores físicos que dividiram suas idéias comigo merecem meu agradecimento. Por último, agradeço minha esposa, Maelu, por permitir a liberdade e o tempo necessários para que eu pudesse escrever este livro.

Steven J. Fleck, Ph.D.

Primeiramente, gostaria de agradecer ao convite do Prof. Ph.D., Steven Fleck, para escrever este livro. Certamente, o meu aprendizado e evolução acadêmica foram incomensuráveis. Considero o Prof. Steven Fleck um dos maiores nomes do mundo na área do treinamento de força, vide suas inúmeras publicações. Realmente fico emocionado por redigir uma obra em conjunto com esse amigo. Obrigado, Steve.

Não poderia jamais esquecer de agradecer à minha mulher, Adriana Lemos. Sempre ao meu lado, nos momentos de desafios e conquistas.

Aos meus pais, Tilda Cardoso e Roberto Fares Simão, por terem me dado o caminho da vida.

Aos meus alunos que continuamente me passam o conhecimento de ser, acima de tudo, professor de Educação Física.

Ao amigo Fábio Mazzonetto, por sempre acreditar no meu potencial.

Ao Prof. Sérgio Batista, por me apoiar e trabalhar comigo desde a elaboração do meu primeiro livro.

A Academia Companhia Atletica do Rio de Janeiro por permitir usar suas instalações. Obrigado Daniel Adler.

Roberto Simão

Quando o humano aprender que a vida é feita de desafios constantes, talvez não seja somente o crítico em que nada contribui. Talvez com essa pequena evolução, ele se torne um ser humano e obtenha suas primeiras conquistas, sem importar-se com o sucesso dos outros.

Apresentação

O tema Treinamento de Força tem seu destaque na comunidade acadêmica como um fenômeno contemporâneo, pois é capaz de promover inúmeros benefícios à saúde e à qualidade de vida do homem moderno.

Visto sob uma perspectiva mais ampla, o treinamento de força também é muito procurado para fins estéticos e terapêuticos, e, portanto envolve um campo de discussão rico e diversificado devido aos múltiplos aspectos que delimitam sua prática.

Esta obra é resultante do conjunto de experiências profissionais dos autores, apresentado através de uma linguagem acessível, com embasamento científico atualizado. Escrita a quatro mãos, ela se apresenta dividida em nove capítulos, que abordam os benefícios do treinamento de força em indivíduos saudáveis, os princípios do treinamento e suas variáveis metodológicas (ordem dos exercícios, os números de séries, a freqüência semanal, a velocidade de execução entre outros), a periodização e a análise prática dos principais exercícios realizados em salas de musculação.

Através desta obra, os leitores terão a oportunidade de acessar informações atualizadas, além de revisões conceituais sobre sua aplicabilidade prática.

Cabe ressaltar que o conteúdo apresentado nesta obra tem como objetivo orientar o leitor sobre todos os aspectos que envolvam o treinamento de força, visando a possibilitar a melhor adequação dos parâmetros de treino ao objetivo almejado.

Roberto Simão

Sumário

1

Benefícios do Treinamento de Força

Introdução

Nos últimos anos, o número de pesquisas relacionadas ao treinamento de força aumentou, em grande parte, por causa da constatação da importância dessa forma de atividade na promoção da saúde e estética. Diversas entidades, como o *American College of Sports Medicine* (ACSM), em seus guias de prescrição de exercícios (*Guidelines*) ou documentos institucionais, vêm ajudando a divulgar a importância dessa forma de trabalho e incentivando o desenvolvimento de pesquisas relacionadas ao tema. Além disso, a aplicação do treinamento de força em populações com necessidades especiais também vem sendo bastante difundida. A literatura, inclusive, já apresenta pareceres institucionais especificamente direcionados ao treinamento de força nessas populações. Com isso, a conscientização dos profissionais de saúde, e da população em geral, vem aumentando, levando ao crescimento dos praticantes do treinamento de força.

Sendo assim, o treinamento de força passou por uma extraordinária evolução nos últimos 50 anos. Executado anteriormente por um pequeno segmento da sociedade, hoje tornou-se popular entre uma grande camada da população, em razão dos muitos benefícios que propicia à estética e à saúde. Nas décadas de 1930 e 1940, o treinamento de força era realizado quase exclusivamente por um pequeno número de atletas, em especial os levantadores de pesos olímpicos e culturistas. Na verdade, as pessoas tinham medo desse tipo de treinamento, pois acreditavam que, além de não trazer benefício, ele poderia lesionar a estrutura músculo-esquelética e causar encurtamento muscular. Durante as décadas de 1950 e 1960, os mitos de que o treinamento de força poderia prejudicar a estrutura músculoesquelética, causar lesões e tornar a pessoa mais lenta fisicamente, mostraram-se infundados, e cada vez mais atletas passaram a adotá-lo como parte integrante de um programa de condicionamento físico. O aumento gradual do número de atletas de elite que praticam esse treinamento resultou no que vemos hoje: em vários esportes, torna-se quase impossível a um atleta de nível internacional alcançar o sucesso sem um programa de treinamento de força de forma racional e adequada.

Nas décadas de 1970 e 1980, o treinamento de força passou a ser incluído no programa de condicionamento não apenas de atletas, mas também de indivíduos de ambos os sexos que procuram estética e saúde. Nos anos 1990, em conseqüência dos muitos benefícios do treinamento de força para a aptidão física e para a saúde, pessoas de praticamente todas as faixas etárias passaram a envolver-se no treinamento de força, que começou a ser adotado também como atividade recreativa tanto para crianças quanto para idosos. Pelos vários benefícios que proporciona, sem dúvida, continuará com a popularidade em alta no futuro.

O aumento gradual da popularidade do treinamento de força a partir da década de 1950 foi causado, em grande parte, pela capacidade de oferecer benefícios à estética, aptidão física e à saúde que não podem ser facilmente obtidos pelo treinamento aeróbico ou de flexibilidade. Além disso, a prática aumenta o desempenho tanto do atleta profissional quanto do amador. O treinamento de força é popular entre indivíduos de todas as faixas etárias por resultar em uma condição saudável.

A aceitação cada vez maior deve-se, sobretudo, aos reconhecidos benefícios para a saúde, inclusive o aumento da força, do volume muscular e da densidade mineral óssea. Todos esses itens são importantes para a manutenção da saúde integral, tanto na juventude quanto em idades mais avançadas. Outras vantagens, apesar de não relacionadas ao treinamento de força, agora estão tornando-se evidentes. Atualmente, já é verificado que o treinamento de força desempenha um importante papel coadjuvante na manutenção da taxa do metabolismo de repouso e, desta forma, ajuda a controlar o peso corporal durante toda a vida. Com certeza, no futuro, serão evidenciados muitos outros benefícios do treinamento de força para a aptidão física e saúde.

Aumento da Força

Talvez o benefício mais evidenciado no treinamento de força seja o aumento da própria força muscular, fator decisivo para melhorar o desempenho tanto de atletas como de pessoas nas atividades cotidianas, como, por exemplo, subir escadas. As mulheres, assim como os homens, apresentam aumento de força por causa do treinamento. Ao participar de um programa de treinamento de força igual ao do homem, a mulher ganha força em ritmo similar ao do homem ou até mesmo mais rápido (Lemmer et al., 2000; Cureton et al., 1988). Contudo, o aumento absoluto da força mostra-se mais acentuado nos homens. Por exemplo, se o limite para executar uma repetição máxima (1 RM) no supino é de 90 kg para um homem e 40 kg para uma mulher, e considerando-se que ambos elevam sua capacidade em 20%, o ganho no resultado do homem será de 18 kg e, no da mulher, de 8 kg. Desta forma, embora o percentual seja o mesmo, o aumento de carga absoluta do homem é maior.

O aumento da força acontece em razão de dois fatores primordiais: neurais e hipertróficos (ver Gráfico 1.1). Durante as primeiras semanas do treinamento, a força aumenta em conseqüência do "aprendizado do exercício", ou seja, da coordenação do movimento executado, sendo esse incremento da força causado, sobretudo pelas adaptações neurais (Carrol et al., 2001; Sale, 1988).

O termo "adaptações neurais" tem sido utilizado para resumir três fenômenos que influenciam o aumento da força:

1. **Aumento do número de unidades motoras recrutadas.**
2. **Aumento da freqüência de recrutamento dessas unidades motoras.**
3. **Redução da co-contração.**

Talvez a melhor forma de melhorar a capacidade de força seja o desenvolvimento do sistema neural. Nesse sentido, a proposta do treinamento de força seria incrementar a capacidade de recrutar a maior quantidade possível de unidades motoras, em especial as de alto limiar (tipo II), na maior freqüência de recrutamento possível (número de vezes) e reduzir a co-contração (Deschenes e Kraemer, 2002). A redução da co-contração consiste em diminuir o recrutamento dos músculos antagônicos (que executam o movimento oposto ao de outro músculo) durante o exercício. Por exemplo, durante a extensão do cotovelo (tríceps), deve-se reduzir a contração do bíceps, para que o desenvolvimento da força no tríceps não seja comprometido. Quanto mais o indivíduo for destreinado, menor será o recrutamento de unidades motoras e freqüência de recrutamento dessas unidades motoras, além de que, maior será a co-contração. Esse processo atua como um sistema de defesa para evitar que o indivíduo destreinado ou pouco treinado implemente cargas elevadas, a ponto de colocar-se em risco de lesão.

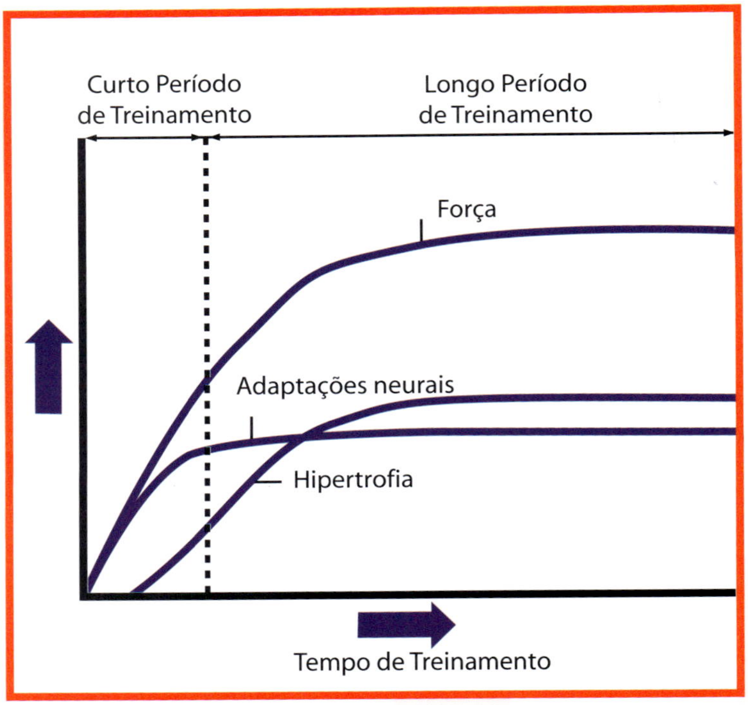

Gráfico 1.1 As adaptações neurais e a hipertrofia muscular contribuem para os ganhos de força.

Adaptações neurais são freqüentemente dominantes em programas de treinamento de força para pessoas não treinadas ou destreinadas, contribuindo primordialmente para ganhos iniciais de força e com pouco impacto nos ganhos de massa muscular (hipertrofia). Todas essas adaptações neurais são fatores que distinguem uma pessoa com experiência em treinamento de força de outra que não se envolveu com esse tipo de prática. Conforme o treinamento avança, os ganhos de força tornam-se mais dependentes das alterações na hipertrofia muscular, que são bem mais lentas e graduais do que as adaptações neurais. Desta forma, após terem sido feitas as adaptações neurais, o grau de aumento da força é lento e gradual, em razão da sua dependência da hipertrofia muscular (Kraemer et al., 1996).

Conhecendo essas duas fases principais do aumento de força, é possível compreender as alterações fisiológicas. Por causa das adaptações neurais, um indivíduo sem experiência em treinamento com pesos pode esperar ganhos de força relativamente grandes durante as primeiras semanas. Conforme o treinamento prossegue, no entanto, esses ganhos diminuem, pois passam a depender das alterações no volume muscular. Por esse motivo, não seria realista esperar imediatos e elevados ganhos de força em períodos longos de treinamento. Se os exercícios com pesos forem interrompidos por um período e, depois reiniciados, pode ser que haja um rápido ganho de força inicial, em virtude das adaptações neurais, sobretudo nas primeiras semanas após a retomada do treinamento. É importante ressaltar, no entanto, que o ganho de força resultante das adaptações neurais de um indivíduo experiente em treinamento com pesos que está retomando suas atividades será menor do que o registrado em pessoas que nunca treinaram antes. Em levantadores de pesos olímpicos experientes, após dois anos de treinamento, as adaptações neurais também ocorrem (Hakkinen et al., 1988), embora sejam menores do que as verificadas em indivíduos que estão apenas começando um programa de treinamento de força. Como a participação das adaptações neurais mostra-se relativamente pequena nos ganhos de força dos indivíduos altamente treinados, é irreal esperar elevados e contínuos ganhos de força. Na verdade, em levantadores olímpicos, um ano de treinamento pode resultar em apenas 2% de aumento da força. Esse aumento de somente 2% nos ganhos de força em levantadores olímpicos pode representar vital importância em uma competição, todavia, em termos percentuais, não se devem esperar aumentos demasiados na força devido aos fatores neurais em indivíduos bem treinados. Embora os valores de aumento da força passem por alterações ao longo do tempo, todos, independentemente da experiência em treinamento, obtêm ganhos de força como resultado da execução de um programa de treinamento de força.

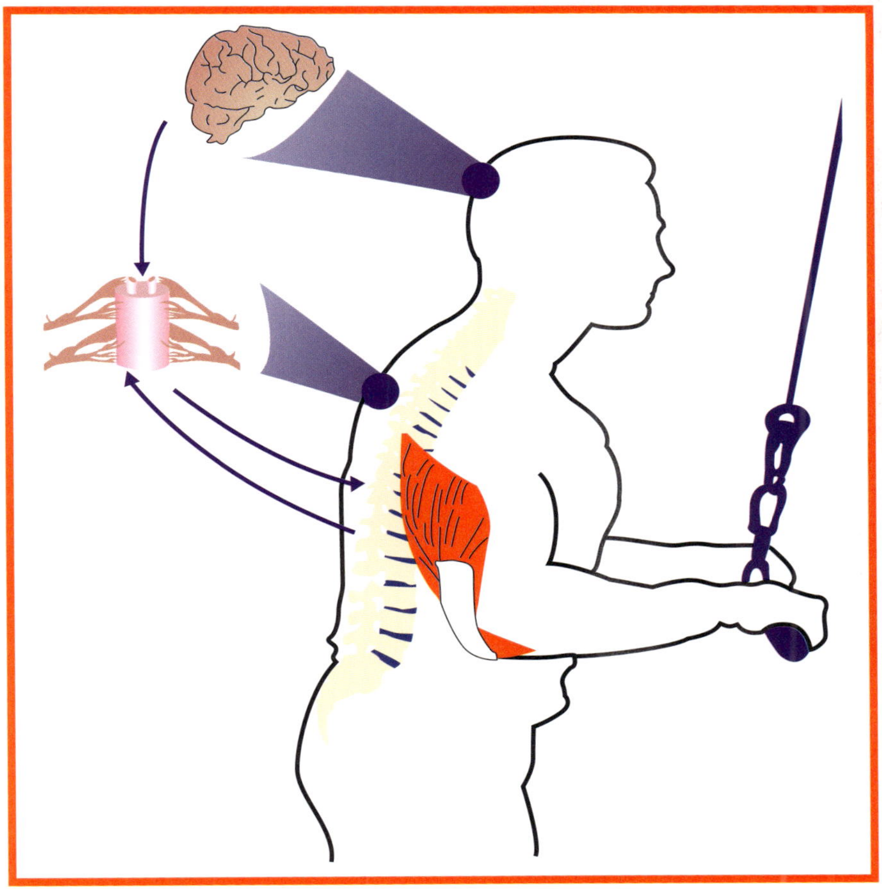

Figura 1.1 O controle muscular pelo sistema nervoso. A *perfomance* da força voluntária não é somente determinada pela quantidade e qualidade de massa muscular envolvida, mas também pela habilidade do sistema nervoso em efetivamente ativar a musculatura. As adaptações do sistema nervoso podem aperfeiçoar o comando central da musculatura (controle cerebral) e aumentar, de certa forma , as respostas motoras (os sistemas aferente e eferente são demosntrados acima)

De extrema importância quando se classifica um programa de adaptações neurais, a intensidade é uma variável do treinamento de força em indivíduos treinados. No treinamento neural, as cargas relativas são elevadas. Poucas repetições levam a um decréscimo no tempo de tensão muscular e, desta maneira, são necessárias mais séries para extenuar as fibras de alto limiar (tipo II). Foi sugerido que se as fibras musculares são recrutadas, mas não sobrecarregadas de maneira a serem levadas à fadiga, elas não foram treinadas adequadamente. A primeira meta no treinamento do sistema nervoso é promover a máxima ativação neural. Nesse contexto, a fadiga do Sistema Nervoso Central (SNC) deve ser considerada. A fadiga do SNC, por ser de origem neurobiológica ou psicológica, reduz o esforço central e o recrutamento das unidades motoras. A fadiga do SNC está ligada a um grande número de mudanças neuroquímicas que podem ter curso de tempo mais longo do que o da fadiga muscular. Por isso, se cada músculo não é metabolicamente recuperado, o sistema nervoso pode não ser capaz de recrutar fibras de alto limiar. Essa noção faz pensar que o treinamento de alta intensidade exigiria longos intervalos de descanso entre as séries, para assegurar uma recuperação adequada e ganhos de força nos indivíduos treinados (Sale, 1987).

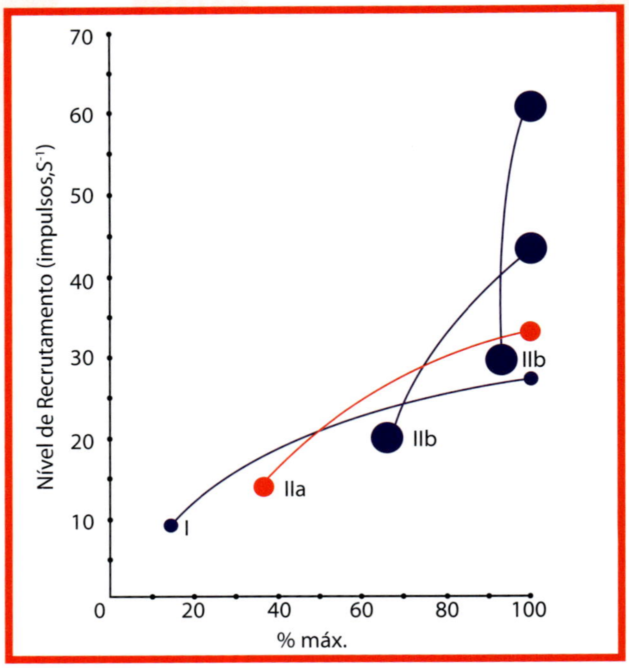

Gráfico 1.2 Princípio do tamanho no recrutamento das unidades motoras. As unidades motoras são recrutadas em ordem, de acordo com o tamanho e o aumento da contração voluntária, de zero até o máximo de força voluntária. O limiar de excitabilidade e a taxa de recrutamento das unidade motoras são demonstrados em quatro fases. As pequenas fiibras oxidativas (tipo I) são recutadas a uma baixa intensidade de esforço. Em outro extremo, temos as fibras altamente glicolíticas (tipo IIb), nas quais ocorre recrutamento até exceder 90% do máximo. Entre essas fibras, temos a fibra IIa. Em uma máxima contração voluntária todas as fibras serão recrutadas. As fibras de contração rápida serão recrutadas mais intensamente em virtude de sua alta velocidade de contração. Adaptação de Hannerz, 1974.

O grande número de séries prescritas no treinamento neural para indivíduos treinados pode limitar os tipos de exercícios que podem ser executados em uma sessão de treino. Um número limitado de exercícios com muitas séries é recomendado, em vez de muitos exercícios diferentes com poucas séries, porque um grande número de repetições pode provocar mudanças neurais adicionais. Repetição é o elemento chave no conhecimento motor. Logo, um elevado número de séries de um único exercício deve facilitar as adaptações motoras para um movimento particular. Para evitar o treinamento de um número limitado de grupos musculares por causa do uso de um ou poucos exercícios, recomenda-se o uso de uma combinação que envolva múltiplas articulações e grandes grupamentos musculares. O grande número de séries prescritas no treinamento neural para indivíduos treinados pode limitar os tipos de exercícios que podem ser executados em uma sessão de treino.

Vale ressaltar que, em indivíduos destreinados, o mesmo procedimento não deve ser realizado. Um grande número de séries prescritas no início do treinamento deve ser evitado, devendo ser realizado um processo progressivo de incremento do número de séries, de acordo com a adaptação do indivíduo ao treinamento de força (Rhea, 2002) (ver Capítulo 7).

Hipertrofia Muscular

A hipertrofia muscular, adaptação bastante conhecida como resultado do treinamento de força, deve-se principalmente à maior concentração de proteína contrátil encontrada no interior das fibras musculares. Com o incremento das proteínas no músculo esquelético, intensifica-se o mecanismo celular para desenvolver a força, motivo pelo qual um músculo grande geralmente é mais forte do que um pequeno. Normalmente, o treinamento com pesos resulta em aumento na área transversal da fibra muscular de 20 a 45%, com possibilidade de chegar a 50% (Staron et al., 1991). A hipertrofia muscular, em conseqüência do treinamento com pesos, ocorre em ambos os sexos (Staron et al., 1989; 1991). Caso homens e mulheres executem o mesmo programa de treinamento, ambos alcançarão ganhos percentuais idênticos no volume da fibra muscular. Como, no entanto, o volume das fibras musculares femininas geralmente é menor – mesmo que o percentual de aumento no volume do músculo seja igual para ambos os sexos –, as mulheres terão músculos menores que os de um homem.

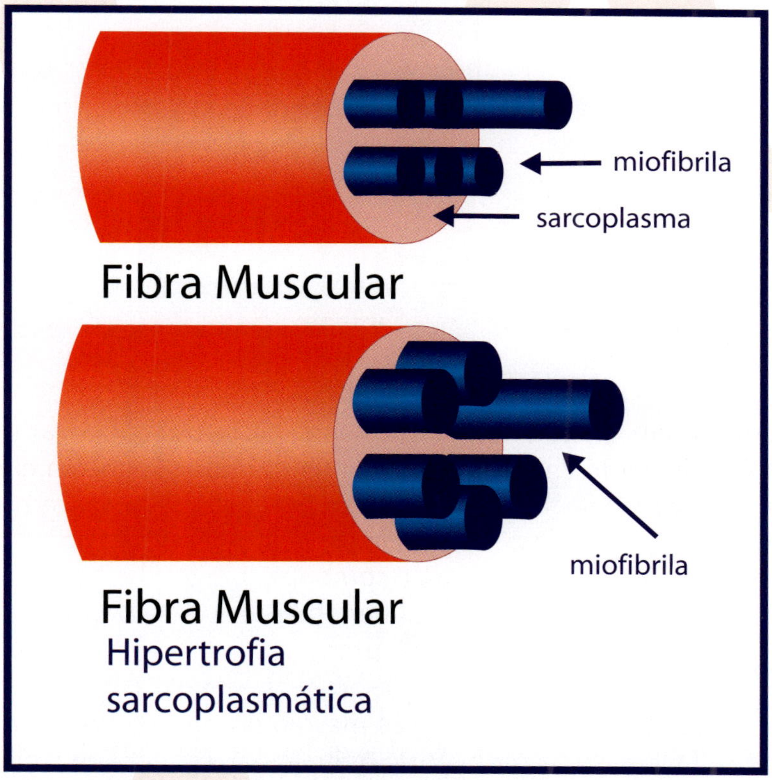

Figura 1.2 A hipertrofia muscular é uma adaptação importante do treinamento de força.

Programas convencionais de treinamento de força resultam em aumento da área transversal das fibras musculares tanto de contração rápida quanto lenta, embora, geralmente, note-se maior ganho percentual de hipertrofia nas de contração rápida (Gonyea e Sale, 1982; Kraemer et al., 1995). A maior parte dos músculos esqueléticos compõe-se de uma combinação de fibras musculares de contração rápida (tipo II) e lenta (tipo I). É importante lembrar que a unidade motora é composta por somente um tipo de fibra muscular. Portanto, como exemplo, podemos analisar o quadríceps. Essa musculatura é composta pelos dois tipos de fibras musculares (tipos I e II), mas cada unidade motora é composta por somente um mesmo tipo de fibra. Isso ocorre por causa da característica do neurônio que inerva cada unidade motora.

As fibras de contração rápida causam fadiga mais rapidamente por se contraírem com maior velocidade do que as fibras de contração lenta. Estas são mais resistentes à fadiga por serem capazes de obterem maiores quantidades de energia de forma aeróbia. Por outro lado, as fibras de contração rápida dependem muito mais das fontes anaeróbias. Disso, resulta uma maior produção de ácido lático – subproduto da obtenção anaeróbia de energia – em especial nas fibras de contração rápida, o que causa desconforto e fadiga, o que foi verificado em alguns tipos de atividade, como levantamento de pesos e corrida de curta distância e alta intensidade. As fontes anaeróbias de energia são capazes de fornecer mais energia por segundo do que as aeróbias, o que confere mais força às fibras de contração rápida em comparação com as de contração lenta, contudo essa fonte de energia esgota-se rapidamente. Essas características explicam porque as fibras de contração rápida estão associadas a atividades que envolvem grande intensidade, potência e curta duração, como, por exemplo, a corrida de curta distância. No entanto, as atividades predominantemente anaeróbias resultam em maior acidose sangüínea em razão da elevada produção de ácido lático que ocorre nas fibras musculares solicitadas no desempenho, sendo esse fator fundamental na sensação de desconforto e fadiga. As fibras de contração lenta, por outro lado, estão relacionadas a atividades de baixa intensidade e longa duração, por causa da capacidade para obter energia aerobiamente.

Tabela 1.1 Proporção de fibras tipo II em atletas que realizam atividades anaeróbias.

Tipo de Atleta	Fibras tipo II
Fisiculturistas	44%
Lançadores de dardo	50%
Corredores de 800m	52%
Levantadores de pesos	60%
Arremessadores de peso	62%
Arremessadores de disco	62%
Corredores e Saltadores	63%

Ao analisarmos o treinamento com o objetivo de aumentar a massa muscular, geralmente é usada carga de intensidade moderada e mais repetições (Kraemer et al., 1996). Entretanto, em diversas fases do treinamento, cargas elevadas e poucas repetições podem realçar uma resposta da hipertrofia, isso se a intensidade do treinamento é mais tarde reduzida com a inclusão do descanso adequado (Fleck e Kraemer, 2004). Existem muitas possíveis razões que justificariam a intervenção de um ciclo de treinamento neural durante o treinamento hipertrófico. Os ganhos de força obtidos durante os períodos de alta intensidade devem-se primariamente a um maior nível de recrutamento das unidades motoras e à síntese de proteína contrátil em oposição à proteína não-contrátil (MacDougall et al., 1984). Portanto, maximizar o recrutamento das unidades motoras por meio da alta intensidade do trabalho neural pode habilitar previamente fibras musculares subutilizadas para serem treinadas (Fleck e Kraemer, 2004). Além do mais, outros sistemas envolvidos na hipertrofia, como o sistema endócrino, são influenciados pela estimulação neuromuscular. Adaptações neurais podem permitir o uso de cargas intensas para um dado número de repetições, de tal modo que se aumente o estimulo hipertrófico (Deschenes e Kraemer, 2002).

O tempo total em que um músculo está sob tensão decorre do número de repetições, velocidade ou tempo para executar o movimento solicitado. A execução dos exercícios com pesos tem, normalmente, três fases: excêntrica, pausa (estática) e concêntrica. Os tempos podem variar, ainda que seja recomendado que a duração total de uma série não exceda 70 segundos. Séries maiores, provavelmente, não têm carga suficiente para o desenvolvimento da força ou hipertrofia muscular, enfatizando mais a resistência de força (Stone et al., 1981).

Os efeitos agudos e crônicos do tempo de tensão sobre o músculo apresentam-se pouco esclarecidos, sobretudo quando a velocidade do movimento não for padronizada. Desse modo, cada indivíduo realiza o exercício com o padrão de movimento mais confortável e diferenças podem ser verificadas. É possível que exista uma relação entre a velocidade de execução do exercício e a fadiga muscular localizada. Desta forma, o exercício intenso proporcionaria um tempo de tensão total menor que a atividade menos intensa, do mesmo modo que exercícios com tempo de tensão maior seriam mais intensos que outros com carga similar (Polito et al., 2003). O percentual de 1 RM e o número de repetições máximas são indicadores da carga a ser mobilizada durante o exercício (ACSM, 2002). Porém, a dificuldade de realizar testes envolvendo 1 RM pode refletir-se em uma interpretação equivocada do resultado em relação à carga. Poucas são as informações na literatura abrangendo o percentual de 1 RM e número máximo de repetições passíveis de serem completadas, bem como as relações entre quantidade de repetições máximas e o percentual de 1 RM correspondente. Possivelmente, grupamentos musculares diferentes suportariam valores também diferentes em termos de percentual de 1 RM (Hoeger et al., 1990). Desta forma, a utilização de um número de repetições referentes ao percentual de 1RM como a carga que deve ser utilizada no treinamento é muitas vezes é aplicado erroneamente . Portanto, utilizar o percentual de 1 RM para definir um número de repetições máximas (Tabela 1.2) normalmente não deve ser utilizada na prescrição do treinamento de força.

Tabela 1.2	
Percentual de 1 RM (%)	**Repetições máximas**
60	15 a 20
65	14
70	12
75	10
80	8
85	6
90	4
95	2
100	1

Cargas moderadas no treinamento de força permitem um número entre 6 a 12 Repetições Máximas (RM) e incrementa o tempo de tensão por série (Fleck e Kraemer, 2004). Corroborando essa informação, um estudo realizado por Weiss et al. (2000) sugeriu que o número ideal de repetições para grandes ganhos hipertróficos em homens, nos membros inferiores, deveria compreender entre 13 a 15 RM. Portanto, o número de séries prescritas por exercício para levar à fadiga muscular seria, normalmente, menor do que no treinamento neural, por causa do incremento do número de repetições. As variáveis metodológicas do treinamento de força como ordem dos exercícios, número de séries, intervalos entre as séries e sessões, entre outros, serão abordados detalhadamente no Capítulo 7.

Em suma, indicações mostrando variações de volume e intensidade podem ser inseridas em um programa anual de treinamento, para promover adaptações nos sistemas neural e hipertrófico. Independentemente das respostas individuais ao volume e à intensidade do trabalho, se um regime particular não produz resultados, é necessário um método alternativo. Planejando variações na metodologia do programa, podem-se atingir patamares que otimizam o efeito da sobrecarga no treinamento neural e hipertrófico.

Influência do Treinamento de Força na Composição Corporal

A maioria das pessoas segue um programa de treinamento de força com o principal objetivo de mudar a estética corporal. Para muitos, a composição corporal está intimamente ligada à mudança da aparência, o que geralmente implica em perda de gordura corporal, ganho no volume muscular ou combinação desses dois fatores. Normalmente, quando consideramos a estética e a saúde, dividimos o corpo em duas grandes partes: a massa corporal magra e a gordura corporal. A massa corporal magra não tem nenhuma gordura, sendo, portanto, composta de músculos, nervos, órgãos internos e tecido ósseo. Por outro lado, a gordura corporal consiste no tecido adiposo e na gordura essencial.

Muitas vezes, a gordura corporal é expressa como um percentual em relação ao peso total do corpo. O percentual médio de gordura corporal de um jovem adulto é de 14 a 16%, e o de uma jovem adulta, de 24 a 26%. Considera-se que a porcentagem saudável ideal de gordura corporal, apesar de ainda não ter sido claramente definida, estaria entre 16 e 25% para as mulheres e em menos de 20% para os homens. Conforme envelhecemos, costumamos aumentar a gordura corporal e, com o tempo, a manutenção de uma composição saudável torna-se cada vez mais difícil. O treinamento de força pode ajudar homens e mulheres a manterem uma composição corporal adequada, preservando ou aumentando a massa corporal magra e diminuindo o percentual de gordura (Lemmer et al., 2001, 2000; Staron et al., 2000, 1994).

Algumas pessoas acreditam que quanto mais baixo for o percentual de gordura corporal, mais saudável será o indivíduo. No entanto, isso não é verdade. Para que o corpo apresente funcionalidade e forma saudável, deve existir um percentual mínimo de gordura corporal. Esse limite mínimo é chamado de gordura essencial, a qual está contida nas membranas celulares, nos tecidos nervosos e também localizada ao redor dos órgãos internos. Ter 0% de gordura é fisiologicamente impossível; a porcentagem de gordura essencial nos homens é de 5 a 6%, enquanto nas mulheres parece ser um pouco maior, de 8 a 10%. Muitas mulheres cujo nível de gordura aproxima-se do limite mínimo experimentam distúrbios no ciclo menstrual, como amenorréia (ausência de ciclos menstruais por pelo menos três meses) e oligomenorréia (ciclos menstruais com intervalos superiores a 38 dias). A relação entre os distúrbios menstruais e os níveis essenciais de gordura, contudo, ainda não foi completamente esclarecida, pois esses distúrbios podem ser causados por diversos fatores, muitas vezes associados à perda de peso, como nutrição inadequada e ingestão calórica insuficiente em relação ao gasto de energia (Shepard, 2000; Loucks e Heath, 1994; Loucks et al., 1998).

Quando os níveis de peso corporal são reduzidos abruptamente, ocorre perda na massa corporal de gordura e é muito difícil manter a massa magra. Uma redução na massa livre de gordura também ocorre principalmente se a dieta for hipocalórica. Isso acontece mesmo com atletas que estão executando treinamentos de força com alta intensidade, como o caso de um grupo de culturistas que se preparava para uma competição importante e teve a gordura corporal diminuída de 9 para 5% (Withers et al., 1997). Durante o mesmo período, a massa corporal magra do grupo caiu de 90,6 kg para 88,1 kg – uma perda de 2,5 kg. A maioria das pessoas que tenta perder peso corporal não chega a atingir os níveis essenciais de gordura, mas isso pode acontecer com alguns atletas, resultando, possivelmente, em queda no desempenho físico.

Acredita-se que só é possível perder peso com um treinamento aeróbio, e não com o treinamento de força, pois a atividade aeróbia promove maior dispêndio energético e resulta em maior perda de gordura corporal. Essa linha de raciocínio, entretanto, ignora que o treinamento de força, realizado como complemento de um programa de emagrecimento, ajuda a reduzir ou preservar a perda de massa corporal magra. A necessidade de executar um treinamento de força, durante a perda de peso corporal, foi claramente demonstrada com a observação de um grupo de homens que perderam, em média, 9 kg durante 12 semanas de dieta ou da combinação de dieta com exercício (Kraemer et al., 1999). A gordura representou 69% da perda de peso total nos homens que fizeram apenas dieta, 78% naqueles que fizeram dieta e treinamento aeróbio e 97% naqueles que fizeram dieta, treinamento aeróbio e também com pesos. Obviamente, esses últimos apresentaram pouquíssima diminuição de massa corporal magra e, mesmo assim, perderam a mesma quantidade de peso corporal total. Por outro lado, nos dois outros grupos houve significativa perda de massa corporal magra. Quem deseja emagrecer, portanto, deve realizar o treinamento de força a fim de evitar ou reduzir a perda de massa corporal magra.

Algumas pessoas acham que se fizerem o treinamento de força ganharão elevado valor de massa muscular, ficarão maiores e terão alterações indesejadas de aparência. Ocorre, porém, que muitos não possuem a predisposição genética necessária para obter acentuado aumento de massa corporal magra. Além disso, o tecido muscular magro é mais denso que o gorduroso. A densidade está relacionada da seguinte forma: proporção do peso x volume ou área. Caso um tecido seja mais denso que outro, 1 kg do tecido mais denso ocupa menos espaço que a mesma quantidade de tecido menos denso. Quando consideramos os valores normais de densidade da massa corporal magra (0,9007 grama/centímetro cúbico) e da gordura (1,1000 grama/centímetro cúbico), fica claro que a massa corporal magra ocupa aproximadamente 22% menos espaço que a gordura. Desta forma, se uma pessoa perde gordura corporal, ainda que ganhe exatamente a mesma quantidade de massa magra, parecerá aproximadamente 22% mais magra. Com exceção de alguns indivíduos de potencial genético para desenvolver grande quantidade de massa magra, revela-se infundado o medo de que o treinamento de força resulte em aumento de volume corporal além do desejado.

Uma pergunta comumente feita por pessoas que querem perder peso corporal é a seguinte: "Quanto devo emagrecer para perder a quantidade de gordura desejada? ". Existe uma forma simples de calcular seu peso provável, no caso da perda de certa porcentagem de gordura corporal. Se um indivíduo, por exemplo, pesa 75 kg e tem 20% de gordura corporal, qual seria seu peso se perdesse 15% de gordura? Nesse momento, o peso da gordura corporal é de 15 kg (75 kg x 0,20) e a massa corporal magra de 60 kg (75 kg de peso corporal total – 15 kg de gordura corporal). Com 15% de gordura, o peso total seria de 15% de gordura mais 85% de massa magra. O peso com 15% de gordura corporal pode ser calculado dividindo-se a massa magra pelo percentual do peso corporal total – constituído de massa corporal magra mais o percentual de gordura desejado (60 kg de massa corporal magra dividido por 0,85). Conseqüentemente, com 15% de gordura corporal, essa pessoa pesaria 70,6 kg. Esse cálculo pressupõe que toda diminuição de peso deve-se à eliminação de gordura corporal e que não há perda de massa magra. Na realidade, isso dificilmente seria alcançado caso a pessoa perdesse mais de 1 kg por semana e não executasse treinamento com pesos durante o período de emagrecimento.

Controle de Peso em Longo Prazo

O treinamento de força pode fazer parte de um programa de controle de peso corporal para pessoas de qualquer idade. Infelizmente, como todos os que tentaram perder peso já sabem, uma sessão típica de treinamento não mobiliza grande quantidade de calorias. Um programa de treinamento de força com um circuito de 8 exercícios, cada um com 20 repetições e intervalo de 20 segundos de repouso entre as séries, resulta em gasto calórico total médio de 242 kcal (Haltom et al., 1999). Como 1 kg de gordura contém aproximadamente 7.700 kcal, seriam necessárias de 32 a 39 sessões de treinamento para metabolizar todas as calorias de 1 kg de gordura. Se fossem executadas 3 sessões semanais, somente após quase 10 a 13 semanas seriam metabolizadas todas as calorias de 1 kg de gordura. Gostaríamos de ressaltar que isso é um valor aproximado e irá depender da montagem e elaboração do programa de treinamento. O número relativamente baixo de calorias gastas durante a atividade física é uma das razões pelas quais a maioria das pessoas que deseja perder peso também faz dieta. É importante lembrar, porém, que se o programa citado anteriormente fosse executado 3 vezes por semana durante 1 ano, seriam metabolizadas as calorias de 4 kg de gordura. Podemos concluir que o treinamento de força, executado por um longo período, pode ter impacto no controle do peso. Felizmente, o treinamento de força também pode alterar outro fator importante para o controle de peso em longo prazo. A taxa metabólica de repouso (calorias necessárias para manter as necessidades fisiológicas básicas de uma pessoa viva em repouso) mantém relação direta com a massa corporal magra (Piers, 1998). Isso significa que quanto maior a massa corporal magra, maior a taxa do metabolismo. Como foi apontado acima, o treinamento de força é eficiente em aumentar a massa magra e, portanto, também a taxa do metabolismo de repouso. Muitas pessoas passam a maior parte do dia dentro ou nas proximidades da faixa do metabolismo de repouso, especialmente quando realizam um trabalho sedentário. Desta forma, um pequeno aumento na taxa do metabolismo de repouso pode ter significativo impacto no total de calorias metabolizadas durante o dia e, conseqüentemente, ajudar a controlar o peso corporal. Vale ressaltar que é de extrema importância o gasto energético durante a sessão de treinamento, e que o gasto energético pós-esforço não é tão elevado, mas atua como fator coadjuvante na ajuda pelo emagrecimento. Portanto, o treinamento de força possui contribuição em um processo de emagrecimento, devido à tentativa de preservação da massa corporal magra.

Calorias e Taxa Metabólica de Repouso

Uma caloria é uma unidade de calor utilizada para expressar o valor energético dos alimentos. Uma caloria – ou mais precisamente uma quilocaloria – pode ser abreviada como kcal. A taxa que o organismo utiliza energia é a metabólica. Estimativas do gasto energético durante o repouso e o exercício baseiam-se na mensuração do consumo de oxigênio total do organismo e de seu equivalente calórico (Wilmore e Costill, 2001).

Uma medida padronizada do gasto energético em repouso é a Taxa Metabólica Basal (TMB). A TMB é a taxa de gasto energético de um indivíduo em repouso na posição supina, mensurada imediatamente após um mínimo de 8 horas de sono e de 12 horas de jejum. Esse valor reflete a quantidade mínima de energia necessária para cuidar das funções fisiológicas essenciais do corpo (Wilmore e Costill, 2001).

A TMB está diretamente relacionada com sua massa magra (isenta de gordura) e geralmente é apresentada em quilocalorias por quilograma de massa magra por minuto ($kcal.kg.min^{-1}$). Quanto maior a massa magra, maior a quantidade de calorias gastas por dia. Como as mulheres tendem a possuir uma maior massa gorda do que os homens, elas tendem a apresentar uma TMB menor do que a dos homens (Wilmore e Costill, 2001).

Em vez de utilizar o termo TMB, a maioria dos pesquisadores atualmente utiliza Taxa Metabólica de Repouso (TMR), pois a maior parte das mensurações obedece às mesmas condições exigidas para a mensuração da TMB, mas não requer que o indivíduo durma no local. A TMB pode variar entre 1.200 e 2.400 kcal/dia. No entanto, a taxa metabólica total média de um indivíduo que realiza atividades diárias normais varia de 1.800 a 3.000 kcal. O gasto energético de atletas engajados em um treinamento diário intenso pode ultrapassar 10.000 kcal/dia (Wilmore e Costill, 2001).

A energia contida nos alimentos (glicídios, lipídios e proteínas), quando ingeridas e digeridas, torna-se disponível para células sob a forma de potencial energético, chamado adenosina trifosfato ou ATP. A energia utilizada pelo organismo é derivada dos macronutrientes e sua utilização de forma energeticamente predominante depende exclusivamente da intensidade em que o organismo está desempenhando uma atividade.

As três formas metabólicas de transformação dos nutrientes em energia são:

- anaeróbia alática: refere-se às atividades intensas que utilizam como substrato energético a fosfocreatina;
- anaeróbia lática: possui como substrato energético a glicose e também predominam as atividades físicas intensas;
- aeróbia: possui como substrato tanto a glicose, quanto a gordura, dependendo da intensidade. Quanto mais intensa, maior a demanda de glicose, quanto mais moderada/leve for a intensidade maior a utilização de gordura.

A questão do emagrecimento está diretamente relacionada com a quantidade de calorias (energia) que serão utilizadas, e não com qual será o substrato energético primeiramente utilizado. Para efeitos comparativos, veja abaixo o valor energético dos substratos:

1 grama de lipídio = 9 calorias
1 grama de carboidrato = 4 calorias
1 grama de proteína = 4 calorias

Equilíbrio Energético

Sempre que um indivíduo preocupar-se em emagrecer, sua refeição terá que ser associada à "Equação do Equilíbrio Energético". Essa equação estabelece que a massa corporal permanece constante quando a ingestão calórica diária é igual ao gasto calórico diário.

Há três maneiras de desequilibrar a equação de equilíbrio energético para obter a perda de peso:

1. Manter o gasto energético e reduzir a ingestão calórica abaixo das necessidades diárias.
2. Manter a ingestão calórica e aumentar o gasto calórico por meio de atividades físicas adicionais.
3. Combinar os métodos 1 e 2, reduzindo a ingestão alimentar diária e aumentando o gasto energético diário.

ENTRADA DE ENERGIA = SAÍDA DE ENERGIA - MASSA CORPORAL ESTÁVEL
ENTRADA DE ENERGIA > SAÍDA DE ENERGIA - AUMENTO DA MASSA CORPORAL
ENTRADA DE ENERGIA < SAÍDA DE ENERGIA - REDUÇÃO DA MASSA CORPORAL

As calorias em excesso acumulam gordura. Cada 450 gramas de tecido adiposo são compostos de aproximadamente 87% de gordura ou aproximadamente 3.500 kcal.

Calculando as Calorias

Toda vez que calculamos as calorias precisamos de uma avaliação para predizer a ingestão e o gasto calórico. Duas técnicas, calorimetria direta ou indireta, são utilizadas para realizarmos o cálculo da equação calórica.

Calorimetria Direta

O calor produzido pelo corpo pode ser medido em um calorímetro semelhante ao utilizado para a determinação do conteúdo energético dos alimentos. O calorímetro humano como medição direta é considerável na sua importância teórica, mas a sua aplicabilidade ainda é extremamente limitada.

Calorimetria Indireta

Todas as reações que liberam energia do corpo humano dependem, fundamentalmente, da utilização do oxigênio. No corpo humano, cada litro de oxigênio consumido equivale em média a 5 calorias. Um litro de O_2 é igual a 5 calorias. Dois métodos de calorimetria indireta encontram-se disponíveis: espirometria de circuito fechado e circuito aberto. O método de circuito aberto é o mais utilizado para medir a captação de oxigênio, especialmente durante a realização do exercício. No método de circuito fechado, o indivíduo respira continuamente o oxigênio de um recipiente previamente estabelecido. As necessidades calóricas são dependentes de diversos fatores de individualidade biológica, como também de fatores externos como internos. As necessidades calóricas podem ser baseadas de acordo com a seqüência abaixo:

- Idade.
- Sexo.
- Altura.
- Peso Corporal.
- Composição Corporal (incluindo porcentagem de gordura e porcentagem de massa magra).
- Hereditariedade.
- Estado de Saúde.

Existem diversas formas de calcular o valor calórico das necessidades diárias. Uma fórmula é apresentada pela Mayo Clinic de Minneapolis, 1994 (Simão, 2004). Para aproximar-se de suas necessidades energéticas diárias, você pode utilizar a seguinte fórmula:

Sedentários: peso corporal (kg) X 2,20 = peso
Peso X 12 = nº de calorias

Moderadamente Ativos: peso corporal (kg) X 2,20 = peso
Peso X 14 = nº de calorias

Muito Ativos: peso corporal (kg) X 2,20 = peso
Peso X 16 ou 18 = nº de calorias

Por exemplo, se você é um sedentário e pesa 90 kg, você precisará de, aproximadamente, 2.376 calorias diárias. Se você tem o mesmo peso, mas joga futebol duas ou três vezes por semana, precisará de aproximadamente 2.772 calorias por dia. Se você joga todos os dias, até seis ou sete vezes por semana, a ingestão será entre 3.168 a 3.564 calorias por dia.

Uma segunda forma da estimativa de gasto energético em repouso pode ser obtida por meio do nomograma (ver Figura 1.3).

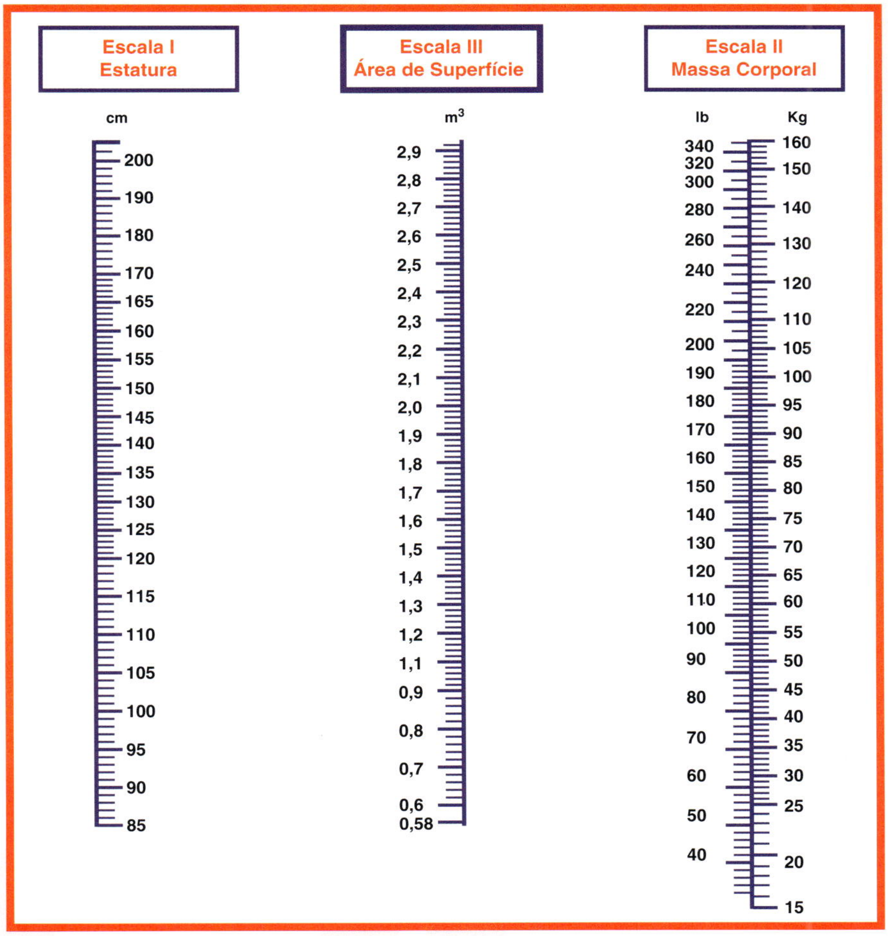

Figura 1.3 Nomograma para Avaliação da Superfície Corporal a partir da Estatura da Massa.

Reproduzido de "Clinical Spirometry", conforme preparado por Boothby e Sandiford da Clínica Mayo, por cortesia de Warren E. Collins, Inc., Braintree, MA.

Procedimentos:

1. União dos pontos da Escala I e Escala II. Exemplo: indivíduo com 180 cm e 90 kg. Escala III = 2,1 m^2.
2. Escala III = 2,1 m^2. A densidade corporal deve ser multiplicada por 24 horas, para atender a estimativa do gasto calórico diário.
3. Quando homem, usar o valor 38. Quando mulher, usar o valor 36. Exemplo para homens: 38 kcal/m^2 x 2,1 m^2 x 24 = 1.915,2 calorias diárias. Esse cálculo é feito para as necessidades energéticas diárias mínimas.

Um terceiro método seria o cálculo rápido para estimativa do gasto energético basal diário (*Basal Energy Expenditure* – BEE). O BEE pode ser avaliado pela:

- idade;
- massa Corporal (kg);
- estatura.

MULHERES:
BEE = 65,5 + (9,6 x massa) + (1,85 x estatura) - (4,7 x idade)
Exemplo:
Massa = 65 kg
Estatura = 170 cm
Idade = 22 anos
BEE = 65,5 + (9,6 X 65) + (1,85 X 170) - (4,7 X 22) =
BEE = 65,5 + 624 + 314,5 – 103,4 = 900,6 kcal.

HOMENS:
BEE = 66 + (13,7 X massa) + (5,0 X estatura) - (6,8 X idade)
Exemplo:
Massa = 90 kg
Estatura = 182 cm
Idade = 30 anos
BEE = 66 + (13,7 X 90) + (5,0 X 182) - (6,8 X 30) =
BEE = 66 + 1233 + 910 - 204 = 2.005 Kcal.

Fonte: McArdle, 1994 (citado por Simão, 2004).

Existem outras fórmulas para cálculo calórico diário, mas todas possuem uma margem percentual da aproximação. Portanto, ao iniciar o cálculo através de uma fórmula, mantenha a mesma fórmula na reavaliação para maior exatidão de resultado.

Exercícios

O balanço energético é também afetado pela energia despendida com os exercícios. Esta seção justificará a necessidade de incluir exercícios nos programas de perda de peso e fornecerá recomendações específicas visando ao tipo e ao conjunto de exercícios que são apropriados para a perda de peso em adultos com sobrepeso.

Exercícios para Perda de Peso

Outra técnica para induzir um déficit de energia é incrementar os gastos de energia com o aumento da atividade física. A evidência científica sugere que a combinação da modificação da dieta com exercício é o procedimento mais efetivo para obter a perda de peso e manutenção do exercício pode ser um dos melhores requisitos para conservação do peso em longo prazo.

Com relação à importância do exercício, há uma pequena evidência de que somente o exercício produz uma magnitude de perda de peso que é similar ao atingido pela modificação da dieta. Entretanto, no trabalho de Ross et al. (2000) foi verificado que quando o déficit de energia é mantido constante e outros fatores que afetam o balanço de energia são controlados, o exercício pode induzir significantes perdas de peso. Por exemplo, Ross et al. (2000) demonstraram que 700 kcal/dia de déficit de energia produzidos somente por exercício com ingestão de energia permanecendo constante, resulta em uma perda de peso de 7,6 kg em um período de três meses. A perda de peso resultante de um déficit de energia similar obtido com a diminuição da energia ingerida foi de 7,4 kg. Isso é importante para verificar que o déficit de energia nesse estudo foi obtido por meio do exercício estritamente supervisionado, com a duração de aproximadamente 60 minutos diários e sob fortes recomendações aos participantes para não mudarem a dieta durante as 12 semanas do programa. Desta forma, o fracasso do exercício em produzir uma perda de peso similar ao da dieta, em estudos com indivíduos não monitorados, pode ser o resultado de indivíduos que aumentaram a energia ingerida ou diminuíram os níveis de energia despendida. Normalmente, ao iniciar um programa de exercícios, existe uma tendência a aumentar a fome, o que é um problema para alcançar o emagrecimento desejado.

Quando examinamos o efeito do exercício no peso corporal, fica evidente se ele pode ou não responder pela sua intervenção. Em um estudo clássico, Bouchard et al. (1994) examinaram o efeito do exercício na perda de peso entre pares de gêmeos idênticos. O resultado sugeriu que o efeito dos exercícios pode ser influenciado por diferenças genéticas entre os indivíduos. A eficácia do exercício para a manutenção do peso também pode ser influenciada pelo gênero. Esses fatores devem ser considerados quando examinamos a eficácia do exercício em diversos indivíduos.

Prescrição de Exercícios para Perda de Peso

É importante considerar a quantidade, a intensidade e o tipo de exercício que pode ser recomendado para perder peso. Prever o tempo adequado em que os indivíduos devem aumentar seus exercícios, sendo o nível recomendado para adultos sedentários na fase inicial da perda de peso diferente da quantidade do exercício das fases posteriores do processo de perda de peso. Além disso, a quantidade de exercício necessária para promover o condicionamento físico deve ser diferente da quantidade de exercício necessária para o sucesso da perda de peso em longo prazo.

Duração do Exercício e Perda de Peso

As recomendações para a duração da atividade física dos indivíduos é de, no mínimo, 30 minutos de exercícios moderados e, no máximo, 60 minutos, preferivelmente, em todos os dias da semana. Normalmente, essa recomendação tem sido interpretada com, no mínimo, 150 minutos de atividade física por semana (cinco dias e 30 minutos/dia), sendo baseada primordialmente nos efeitos dos exercícios nas doenças cardiovasculares e outras doenças crônicas como o diabetes. Porém, exames e evidências científicas sugerem que o nível da maioria dos exercícios com a quantidade mínima recomendada pode ser importante para manter a perda de peso por longo prazo (ACSM, 2001).

Em um estudo realizado em mulheres obesas em um programa de perda de peso que incluía modificações na dieta, mostrou que essas pessoas adotaram e mantiveram mais de 280 minutos de exercícios por semana, atingiram uma perda de peso de mais ou menos 13 kg em 18 meses. Essa quantidade de peso perdida é significativamente maior do que os 6,5 kg e 3,5 kg perdidos após 18 meses mostrados com 150-200 e menos de 150 minutos de exercícios por semana, respectivamente. Além disso, indivíduos avaliados com 280 minutos de exercícios semanais mostraram que não recuperaram o peso após 6 a 18 meses de tratamento, ao passo que indivíduos exercitados menos de 200 minutos por semana mostraram significante recuperação durante esse período. A recomendação dos níveis de exercícios são maiores do que as recomendações de saúde mínimas, com seus resultados mostrando o equivalente a 65 minutos por dia de atividade com intensidade moderada, sendo associada com incrementos na manutenção da perda de peso em longo prazo (ACSM, 2001).

A recomendação para adultos obesos é de 200 a 300 minutos de exercícios por semana ou mais de 2000 kcal por semana, o que pode significar um desafio para profissionais de saúde pública. Portanto, essa recomendação pode ser incluída no contexto do nível do exercício, para que muitos indivíduos fiquem dispostos a adotar e manter. Em resposta a esse assunto, é recomendável que indivíduos que progrediram em seus altos níveis de exercício, gradual e periodicamente variem as estratégias de comportamento usadas para facilitar a adaptação a esse nível de exercício. Entretanto, cada abstenção de perda de peso e obtenção desses altos níveis de exercício, em indivíduos obesos, pode obter melhoras significativas em sua saúde seguindo as recomendações mínimas de saúde pública para a atividade física e para melhorar seu nível de capacidade cardiorrespiratória (ACSM, 2001).

Intensidade do Exercício

Existe um grande número de experimentos que examinaram adequadamente o impacto de várias intensidades no exercício para perda de peso. Duncan et al. (1991) tentaram manter o volume total do exercício enquanto manipulavam a intensidade em 24 semanas de estudo em mulheres obesas. O resultado desse estudo mostrou que a intensidade do exercício afetava a magnitude das mudanças na capacidade cardiorrespiratória, com grandes melhoras demonstradas com a alta intensidade do exercício, mas esta não provocava efeitos visíveis no peso ou na composição corporal, após o período do estudo. Dados do National Weight Control Registry sugerem que a manutenção em longo prazo pode ser aumentada no mínimo 26% se o exercício for vigoroso na intensidade (ACSM, 2001). Entretanto, esses dados são de um estudo de observação sem controle, no qual os limites de capacidade obtidos não têm qualquer significado e as conclusões são relatadas casualmente. Normalmente, existem acompanhamentos clínicos em longo prazo que foram conduzidos focalizando principalmente o impacto da intensidade do exercício na perda de peso em longo prazo e a prevenção para a recuperação do peso. Estes mostram que é suficiente um programa de intensidade moderada do exercício (55 a 70% da FC máxima) para se ter benefícios no gerenciamento do peso corporal, sendo poucas as evidências científicas publicadas que suportem a necessidade de mais exercícios vigorosos (>70% da FC máxima) para manutenção do peso corporal em longo prazo.

Exercício Intermitente e Perda de Peso

Existem alguns experimentos que examinaram o efeito dos exercícios intermitentes em programas de perda de peso (ACSM, 2001). Exercícios intermitentes têm sido definidos como os que totalizam 30-40 minutos por dia, com múltiplas sessões de 10 a 15 minutos (Jakicic et al., 1999). O interesse nessa forma de exercício tem surgido porque estudos antigos mostravam que o exercício intermitente melhorava efetivamente a capacidade cardiorrespiratória e favorecia a prevenção de fatores de risco para doenças coronarianas (ACSM, 2001). Esse resultado, do Centers for Disease Control and Prevention e do American College of Sports Medicine, recomendando a acumulação de no mínimo 30 minutos de atividade moderada por dia ainda é hoje usado, sem nenhuma evidência de que seja uma estratégia efetiva para que adultos com sobrepeso procurem perder peso. Entretanto, Jakicic et al. (1995) mostraram que essa estratégia pode ser efetiva para promover a adaptação inicial ao exercício em mulheres com sobrepeso em um programa de perda de peso de 20 semanas, levando a uma tendência que pode potencializar a perda de peso. Jakicic et al. (1999) mostraram novamente que essa estratégia pode ser efetiva para a adaptação inicial ao exercício, entretanto ela não adiciona benefícios à perda de peso, se comparada com exercícios contínuos durante 18 meses de um programa de perda de peso que inclua uma dieta. Donnelly et al. (2000) compararam os exercícios contínuos e os intermitentes sem inclusão de dieta, em um período de 18 meses, mostrando as mudanças no peso corporal durante o tratamento. O uso de exercícios intermitentes pode ser vantajoso para indivíduos que não gostam ou têm barreiras contra os exercícios contínuos. Esses fatores devem ser considerados quando se prescrevem exercícios para adultos com sobrepeso que procuram tratamento para a perda de peso.

Estilo de Vida e Perda de Peso

A atividade no estilo de vida pode ser uma opção efetiva para melhorar a capacidade física e modificar o peso corporal em adultos com sobrepeso. Andersen et al. (1999) reportaram que, quando combinada com uma dieta, a atividade no estilo de vida resulta em perda de peso que pode ser comparável com formas aeróbias de exercício após 16 e 68 semanas de tratamento. Além disso, Dunn (1999) reportou que a atividade no estilo de vida é um meio efetivo para melhorar a capacidade cardiorrespiratória, durante 24 meses de observação. Baseado nesses resultados, o exercício no estilo de vida mostra ser uma promissora alternativa de estruturar formas de exercício. Entretanto, embora esses estudos tenham documentado o tipo de atividade que foi prescrita, eles não forneceram dados a respeito do tipo de atividade executada para constituir o estilo de vida. Portanto, adultos com sobrepeso podem ser encorajados a se engajarem em atividades de intensidade moderada para a atividade física fazer parte do seu estilo de vida. Experimentos adicionais são necessários para examinar efetivamente as formas específicas da atividade física no estilo de vida para mudar o peso do corpo e a capacidade cardiorrespiratória e os fatores de risco que são comuns em adultos obesos.

Treinamento de Força, Exercício e Perda de Peso

Embora muitos experimentos tenham examinado o efeito dos exercícios de resistência na perda de peso, a inclusão do treinamento de força em programas de perda de peso tem vantagens claras. O treinamento de força é um potente estímulo para aumentar a massa livre de gordura e a força muscular, além de poder ser um importante componente para o sucesso do programa de perda de peso, ajudando a preservar a massa magra, ao mesmo tempo em que aumenta a perda de gordura (ACSM, 2001). Contudo, quando o exercício de força é combinado com uma dieta de restrição de energia, ela mostra ser pouco benéfica em termos absolutos na perda de peso (ACSM, 2001). Esses resultados são bem consistentes, como se vê nos estudos com baixa ingestão de energia como menos 800 kcal/dia ou mais alta como 1.300 kcal/dia.

Leibel et al. (1995) mostraram que reduções no peso corporal resultam em reduções na Taxa Metabólica Basal (TMB), enquanto aumentos no peso corporal originam aumentos desta mesma taxa. Esses dados podem sugerir que, preservando a massa magra, previnem-se declínios na TMB como é freqüentemente observado com a perda de peso. Kraemer et al. (1999) combinaram um programa periódico de treinamento de força com um exercício de resistência e modificação da dieta. O programa periódico de exercício de força, com três dias por semana, alternava cargas intensas e moderadas nos dias de treinamento. Nesse exercício de força, eram determinados aproximadamente 11 diferentes exercícios e os sujeitos executavam três séries para cada exercício durante 12 semanas de duração do estudo. Nos dias de treinamento intenso, de 5 a 7 repetições por série eram exigidas para fadigar, alternado com dias moderados que incluíam de 8 a 10 repetições por série até a fadiga. Os exercícios de resistência eram realizados três dias por semana, com duração e progressão de 30 a 50 minutos/dia, em uma intensidade de 70 a 80% da capacidade funcional e a energia ingerida era de aproximadamente 1.500 kcal/dia. A adição do treinamento de força não determinava perda de peso ou abruptos acréscimos de TMB, se comparado com a dieta combinada com exercício de resistência ou a condição de somente dieta. Além do mais, a adição do exercício de força com o exercício de resistência e a modificação da dieta não minimizam a perda de massa magra se comparada com o exercício de resistência combinado com a modificação da dieta ou somente com a mudança dos hábitos alimentares de forma significativa. Desta forma, embora os exercícios de força possam promover força muscular em adultos com sobrepeso, não há evidências científicas sugerindo que os exercícios de força sejam superiores a maioria das formas comuns de exercícios de resistência para perda de peso. Entretanto, a capacidade do exercício de força em promover a força muscular e resistência pode ser especialmente benéfica por causa do impacto nas tarefas funcionais (por exemplo, levantar-se de uma cadeira, levantar o peso corporal), com maior facilidade de adaptação a um estilo de vida mais ativo, em indivíduos sedentários com sobrepeso ou obesos. Desta forma, o treinamento de força promoveria maior desempenho nas atividades diárias e, conseqüentemente, um gasto energético mais elevado.

Sumário das Recomendações do ACSM (2001) para Tratamentos de Perda de Peso

Com base nas evidências científicas, o ACSM (2001) recomenda que indivíduos procurem o tratamento para emagrecer e previnam a recuperação de peso selecionando programas adequados com regras definidas.

1. É recomendado que indivíduos com o índice de massa corporal maior que 25 kg.m^{-2} considerem reduzir seu peso, especialmente se ele vem acompanhado de um aumento na adiposidade abdominal. Indivíduos com um índice de massa corporal igual ou maior que 30 kg.m^{-2} são encorajados a seguir o tratamento de perda de peso. Existe um consenso de que o excesso de gordura representa alto risco para a saúde.
2. É recomendado que indivíduos com sobrepeso e obesos devem reduzir o peso em, no mínimo, 5 a 10% e manter essa perda de peso em longo prazo. Essa perda total de peso é consistente se atender a programas de emagrecimento comuns com foco na mudança do comportamento, com dieta e exercícios, e se esse total do peso perdido for associado com melhoras nos fatores de risco e levem à redução das doenças crônicas, incluindo doenças coronarianas, diabetes do tipo II, hipertensão e hiperlipidemia.
3. É recomendado que os indivíduos se esforcem em longo prazo para manterem o peso perdido e, desta forma, previnam novas retomadas, especialmente quando a perda de peso não foi a desejada ou quando a meta de peso ideal não foi atingida. Se mantivermos a variação do peso corrente em 2 kg, pode ser definida a prevenção de ganhos ou recuperação do peso.
4. É recomendável que os programas de perda de peso tenham como alvo a mudança da dieta e do comportamento em relação aos exercícios. Manter essas mudanças resultará em uma significativa perda de peso em longo prazo. Além disso, é importante para os programas introduzir modificações nesse comportamento para incorporar um comportamento mais forte que determine modificações na estratégia, facilitando a adaptação e a manutenção das mudanças de comportamento desejadas.
5. É recomendável que os indivíduos com sobrepeso e obesos reduzam seu nível de ingestão de energia em 500 a 1000 kcal/dia para conseguir perda de peso e que isso seja combinado com uma redução de gordura na dieta menor que 30%. É também recomendável que seja estabelecido o nível de energia ingerido para cada indivíduo de forma a prevenir ganhos de peso após a perda de peso inicial, mantendo-se a dieta de baixa gordura (igual ou menor 30% do total de energia ingerida). Pesquisas adicionais são necessárias com vista nas mudanças em outros macronutrientes e a perda de peso em longo prazo.
6. É recomendável que os indivíduos com sobrepeso e obesos progressivamente adotem um mínimo de 150 minutos por semana de exercícios físicos de intensidade moderada, uma vez que esse nível de exercício pode ter um impacto positivo na sua saúde. Entretanto, para perda de peso em longo prazo, os adultos com sobrepeso e obesos podem eventualmente aumentar o nível dos exercícios (200 a 300 minutos ou maior que 2.000 kcal por semana de atividade física).
7. É recomendável que os programas de exercícios de força suplementados por exercícios de força em adultos com sobrepeso e obesos sejam acompanhados de modesta redução de energia ingerida para perder peso. Os exercícios de força podem focalizar o aumento da força e a resistência muscular nessa população.
8. A farmacoterapia é recomendada para a perda de peso somente quando usada em indivíduos com um índice de massa corporal igual ou maior que 30 kg.m^{-2}. Além disso, é recomendável que as medicações para perda de peso só sejam usadas em combinação com uma forte intervenção no comportamento, que este, por sua vez, focalize mudanças na alimentação e nos exercícios e seja executada sob a supervisão de um médico.

Recomendações para Perda de Peso para o Público Leigo

Verificou-se que 29% dos homens e 44% das mulheres nos EUA estão tentando perder peso. Esses indivíduos confessam que estão sempre tentando emagrecer, somente 22% dos homens e 19% das mulheres reduziram a ingestão de energia e se exercitaram mais de 150 minutos por semana. Considerando o que as evidências científicas suportam, a relevância das modificações de ambos, a alimentação e o exercício para a perda de peso, é importante que essa informação seja disseminada pelo público leigo, junto com outros fatores relacionados com a perda de peso em longo prazo e a prevenção da recuperação do peso (ACSM, 2001). Portanto, é recomendável que o público considere essas regras quando entrar em um programa de perda de peso:

1. Embora as mudanças moderadas na energia ingerida e nos exercícios sejam tipicamente seguras para a maioria dos indivíduos, é recomendável que esses indivíduos consultem seu médico ou outro profissional de saúde antes de iniciarem um programa de perda de peso.
2. É recomendável que indivíduos com um índice de massa corporal maior que 25 $kg.m^{-2}$ considerem os efeitos da perda de peso ao reduzir o peso corporal;.
3. É recomendável que indivíduos que não tiveram supervisão médica para redução do peso, diminuam a ingestão de energia entre 500 a 1000 kcal/dia para obter uma perda de peso de aproximadamente 0,5 a 1 kg por semana. Além disso, ao reduzir o total de energia ingerida é recomendável que na dieta seja contido o consumo de gordura em 30% do total de energia ingerida.
4. É recomendável que indivíduos que desejam perder peso pratiquem exercícios, pois essas atividades constituem um componente-chave em programas de perda de peso. Deve-se dar atenção aos adultos com sobrepeso e obesos, para que comecem com um mínimo de 150 minutos de exercícios moderados por semana e, quando possível, aumentem para 200 minutos.
5. É recomendável que indivíduos interessados em usar suplementos dietéticos ou controladores de apetite só o façam sob orientação de seu médico.

Flexibilidade

Algumas pessoas (inclusive atletas) acreditam que, ao praticarem o treinamento de força, sofrerão encurtamento ou falta de flexibilidade dos músculos. Esse receio não encontra fundamento nas informações científicas. Veteranos no treinamento de força, entre os quais levantadores olímpicos, têm flexibilidade normal ou até superior na maior parte das articulações do corpo (Stone et al., 1991). Alguns levantadores de pesos realmente apresentam flexibilidade abaixo da média nas articulações do ombro, algo que pode ser resultado, em parte, da extrema hipertrofia em torno dessa articulação. Nessa situação, os músculos acabam por atrapalhar o movimento dessa articulação. Ocorre, porém, que a maioria dos entusiastas do treinamento de força não apresenta potencial genético nem praticará o tipo de programa de treinamento necessário para desenvolver hipertrofia muscular a ponto de interferir na flexibilidade.

Os experimentos sobre treinamento indicam que, em geral, o treinamento de força aumenta a flexibilidade, especialmente se incluído um treinamento de flexibilidade no programa de condicionamento geral (Nóbrega et al., 2005; Stone, 1991). Ao executar o treinamento com pesos, várias etapas podem ser seguidas para ajudar a garantir aumento de flexibilidade. Em primeiro lugar, o treinamento de flexibilidade deve fazer parte do programa geral, assim como se aconselha que o treinamento de força contemple a abrangência total dos movimentos, sem enfatizar excessivamente repetições com movimentos parciais. Além disso, devem ser incluídos, no treinamento de força, exercícios para os grupos musculares antagonistas e agonistas, de modo a trabalhar ambos os lados de todas as articulações principais. Se essas etapas forem seguidas, haverá aumento na flexibilidade e conseqüente redução das lesões no programa de treinamento de força.

Segundo Monteiro et al. (2007), a flexibilidade é uma importante variável relacionada à saúde e ao desempenho atlético (ACSM, 1998; Araújo, 2004), sendo específica para cada articulação e movimento, influenciada por aspectos como sexo, idade e grau de treinamento. Além disso, como qualquer outro componente da aptidão física, a flexibilidade pode ser influenciada pelo método de treinamento (Davis et al., 2005). Contudo, a literatura com relação a estudos que investigaram a influência do treinamento de força no comportamento da flexibilidade é escassa. A maior parte dos estudos disponíveis centrou suas atenções em populações envolvendo indivíduos idosos.

Fatouros et al. (2002) investigaram a influência do treinamento aeróbio, do treinamento de força e da combinação de ambos na amplitude de movimento de homens idosos inativos com idades entre 65 e 78 anos. No grupo que treinou apenas força, foram encontradas diferenças significativas em todas as articulações avaliadas. Barbosa et al. (2002) verificaram os efeitos de 10 semanas de treinamento de força no comportamento da flexibilidade em mulheres idosas inativas com idades entre 62 e 73 anos. A flexibilidade foi avaliada por meio do teste de sentar e alcançar antes e após o treinamento de força. No final, o treinamento provocou um aumento significativo da flexibilidade, enquanto nenhuma diferença foi encontrada no grupo controle. Mais recentemente, Nóbrega et al. (2005) investigaram a interação entre o treinamento de força e a flexibilidade em jovens adultos sedentários. Ao final de 12 semanas de acompanhamento, os autores verificaram que o treinamento de força conduzido isoladamente não foi capaz de aumentar a flexibilidade. No entanto, no treinamento conduzido de forma combinada entre força e flexibilidade, verificou-se aumento significativo da flexibilidade.

Aspectos como grau de condicionamento físico dos indivíduos e idade podem influenciar nas respostas ao treinamento. Não se sabe até que ponto os resultados obtidos em idosos podem ser extrapolados para indivíduos jovens, ou mesmo aqueles obtidos em indivíduos muito jovens podem ser extrapolados para os mais velhos. A especificidade que envolve a medida da flexibilidade é outro aspecto que pode influenciar nos resultados obtidos nos diferentes estudos. Em adição, as características metodológicas da prescrição, incluindo ordem dos exercícios, número de exercícios, séries e repetições, intervalos entre séries e sistema de treinamento também podem influenciar nos resultados obtidos. Os estudos disponíveis na literatura centraram suas atenções em populações idosas.

Sendo assim, Monteiro et al. (2007) realizaram um experimento, em que o objetivo do estudo foi verificar o efeito de 10 semanas de treinamento de força conduzido através do treinamento em circuito na flexibilidade de mulheres adultas inativas. A amostra foi composta por 20 mulheres (37 ± 2 anos; 64,72 ± 11,8 kg; 157,1 ± 10,3 cm; 25,97 ± 3,7 kg/m²), divididas em dois grupos. Anteriormente à realização do treinamento, o grupo experimental passou por uma semana de familiarização aos exercícios. O programa de treinamento da força foi realizado por meio do treinamento em circuito (*circuit training*). Após o período de familiarização, o treinamento compreendeu 3 sessões semanais, totalizando 30 sessões de treinamento. Os indivíduos realizaram 7 exercícios em 3 séries, variando entre 8 a 12 Repetições Máximas (RM), com exceção do exercício abdominal, no qual foram executadas 3 séries de 15 a 20 RM. A ordem dos exercícios foi a seguinte: supino horizontal, agachamento na máquina *Smith*, puxada pela frente aberta no *pulley* alto, *leg-press* 45°, supino 30°, *hack machine* e abdominal flexão parcial de tronco. Foram realizadas medidas da flexibilidade nas situações de pré e pós-treinamento em 10 movimentos articulares: flexão e extensão do ombro, adução e abdução horizontal do ombro, flexão do cotovelo, flexão e extensão do quadril, flexão do joelho, flexão e extensão do tronco. Os resultados mostraram um comportamento diferenciado nas distintas articulações e movimentos estudados nas situações de pré e pós-treinamento. Na articulação do ombro, constatou-se aumento significativo no movimento de adução horizontal. O mesmo não ocorreu nos movimentos avaliados nas articulações do joelho e do cotovelo. Na articulação do quadril, constatou-se diferença no movimento de flexão. Nos movimentos de flexão e extensão do tronco foram detectados aumentos na flexibilidade. Não foram encontradas diferenças na flexibilidade do grupo controle. Em conclusão, os resultados do presente estudo sugerem que o treinamento de força aumenta a flexibilidade em mulheres inativas (Tabelas 1.3, 1.4, 1.5 e 1.6).

Tabela 1.3 Comportamento da flexibilidade (graus) nos movimentos da articulação do ombro após 10 semanas de treinamento com pesos

Movimentos	Grupo Experimental			Grupo Controle		
	Pré	Pós	Variação média	Pré	Pós	Variação (%)
Flexão	169,1 ± 13,3	174,6 ± 6,1	3,3%	170,3 ± 12,1	173,0 ± 11,5	1,6%
Extensão	49,3 ± 14,9	54,0 ± 8,7	9,5%	50,1 ± 13,9	49,6 ± 12,2	-1,0%
Adução horizontal	35,4 ± 8,4	48,6 ± 9,0	37,3%*	35,0 ± 9,1	35,1 ± 7,9	0,3%
Abdução horizontal	168,7 ± 12,7	175,9 ± 6,6	4,3%	171,1 ± 11,7	169,7 ± 13,2	-0,8%

Os resultados estão expressos em valores de média e DP .

* Diferença significativa para p<0,05.

Tabela 1.4 Comportamento da flexibilidade (graus) no movimento das articulações do cotovelo e joelho após 10 semanas de treinamento com pesos

Movimentos	Grupo Experimental			Grupo Controle		
	Pré	Pós	Variação (%)	Pré	Pós	Variação (%)
Flexão do cotovelo	128,4 ± 13,3	124,7 ± 9,5	-2,9%	130,1 ± 15,1	130,6 ± 14,8	0,4%
Flexão do joelho	120,6 ± 11,5	119,2 ± 10,2	-1,2%	118,4 ± 13,2	119,3 ± 12,9	0,8%

Os resultados estão expressos em valores de média e DP.

Tabela 1.5 Comportamento da flexibilidade (graus) nos movimentos da articulação do quadril após 10 semanas de treinamento com pesos

Movimentos	Grupo Experimental			Grupo Controle		
	Pré	Pós	Variação (%)	Pré	Pós	Variação (%)
Flexão	78,7 ± 13,2	90,8 ± 11,2	15,4%*	80,4 ± 14,7	81,7 ± 15,1	1,6%
Extensão	30,1 ± 5,8	37,2 ± 5,7	23,6%*	29,0 ± 6,1	30,3 ± 5,8	4,5%

Os resultados estão expressos em valores de média e DP.

* Diferença significativa para p < 0,05.

Tabela 1.6 Comportamento da flexibilidade (graus) nos movimentos da articulação do tronco após 10 semanas de treinamento com pesos

Movimentos	Grupo Experimental			Grupo Controle		
	Pré	Pós	Variação (%)	Pré	Pós	Variação (%)
Flexão	15,8 ± 3,7	3 8 , 9 ±3,9	146,2%*	15,0 ± 4,6	16,9 ± 3,1	12,7%
Extensão	16 ± 1,3	37,7 ± 2,4	135,6%*	17,3 ± 2,1	17,0 ± 2,1	-1,7%

Os resultados estão expressos em valores de média e DP.

* Diferença significativa para p<0,05.

Em conclusão, Monteiro et al. (2007) sugerem que o treinamento de força em curto prazo aumenta a flexibilidade em mulheres saudáveis. O ganho da flexibilidade parece responder com maior ênfase nas articulações do ombro, tronco e quadril, em relação aos ganhos verificados nas articulações do cotovelo e joelho. No entanto, entre os diversos aspectos que influenciam nas respostas ao treinamento de força, podemos citar a amplitude de movimento trabalhada. Normalmente, preconiza-se que os exercícios sejam conduzidos na maior amplitude de movimento possível, respeitando a integridade da articulação. O treinamento de força, por envolver grandes amplitudes de movimentos, pode concorrer para a melhora da flexibilidade, sobretudo em indivíduos sedentários. Os dados desse estudo suportam a hipótese de que nas primeiras semanas de treinamento não é necessário realizar exercícios de alongamento para que ganhos na flexibilidade possam ser obtidos. Com o avançar do tempo, em razão das modificações ocorridas nas estruturas que compõem os músculos, tendões e ligamentos, as respostas ao treinamento podem ser diferenciadas. O atual estágio de conhecimento restringe-se apenas a fase neural do treinamento. Sendo assim, Monteiro et al. (2007) sugerem que estudos futuros devam ser conduzidos para investigar o impacto do treinamento de força em longo prazo na flexibilidade em indivíduos sedentários e treinados.

Referências Bibliográficas

American College of Sports Medicine. Position stand on progression models in resistance training for healthy adults. Medicine Science Sports Exercise. 2002; 34: 364-380.

______. Appropriate intervention strategies for weight loss and prevention of weight regain for adults. Medicine Science Sports Exercise. 2001; 33: 2145-2156.

______. ACSM position stand: The recommended quantity and quality of exercise for developing and maintaining cardiorespiratory and muscular fitness, and flexibility in healthy adults. Medicine Science Sports Exercise. 1998; 30: 975-991.

Andersen RE, Wadden TA, Bartlett SJ, Zemel B, Verde TJ, Franckowiak SC. Effects of lifestyles activity vs. structured aerobic exercise in obese women: a randomized trial. JAMA. 1999; 281: 335-340.

Araújo CGS. Flexitest: An Innovative Flexibility Assessment Method. Champaign: Human Kinetics, 2004.

Barbosa AR, Santarém JM, Filho WJ, Marucci MFN. Effects of resistance training on the sit-and-reach test in elderly women. Journal Strength Conditioning Research. 2002; 16: 14-18.

Bouchard C, Tremblay A, Despress JP. The response to exercise with constant energy intake in identical twins. Obesity Research. 1994; 5: 400-410.

Carrol TJ, Riek S, Carson RG. Neural adaptations to resistance training implications for movement control. Sports Medicine. 2001; 31: 829-840.

Cureton KJ, Collins MA, Hill DW, McElhannon FM. Muscle hypertrophy in men and women. Medicine Science Sports Exercise. 1988; 20: 338-344.

Davis DS, Ashby PE, McCale KL, McQuain JA, Wine JM. The effectiveness of 3 stretching techniques on hamstring flexibility using consistent stretching parameters. Journal Strength Conditioning Research. 2005; 19: 27-32.

Deschenes MR, Kraemer WJ. Performance and physiologic adaptations to resistance training. American Journal Physiotherapy Medicine Rehabilitation. 2002; 81: 3-16.

Donnelly JE, Jacobsen DJ, Snyder Heelan K, Seip R, Smith S. The effect of 18 months of intermittent vs. continuous exercise on aerobic capacity, body weight and composition, and metabolic fitness in previously sedentary, moderately obese females. International Journal Obesity. 2000; 24: 566-572.

Duncan JJ, Gordon NF, Scott CB. Women walking for health and fitness: how much is enough? JAMA. 1991; 266: 3295-3299.

Dunn AL, Marcus BH, Kampert JB, Garcia ME, Kohl III HW, Blair SN. Comparison of lifestyle and structured interventions to increase physical activity and cardiorespiratory fitness. JAMA. 1999; 281: 327-334.

Fatouros IG, Taxildaris K, Tokmakidis SP, Kalapotharakos V, Aggelousis N, Athanasopoulos S, et al. The effects of strength training, cardiovascular training and their combination on flexibility of inactive older adults. International Journal Sports Medicine. 2002; 23: 112-119.

Fleck SJ, Kraemer WJ. Designing Resistance Training Programs. Champaign: Human Kinetics, 2004.

Gonyea WJ, Sale D. Physiology of weight-lifting exercise. Archives Physical Medicine Rehabilitation. 1982; 63: 235-237.

Hakkinen K, Pakarinen A, Alen M, Kauhanen J, Komi PV. Neuromuscular and hormonal adaptations to strength training in two years. Journal Applied Physiology. 1988; 65: 2406-2412.

Haltom RW, Kraemer RR, Sloan RA, Hebert EP, Frank K, Tryniecki JL. Circuit weight training and its effects on excess post exercise oxygen consumption. Medicine Science Sports Exercise. 1999; 31: 1613-1618.

Hoeger WK, Hopkins DR, Barette SL, Hale DF. Relationship between repetitions and selected percentages of one repetition maximum: a comparison between untrained and trained males and females. Journal Strength Conditioning Research. 1990; 4: 47-54.

Jakicic JM, Winters C, Lang W, Wing RR. Effects of intermittent exercise and use oh home exercise equipment on adherence, weight loss, and fitness in overweight women: A randomized trial. JAMA. 1999; 282: 1554-1560.

Jakicic JM, Wing RR, Butler BA, Robertson RJ. Prescribing exercise in multiple shot bouts versus one continuous bout: Effects on adherence, cardiorespiratory fitness, and weight loss in overweight women. International Journal Obesity. 1995; 19: 893-901.

Kraemer WJ, Volek JS, Clark KL, Fordon SE, Puhl SM, Koziris LP, et al. Influence of exercise training on physiological and performance changes with weight loss in men. Medicine Science Sports Exercise. 1999; 31: 1320-1329.

Kraemer WJ, Fleck SJ, Evans WJ. Strength and power training: Physiological mechanisms of adaptation. Exercise Sport Sciences Reviews. 1996; 24: 363-398.

Kraemer WJ, Patton J, Fordon DE, Harman EA, Deschenes MR, Reynolds K, Newton RU, et al. Compatibility of high-intensity strength and endurance training on hormonal and skeletal muscle adaptations. Journal Applied Physiology. 1995; 78: 976-989.

Leibel RL, Rosenbaum M, Hirsch J. Changes in energy expenditure resulting from altered body weight. New England Journal Medicine. 1995; 332: 621-628.

Lemmer JT, Hurlbut DE, Martel GF, Tracy BL, Ivey FM, Metter EJ, et al. Age and gender responses to strength training and detraining. Medicine Science Sports Exercise. 2000; 32: 1505-1512.

Lemmer JT, Ivey FM, Ryan AS, Martel GF, Hurlbut DE, Metter JE, et al. Effect of strength training on resting metabolic rate and physical activity: age and gender comparisons. Medicine Science Sports Exercise. 2001; 33: 532-541.

Loucks AB, Heath EM. Dietary restriction reduces luteinizing hormone (LH) pulse frequency during waking hours and increases LH pulse amplitude during sleep in young menstruating women. Journal Clinical Endocrinology Metabolism. 1994; 78: 910-915.

Loucks AB, Verdun M, Heath EM. Low energy availability, not stress of exercise, alters LH pulsatility in exercising women. Journal Applied Physiology. 1998; 84: 37-46.

MacDougall JD, Sale DG, Always SE, Sutton JR. Muscle fiber number in biceps brachial in bodybuilders and control subjects. Journal Applied Physiology. 1984; 57: 1399-1403.

Monteiro WD, Simão R, Polito MD, Santana CA, Chaves RB, Bezerra E, Fleck SJ. Influence of strength training on adult women's flexibility. Journal Strength Conditioning Research. 2007. Em publicação.

Nóbrega ACL, Paula KC, Carvalho ACG. Interaction between resistance training and flexibility training in healthy young adults. Journal Strength Conditioning Research. 2005; 19: 842-846.

Piers LS, Soares MJ, McCormack LM, O'Dea K. Is there evidence for an age-related reduction in metabolic rate? Journal Applied Physiology. 1998; 85: 2196-2204.

Polito MD, Simão R, Viveiros LE. Tempo de tensão, percentual de carga e esforço percebido em testes de força envolvendo diferentes repetições máximas. Revista Brasileira Fisiologia Exercício. 2003; 2: 290-297.

Rhea MR, Alvar BA, Ball SD, Burkett LN. Three sets of weight training superior to 1 set with equal intensity for eliciting strength. Journal Strength Conditioning Research. 2002; 16: 525-529.

Ross R, Dagnone D, Jones PJ, et al. Reduction in obesity and related comorbid conditions after diet-induced weight loss or exercise-induced weight loss in men: a randomized, controlled trial. Ann International Medicine. 2000; 133:92-103.

Sale DF. Neural adaptations to resistance training. Medicine Science Sports Exercise. 1988; 20: S135-S45.

Sale DG. Influence of exercise and training on motor unit activation. Exercise Sport Sciences Reviews. 1987; 15: 100-105.

Shepard RJ. Exercise and training in women. Part I: Influence of gender on exercise and training responses. Canadian Journal Applied Physiology. 2000; 25: 19-54.

Simão R. Fisiologia e Prescrição de Exercícios para Grupos Especiais. São Paulo: Phorte, 2004.

Staron RS, Murray TE, Filders RM, Haggerman FC, Hikida RS, Ragg KE. In phones are of resistance training on serum lipid and lipoprotein concentrations in young man and women. Journal Strength Conditioning Research. 2000; 14: 37-44.

Staron RS, Karapondo DL, Kraemer WJ, Fry AC, Gordon SE, Falkel JE, Hagerman FC, Hikida RS. Skeletal muscle adaptations during the early phase of heavy-resistance training in men and women. Journal Applied Physiology. 1994; 76: 1247-1255.

Staron RS, Leonardi MJ, Karapondo DL, Malicky ES, Kalkel JE, Hagerman FC, Hikida RS. Strength and skeletal muscle adaptations in heavy-resistance trained women after detraining and retraining. Journal Applied Physiology. 1991; 70: 631-640.

Staron RS, Malicky ES, Leonardi MJ, Falkel JE, Hagerman FC, Dudley GA. Muscle hypertrophy and fast fiber type conversions in heavy resistance-trained women. European Journal Applied Physiology Occupational Physiology. 1989; 60: 71-79.

Stone MH, Fleck SJ, Triplett NT, Kraemer WJ. Health-and performance-related potential of resistance training. Sports Medicine. 1991: 11: 210-231.

Stone MH, O'Bryant HS, Garhammer JG. A hypothetical model for strength training. Journal Sports Medicine. 1981; 21: 342-351.

Weiss LW, Coney HD, Clark FC. Gross measures of exercise-induced muscular hypertrophy. Journal Orthopedic Sports Physician Therapy. 2000; 30: 143-148.

Withers RT, Noell CJ, Whittingham NO, Chatterton DE, Schultz CG, Keeves JP. Alterations in strength, body composition, and anthropometric measurements consequent to a 10-week weight training program. Medicine Science Sports Exercise. 1997; 6: 133-138.

Wilmore JH, Costill DL. Fisiologia do Exercício e do Esporte. São Paulo: Manole, 2001.

2

Benefícios do Treinamento de Força no Sistema Cardiovascular

Introdução

Mudanças positivas na função cardiovascular, como a diminuição da freqüência cardíaca em repouso e o aumento do consumo máximo de oxigênio, geralmente estão associadas a um treinamento de resistência aeróbia. Essas alterações reduzem o estresse cardiovascular, melhoram a função cardiovascular e, em geral, diminuem o risco de acidente cardiovascular ou ataque cardíaco. Em geral, o treinamento de força pode provocar as mesmas adaptações cardiovasculares que o treinamento de resistência aeróbia, mas, normalmente, essas adaptações são de magnitude menor. O treinamento de força, quando desempenhado por 30 minutos ou mais por semana, em homens adultos, reduz o risco de doenças cardiovasculares em 23% (Tanasescu et al., 2002). É importante ressaltar que, diferentemente do que se pensava, o treinamento de força não gera adaptações cardiovasculares negativas que possam diminuir a função cardiovascular e oferecer o risco de doenças.

O treinamento de força, que inclui o uso regular de pesos livres, máquinas, peso corporal e outras formas de equipamento para melhorar a força, potência e resistência muscular, tornou-se uma forma popular de atividade física. Recentes recomendações têm sido feitas em relação à prática desse tipo de treinamento em populações sadias e populações ditas especiais, como pacientes com problemas cardiovasculares (Simão et al., 2005). É aceito, geralmente, que o treinamento de força causa aumento de massa magra, ganho de força e potência muscular, além de ser útil para aumentar o desempenho físico. Os benefícios do treinamento de força são fortemente influenciados pelo grande número de variáveis que podem ser manipuladas em um programa. As variações em carga (peso), volume, intensidade, massa muscular ativa, tipo de contração muscular, tipo de trabalho muscular, intervalo de recuperação entre as séries e sessões, manipulação na ordem dos exercícios, tempo de tensão, equipamento, técnica, nível inicial de condicionamento, situação do treinamento e tipo de programa podem influenciar a magnitude e duração das respostas ao treinamento de força e, finalmente, as suas adaptações (Simão et al., 2005). Levando todos esses fatores em consideração, existe uma base acumulativa de evidências sugerindo que um número de benefícios relativos à saúde cardiovascular pode ser derivado da participação em um programa de treinamento de força bem elaborado. Ao revisar a literatura científica disponível sobre o treinamento de força e sua influência na saúde cardiovascular, observamos diversos fatores que intervêm diretamente, dentre os quais, destacamos:

- melhora na saúde cardiovascular, suavizando vários fatores de risco associados à doença cardiovascular, produzindo modificações, como redução dos valores da pressão arterial sistólica em repouso, particularmente em indivíduos hipertensos;
- decréscimos na resposta da freqüência cardíaca em repouso;
- melhoras modestas no perfil lipídico sangüíneo;
- aumento da força, potência e resistência muscular, resultando em uma maior capacidade de desempenhar atividades da vida diária e reduzindo as demandas nos sistemas músculo-esquelético, cardiovascular e metabólico.

Consumo Máximo de Oxigênio

O maior grau do consumo máximo de oxigênio indica aumento na capacidade de resistência. O consumo máximo de oxigênio em atletas de levantamento olímpico, culturistas e basistas é de 41 a 55 ml/kg.min^{-1}, determinado durante testes com protocolos padrão para ergômetros (bicicleta e esteira), resultados que oscilaram entre um pouco abaixo e moderadamente acima da média populacional (Fleck e Kraemer, 2004). Os programas tradicionais intensos de treinamento de força – de três a cinco séries para cada exercício e cinco repetições por série – resultam em pequena ou nenhuma mudança no consumo máximo de oxigênio (Fleck, 2003; Fleck e Kraemer, 2004). Treinamento de força com grande sobrecarga e poucas repetições, portanto, causam pouca ou nenhuma mudança no consumo máximo de oxigênio.

O uso do treinamento em circuito tem sido utilizado para o desenvolvimento da capacidade aeróbia e também para o desenvolvimento da força de resistência. Portanto, em razão desses fatores associados, tem recebido muita atenção e publicidade. Normalmente, o treinamento em circuito consiste em percorrer duas ou três vezes as estações com 10 a 15 diferentes exercícios, em 25 ou 30 minutos. Em cada estação, de 10 a 15 repetições de exercícios moderados (de 40 a 55% de 1 RM), que são executados rapidamente (30 segundos). Há um período mínimo de descanso entre os exercícios (de 15 a 30 segundos). Como exemplo de um programa simples de treinamento em circuito com pesos, demonstramos a tabela abaixo:

Tabela 2.1 Programa simples de treinamento em circuito com pesos.
Supino Reto - Abdominais - Cadeira Extensora - Puxada no Pulley Alto - Extensão de Tronco - Leg Press - Rosca Bíceps - Cadeira Flexora - Tríceps na Máquina.
Prescrição do Exercício
Intensidade: 40-55% 1 RM
Repetições: o máximo possível em 30 segundos.
Descanso: 15 segundos entre as estações.
Número de exercícios por circuito: 8 - 12
Tempo em cada circuito: média de 6 a 10 minutos
Número de séries: 3 - 6
Tempo total da sessão: média de 30 minutos
Freqüência: 3 dias por semana
Duração: média de 8 semanas
Sobrecarga: determinação de 1 RM a cada semana

Esse tipo de treinamento proporciona ganhos moderados no consumo máximo de oxigênio: aproximadamente 4% em homens e 8% em mulheres submetidos ao treinamento de 8 a 20 semanas (Gettman e Pollock, 1981). Por isso, se o objetivo for aumentar o consumo máximo de oxigênio, uma boa opção seriam os programas de treinamento em circuito ou com maior número de repetições e períodos curtos de descanso entre as séries e os exercícios, aliados ao treinamento aeróbio.

Gettman e Pollock (1981) revisaram o procedimento da pesquisa feita sobre os benefícios fisiológicos do treinamento em circuito. Como só produzia, em média, 5% de incremento na capacidade aeróbia, contra o incremento de 15 a 25% produzido por outras formas de treinamento aeróbio, os autores concluíram que o treinamento em circuito não deveria ser usado sozinho para desenvolver o condicionamento aeróbio. De preferência, ele pode ser usado como suplemento a um programa de exercícios aeróbios ou para manter os níveis de força de resistência. Os programas aeróbios tradicionais de natação, ciclismo e corrida, por exemplo, resultam em ganhos no consumo máximo de oxigênio de 15 a 20% entre 10 e 20 semanas de treinamento. Se o principal objetivo de um programa de condicionamento for elevar o consumo máximo de oxigênio, o treinamento aeróbio tradicional deve ser adotado conjuntamente aos programas de treinamento de força.

Aumentos na potência aeróbia são benéficos uma vez que os indivíduos têm uma capacidade maior de produzir energia via metabolismo aeróbio. Em uma produção de potência submáxima padrão, há menos utilização do metabolismo anaeróbio e uma maior proporção de energia é derivada via mecanismos aeróbios. Isso resulta em menos tensão metabólica aguda e, potencialmente, em um aumento no tempo de trabalho e menos fadiga. Entretanto, o treinamento específico com alto volume para aumentar a potência aeróbia pode limitar a força e a potência máxima, fazendo que as análises cuidadosas das metas do programa sejam necessárias.

A potência aeróbia, como medida pela captação máxima de oxigênio VO_2máx., tem sido classicamente usada como um índice de aptidão cardiorrespiratória, mas não é considerada um fator de risco independente para o desenvolvimento de doença da artéria coronariana. O valor obtido tem sido considerado como dependente de fatores como idade, gênero e predisposição genética. O tipo, intensidade, duração e freqüência de treinamento, bem como o nível inicial na capacidade cardiorrespiratória do indivíduo, influem nas mudanças no VO_2máx. (Conley e Rozenek, 2001). O *American College of Sports Medicine* (2003) coloca algumas diretrizes básicas na condução do treinamento aeróbio como citado na quadro abaixo:

A prescrição do exercício deve levar em conta modo, intensidade, freqüência, duração e progressão do exercício. O ACSM sugere os seguintes parâmetros para designar programas de exercícios cardiorrespiratórios para a saúde na qualidade devida de adultos.

1. Modo: relacionar atividades aeróbias rítmicas que possam ser mantidas continuamente e que envolvam grandes grupamentos musculares (andar, correr, marchar, nadar, patinar, andar de bicicleta, e outras atividades e jogos de resistência).

2. Intensidade: prescrever a intensidade dos exercícios entre 55 e 85% da freqüência cardíaca máxima ou 55 a 80% de VO_2máx.

3. Freqüência: programas de exercícios, três a cinco vezes por semana.

(continuação)

(continuação)

4. Duração: programar 15 a 60 minutos de atividades aeróbias contínuas ou descontínuas, dependendo da intensidadedo exercício. Baixa a moderada intensidade do exercício de maior duração para adultos não atletas.

5. Progressão: ajustar a prescrição do exercício para cada aluno de acordo com sua condição efetiva, características de participação, resultados de novos testes ou desempenho durante a sessão de exercícios. Para programas de exercícios aeróbios contínuos você deve prescrever aumentos de intensidade, duração ou ambos, para conseguir um condicionamento efetivo. Este permite ao indivíduo atingir mais trabalho por sessão de exercício.O condicionamento efetivo mais significativo pode ser observado durante as primeiras seis a oito semanas do programa de exercícios.

Fonte: ACSM, 2003.

Simão (2004), em revisão de literatura, verificou que o treinamento de força tradicional não é geralmente associado a aumentos na potência aeróbia. Entretanto, atletas de força que desempenham pouco ou nenhum exercício de resistência mostraram ter VO_2máx. mais elevado quando comparados com indivíduos não atletas. Diversos estudos longitudinais têm mostrado aumentos mínimos (inferior a 5%) ou nenhuma mudança no VO_2máx., seguindo o treinamento de força. Porém, foi verificado em amostra de idosos que o treinamento de força pode aumentar significativamente a aptidão aeróbia. Quando realizado um treinamento de alto volume, consistindo de exercícios que envolvam grandes massas musculares, aumentos maiores no VO_2máx. realmente têm sido observados. Enquanto esse aumento é ainda consideravelmente mais baixo do que os observados em exercícios aeróbios, sugere-se que o treinamento de força possa aumentar o metabolismo aeróbio quando um treinamento com maior volume é empregado. O aumento do VO_2máx. resulta, provavelmente, de uma combinação de adaptações cardíacas, vascular periférica e músculoesquelética, que aumenta a oferta e o consumo de oxigênio, mas o exato mecanismo desse processo ainda não está elucidado. É possível que aumentos na proporção de massa corpórea magra como resultado do treinamento de força possam também estar envolvidos.

Em estudos que empregaram o treinamento de força em circuito para reabilitação de pacientes cardíacos, aumentos percentuais maiores na captação máxima de oxigênio foram observados, variando, aproximadamente, de 11 a 19% (Svedahl et al., 1994). Aumentos na captação máxima de oxigênio de 8 a 21%, quando medidos em exercício contínuos pelo uso de esteira ergométrica e ergômetro de braço, também foram observados em indivíduos hipertensos fronteiriços que usaram um programa de treinamento de força em circuito (Harris e Holly, 1987).

Em termos de aplicação prática, o treinamento de força em circuito pode ser empregado com o objetivo de aumentar a potência aeróbia, mas os melhores benefícios desse treinamento são observados em indivíduos com baixa capacidade aeróbia. Pessoas saudáveis e com capacidade aeróbia dentro da média populacional que desejam aumentar esse componente do condicionamento físico, devem empregar o treinamento aeróbio, visto que esse tipo de treinamento promove maiores e melhores incrementos no desempenho cardiopulmonar.

Perfil Lipídico

As concentrações de lipídios séricos (no sangue) são importantes fatores de risco para o aparecimento de doenças cardiovasculares. A diminuição do colesterol total, triglicérides e lipoproteínas de baixa densidade (LDL), bem como o aumento das lipoproteínas de alta densidade (HDL), estão associados à redução do risco cardiovascular. Todas essas alterações são evidenciadas no treinamento aeróbio.

Tabela 2.2 Programa Nacional de Educação sobre Colesterol -Parâmetros para classificação do colesterol total (CT) e LDL colesterol em adultos.

Classificação	CT (mg/dl)	LDL-C (mg/dl)
Desejável	< 200	< 130
Limite aceitável	200 - 239	130 - 159
Alto	> 240	> 160

Dados de "Report of the National Cholesterol Education Program Expert Panel on Detection, Evaluation and Treatment of High Blood Cholesterol in Adults" by the National Cholesterol Education Program, 1988, Archives of Internal Medicine, 148, p. 37.

Fonte: Simão, 2004.

A maior parte dos dados mostra que as concentrações lipídicas séricas (sangue) de levantadores olímpicos e culturistas são normais (Stone et al., 1991). Alguns estudos indicam que o treinamento de força em grande volume (maior número de repetições) pode ter efeito benéfico no perfil lipídico. Comparativamente, a maioria dos estudos sobre treinamento de força mostra pouco ou nenhum benefício positivo no perfil lipídico. Nos casos em que foram registradas mudanças positivas no perfil lipídico, elas estavam associadas aos treinamentos com pesos de maior volume – número total de repetições executadas (Stone et al., 1991). Pode-se concluir que, se o objetivo do programa for alterar positivamente o perfil lipídico, devem ser empregados maiores volumes no treinamento. Por outro lado, resultados similares são encontrados no consumo máximo de oxigênio. Se o programa de condicionamento tiver como principal objetivo levar a mudanças positivas no perfil lipídico, o treinamento aeróbio deve ser incluído. Em muitos casos, uma dieta com baixo teor de gordura saturada também afetará positivamente o perfil lipídico.

A hiperlipidemia é freqüentemente associada à doença da artéria coronária, aterosclerose e diabetes. É geralmente aceito que o treinamento de resistência aeróbia melhora os níveis de lipídio e lipoproteína do sangue, mas o efeito do treinamento de força é mais polêmico. Não se observaram diferenças significativas nos níveis de lipídio e lipoproteína do sangue entre indivíduos treinados e sedentários (Farrel et al., 1982). Entretanto, esses estudos não controlaram fatores como o tipo, o volume, a intensidade de treinamento, a dieta ou o uso andrógeno. Quando se controla o uso andrógeno, atletas de força têm mostrado possuir perfis positivos de lipídio (Hurley et al., 1984). Embora exista evidência contraditória, vários experimentos longitudinais (Conley e Rozenek, 2001) têm mostrado melhoras significativas nos níveis de lipídio e lipoproteína do sangue, resultando do treinamento de força que inclui reduções no colesterol total (3 a 16%) e lipoproteína de baixa densidade (5 a 39%), além de aumentos na lipoproteína de alta densidade (14 a 27%). Entretanto, esses resultados devem ser interpretados cuidadosamente, em razão das várias limitações metodológicas que incluem controle inadequado para a variação normal de níveis de lipídio e lipoproteína do sangue, dieta e composição corporal. Mais experimentos são necessárias antes que conclusões definitivas possam ser feitas em relação ao efeito do treinamento de força nos perfis de lipídio e lipoproteína do sangue.

Freqüência Cardíaca

A redução da freqüência cardíaca durante o repouso (bradicardia) e durante um trabalho submáximo é vista como adaptação cardiovascular positiva. A freqüência cardíaca média, em repouso, é de, aproximadamente, 70 batimentos por minuto, enquanto a freqüência de atletas veteranos em treinamento de força é igual ou ligeiramente abaixo da média. Estudos mostram que o treinamento de força causa reduções não significativas ou pequenas, de 5 a 12%, na freqüência cardíaca em repouso (Fleck, 1988; Stone et al., 1991). O treinamento de força também gera pequenas, porém significativas, reduções na freqüência cardíaca de repouso durante tarefas de levantamento de pesos submáximos e também durante outros tipos de trabalho, como, por exemplo, exercício em cicloergômetro e capacidade de recuperação mais rápida da freqüência cardíaca, até atingir valores médios em repouso após o esforço (Sale et al., 1994; Stone et al., 1991). Todas essas adaptações são consideradas positivas e realmente reduzem o estresse cardiovascular, porém as reduções na freqüência cardíaca induzidas pelo treinamento de força são menores do que as provocadas por programas tradicionais de treinamento aeróbio.

A freqüência cardíaca pode aumentar significativamente como resposta aguda a uma sessão de treinamento de força. A magnitude da resposta pode ser afetada por fatores como intensidade, carga, massa muscular ativa e manipulação das variáveis metodológicas do treinamento. A realização prática do treinamento de força tem os valores médios da freqüência cardíaca influenciados pela duração dos períodos de repouso entre as séries dos exercícios e pelo tempo de estímulo aplicado à musculatura atuante (Collins et al., 1990). Deste modo, um maior número de repetições resulta em maior freqüência cardíaca. Portanto, a freqüência cardíaca média obtida durante uma sessão de treinamento de força pode não representar exatamente a extensão da fadiga cardiovascular experimentada, nem ser usada como uma estimativa exata da intensidade do exercício (Conley e Rozenek, 2001). Segundo o National Strength Conditioning Research (Conley e Rozenek, 2001), o melhor fator para indicar a intensidade do exercício de força é o duplo-produto.

Decréscimos da freqüência cardíaca no repouso e em atividades submáxima a uma dada produção de força e potência são adaptações bem estabelecidas no treinamento de força. Com respeito ao treinamento de força, a maioria dos estudos transversal registra que os atletas adaptados ao treinamento de força têm freqüência cardíaca no repouso similar ou abaixo da média quando comparados a indivíduos sedentários. Decréscimos ou diferenças não significativas têm sido observados em estudos de treinamento de força. Em estudos que mostraram reduções na freqüência cardíaca no repouso, a mudança é relativamente modesta (aproximadamente 3 a 10%). As diferenças no resultado ocorreram, provavelmente, por causa das diversas metodologias de treinamento empregadas nos vários estudos (Fleck e Kraemer, 2004).

O treinamento de força demonstra decréscimo na freqüência cardíaca durante o trabalho submáximo e durante a retomada do exercício. Baixas na freqüência cardíaca no exercício como resultado do treinamento de força têm sido observadas durante o exercício submáximo cíclico e durante o treinamento de força progressivo à mesma carga absoluta. Acredita-se que a freqüência cardíaca diminua ao seguir o treinamento pela redução da atividade do sistema nervoso simpático para o parassimpático (Fleck e Kraemer, 2004).

Os decréscimos observados na freqüência cardíaca seguindo o treinamento de força são considerados como compensados por um aumento no volume de ejeção, permitindo o débito cardíaco permanecer mais ou menos constante no repouso ou a uma carga de trabalho submáxima absoluta (Conley e Rozenek, 2001). A freqüência cardíaca está entre os fatores que determinam a demanda de oxigênio do miocárdio. Um decréscimo na freqüência cardíaca de repouso ou durante o trabalho submáximo pode resultar em uma demanda reduzida de oxigênio no miocárdio.

Tabela 2.3 Resposta aguda ao exercício de força relativo ao repouso

	Fração de repetição	
	Concêntrico	Excêntrico
Freqüência cardíaca	↑	↑
Pressão arterial		↑
Sistólica	↑	↑
Diastólica	↑	↑
Pressão intratoráxica	↑	↑
Débito cardíaco		↑*
Volume de ejeção		↑*

* Devido aos poucos estudos sobre essas variáveis, a conclusão deve ser analisada com cuidado. Adaptado de Fleck e Kraemer, 2004.

Pressão Arterial

A pressão arterial pode ser considerada como o produto do volume de ejeção pela resistência periférica total, sendo regulada por uma complexa interação de fatores neurais, metabólicos, cardiovasculares e hormonais. Quando elevada cronicamente, como na hipertensão, é um fator de risco independente para a doença coronariana, estando associada a muitas outras desordens cardiovasculares.

De forma semelhante ao que ocorre com a freqüência cardíaca, a pressão arterial tanto diastólica quanto sistólica de atletas treinados em treinamento de força apresenta valores médios ou ligeiramente abaixo da média (Fleck, 1988; Fleck, 2003; Stone et al., 1991). Também de maneira similar ao que se verifica com a freqüência cardíaca, estudos mostram que, em repouso, a pressão arterial não apresenta mudança significativa, em razão da exclusividade da execução de um programa somente de treinamento de força (Fleck, 1988; Fleck, 2003; Stone et al., 1991). Contudo, algumas evidências sugerem que o treinamento de força promova reduções significativas na pressão arterial em indivíduos adultos sedentários (Cornelissen e Fagard, 2005).

Assim como acontece com indivíduos sedentários que desenvolveram a hipertensão, atletas que realizam o treinamento de força também podem desenvolver a hipertensão pelos mesmos motivos que os sedentários, como, por exemplo, por causa de um grande aumento da massa corporal total, sobretudo se a massa gorda estiver elevada ou por possuir hipertensão essencial. Uma meta-análise muito utilizada na literatura científica indica que o treinamento de força reduz a pressão arterial sistólica e diastólica em, aproximadamente, de 3 a 4% em adultos (Kelly, 1997). Uma segunda meta-análise conclui que o treinamento de força reduz a pressão arterial sistólica e diastólica em, aproximadamente, 3,5 e 3,2 mmHg, respectivamente (Cornelissen e Fagard, 2005). Semelhante ao treinamento aeróbio em geral, o treinamento de força reduz a pressão arterial em repouso, embora em menor grau. As evidências de que o treinamento de força pode ter um impacto positivo na redução da pressão arterial fez que o *American College of Sports Medicine* recomendasse o treinamento de força como um fator adicional na prevenção, no tratamento e no controle da hipertensão (Pescatello et al., 2004).

As pressões sistólica e diastólica podem mostrar aumento agudo como resultado de atividades intensas no treinamento de força (Fleck e Dean, 1987; Gothshall et al., 1999; MacDougall et al., 1985). Foi verificado um pico de pressão arterial sistólica e diastólica, respectivamente, na ordem de 480/350 mmHg em fisiculturistas, nos quais o valor médio para essa variável foi de 350/250 mmHg, realizando repetições até a fadiga no exercício *leg-press* de forma bilateral em altas intensidades (MacDougall et al., 1985). Entretanto, outros estudos mostram elevações menores, 260/170 mmHg (Fleck e Dean, 1987). Uma das adaptações positivas da pressão arterial ao treinamento de força é que, de acordo com a evolução do treinamento, a pressão arterial tende a elevar-se menos com a mesma carga de treinamento (Fleck e Dean, 1987; Sale et al., 1994). Essa diminuição na pressão arterial é um dos motivos da inclusão do treinamento de força em muitos programas de reabilitação cardiovascular. Como, porém, há aumento substancial da pressão arterial durante a execução do treinamento de força, o treinamento deve ser incorporado gradualmente ao programa de condicionamento de qualquer pessoa com risco cardiovascular.

Uma adaptação benéfica observada no treinamento de força tem sido uma elevação atenuada na pressão arterial durante o exercício, como visto anteriormente. Uma redução no esforço muscular necessário para levantar um dado peso juntamente com uma redução no estímulo ao centro de controle cardiovascular pode contribuir para a resposta da pressão observada seguindo o treinamento. É possível que a sensibilidade baroreceptora alterada possa ser envolvida na regulagem dessa resposta. A pressão arterial sistólica é uma determinante direta da demanda de oxigênio no miocárdio. Uma redução na pressão arterial sistólica a uma carga similar no treinamento de força provavelmente reduziria a demanda de oxigênio no miocárdio, portanto, reduziria a probabilidade de um evento vascular severo ocorrer durante a realização de exercícios de força ou tarefas diárias de demanda física que requerem levantamento de pesos.

Embora cuidados devam ser tomados durante a prescrição do treinamento de força em pacientes com risco de doença cardiovascular, não significa que ele deva ser evitado. Certos cuidados podem ser seguidos para minimizar a resposta da pressão arterial durante o treinamento de força. Isso inclui enfatizar trabalhos dinâmicos; usar técnica de respiração apropriada para evitar a manobra de Valsalva; reduzir ou eliminar esforços máximos durante o treinamento; limitar o número de repetições e séries desempenhadas para chegar à exaustão; usar quantidades moderadas de carga; enfatizar a técnica apropriada; executar exercícios para grupos musculares pequenos (tais como extensão do joelho e de tríceps, em vez de exercícios para grandes grupos musculares, como o *leg-press*).

Desta forma, embora a pressão arterial aumente substancialmente durante a sessão do treinamento de força, com o tempo, diminuirá quando o indivíduo levantar o mesmo peso, bem como tenderá a baixar também em estado de repouso (efeito hipotensivo). Essas duas mudanças são consideradas adaptações cardiovasculares positivas ao treinamento de força.

Resposta Hipotensiva ao Treinamento de Força

Segundo Simão et al. (2005), os distúrbios da pressão arterial constituem um dos maiores problemas de saúde pública no mundo. Somente nos EUA, em cada quatro norte-americanos, um é acometido pela hipertensão, sendo essa condição associada ao desenvolvimento de doenças coronarianas, como infarto agudo do miocárdio e insuficiência renal, dentre outras. De acordo com o VII Joint National Commiitte (Chobanian et al., 2003), em todas as classificações para os valores da pressão arterial, faz-se necessária mudança no estilo de vida.

Tabela2.4 Classificação da pressão arterial em adultos (+18 anos).

Pressão Arterial (mmHg)	Categoria
Diastólica	
< 80	Pressão arterial normal
80 - 89	Pré-hipertensão
90 - 99	Hipertensão estágio 1
≥ 100	Hipertensão estágio 2
Sistólica	
< 120	Pressão arterial normal
120 - 139	Pré-hipertensão
> 140 - 159	Hipertensão estágio 1
≥ 160	Hipertensão estágio 2

Fonte: Simão, 2004.

Entre as diversas formas de prevenção e tratamento não farmacológico da pressão arterial, os exercícios físicos aparecem como uma opção de grande relevância. Para os hipertensos, existem evidências que os exercícios aeróbios são efetivos na redução da pressão arterial de repouso, constituindo uma relevante forma de intervenção não farmacológica (Tipton, 1991). Diversos investigadores têm reportado reduções moderadas na pressão arterial de repouso após uma simples sessão de treinamento aeróbio. Os efeitos dessa redução têm sido perdurados de uma a 12 horas após o esforço (Kenney e Seals, 1993). A magnitude do efeito hipotensor pós-esforço pode estar associada às condições de saúde do indivíduo, uma vez que as respostas da pressão arterial tendem a ser diferenciadas em indivíduos hipertensos e normotensos. Uma redução da pressão arterial em repouso foi observada em ambas as populações após uma sessão de treinamento aeróbio. Embora seja bem documentado o efeito hipotensor pós-exercício, o mesmo tende a ser mais evidenciado em hipertensos do que em normotensos (Tipton, 1991). Em contraposição, outras pesquisas falharam em fundamentar essa preposição, não observando diferenças significativas na pressão arterial de repouso em normotensos após uma sessão de treinamento aeróbio (Cléroux et al.,1992; Floras e Wesche, 1992).

Embora sejam observadas respostas vasodilatadoras após a prática de exercícios aeróbios, elas ainda não estão totalmente esclarecidas. Em parte, a redução na pressão arterial de repouso pode ser explicada por um conjunto de aspectos envolvendo mecanismos do sistema nervoso simpático, efeito dos barorreceptores e liberação de oxido nítrico, embora outros mecanismos desconhecidos sejam implicados. Além disso, efeitos crônicos dos exercícios de resistência são associados a incrementos nas capacidades vasodilatadoras e de regulação da pressão arterial de repouso (Simão et al., 2005).

Os efeitos causados pelo treinamento de força na pressão arterial de repouso são bem menos compreendidos. Poucos experimentos compararam seus efeitos, evidenciando resultados conflitantes. Brown et al. (1994) documentaram uma discreta redução da pressão arterial diastólica por 15 minutos após uma sessão de treinamento de força em membros inferiores e superiores. Nesse estudo, as cargas foram equivalentes a 40 e 70% de 1 RM. Em outro estudo, MacDonald et al. (2000) demonstraram que no exercício de extensão de perna unilateral, realizado a 65% de 1 RM, o efeito hipotensor teve a duração de 60 minutos. Respostas mais duradouras foram verificadas por Hill et al. (1989), tanto na pressão arterial sistólica quanto na diastólica, após uma sessão de treinamento de força em braços e pernas a 70% de 1 RM. Ambas as pressões retornaram aos níveis iniciais de repouso dentro de um minuto após o encerramento do exercício. Contudo, foi observada uma leve diminuição na pressão arterial sistólica e na diastólica durante 60 minutos. Em contraposição, os mesmos resultados não foram encontrados em treinamento com pesos para membros superiores e inferiores com cargas de 40, 60 e 80% de 1 RM (O'Connor et al., 1993).

O número de repetições envolvendo a prescrição do treinamento de força para hipertensos geralmente varia de 10 a 15 (Simão, 2004). Contudo, o tempo de tensão solicitado nos limites inferior e superior dessa faixa de repetições pode exercer efeitos diferenciados nas respostas da pressão arterial. Além disso, diferentes formas de condução do treinamento, associadas a intensidades de esforço diversificadas, podem exercer efeitos distintos na pressão arterial.

Em um experimento de Simão et al. (2005), foi comparado o efeito hipotensivo pós-esforço, em treinamento de diferentes intensidades, volumes e metodologias. O estudo verificou o efeito de três seqüências de treinamento com pesos sobre as respostas agudas tardias de pressão arterial sistólica e diastólica. Durante três dias não consecutivos (Tabela 2.5), 14 jovens experientes em treinamento de força foram divididos aleatoriamente em dois grupos (G1 e G2). No primeiro dia, foram realizados testes de 6 RM, sendo a seqüência do G1 e G2 composta por cinco e seis exercícios, respectivamente. No segundo dia, os sujeitos de ambos os grupos realizaram três séries de 6 RM em cada exercício, com dois minutos de intervalo de recuperação entre as séries. No último dia, a amostra realizou 12 repetições em cada exercício, com carga correspondente a 50% de 6 RM, sendo que o G1 realizou os exercícios em forma de circuito, perfazendo um total de três passagens, enquanto G2 realizou os exercícios do mesmo modo que no dia anterior. A pressão arterial sistólica e a diastólica foram aferidas antes de cada seqüência por método auscultatório e imediatamente após o término de cada seqüência, por monitorização ambulatorial em ciclos de 10 minutos, durante 1 hora. No G1, a pressão arterial sistólica pós-esforço apresentou reduções significativas até 50 minutos no treinamento em circuito e até 50 minutos para o treinamento de 6 RM (Gráfico 2.1), entretanto, a pressão arterial diastólica pós-esforço não mostrou qualquer alteração em relação ao valor de repouso (Gráfico 2.2). No G2, 6 RM proporcionaram redução significativa da pressão arterial sistólica em relação ao repouso em todas as medidas observadas (60 minutos), enquanto 12 repetições ocasionaram redução de até 40 minutos (Gráfico 2.3). Na pressão arterial diastólica, não se verificou qualquer alteração após a execução de 6RM, mas observou-se redução significativa na primeira medida pós-esforço para 12 repetições (Gráfico 2.4). Concluindo, nossos resultados sugerem que as intensidades dos exercícios de força podem influenciar na duração do efeito hipotensivo após o término da atividade, mas não a magnitude da redução. Vale ressaltar que não encontramos diferenças entre as metodologias empregadas (circuito ou tradicional), mas os avaliados eram normotensos.

Tabela 2.5 Procedimentos realizados em dois grupos em 3 dias de testes.*

	Grupo 1	Grupo 2
1	6 repetições máximas em 5 exercícios	6 repetições máximas em 6 exercícios
2	3 séries de 6 repetições máximas de 5 exercícios na forma tradicional. Pressão arterial determinada antes e até 60 minutos após o esforço.	3 séries de 6 repetições máximas de 6 exercícios na forma tradicional. Pressão arterial determinada antes e até 60 minutos após o esforço
3	3 séries de 12 repetições com 50% de 6 repetições máximas na forma de circuito. Pressão arterial determinada antes e até 60 minutos após o esforço.	3 séries de 12 repetições com 50% de 6 repetições máximas em forma tradicional Pressão arterial determinada antes do exercício e até 60 minutos após o esforço.

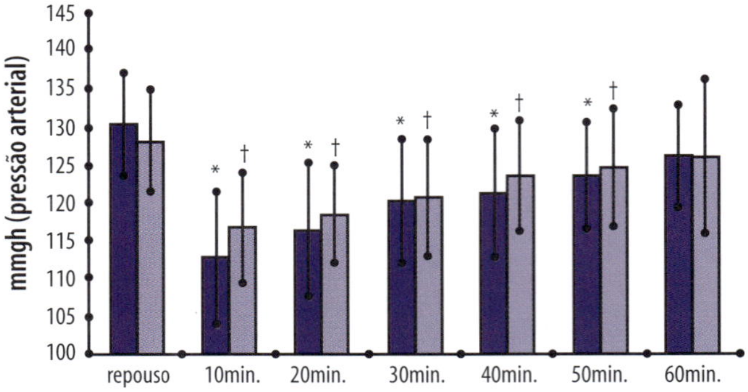

Gráfico 2.1 Grupo 1 resposta da pressão arterial sistólica a 2 sessões de trabalho de força (média ± DP).

† = diferença significativa pós esforço em relação ao repouso no treinamento em circuito.

* = diferença significativa pós esforço em relação ao repouso no treinamento em 6 RM.

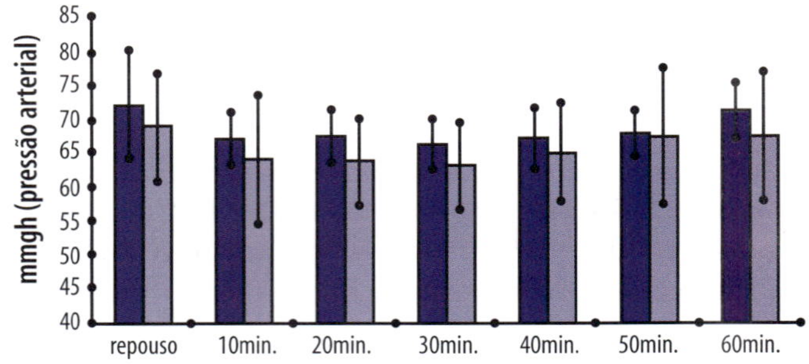

Gráfico 2.2 Grupo 1 resposta da pressão arterial diastólica a 2 sessões de trabalho de força (média ± DP).

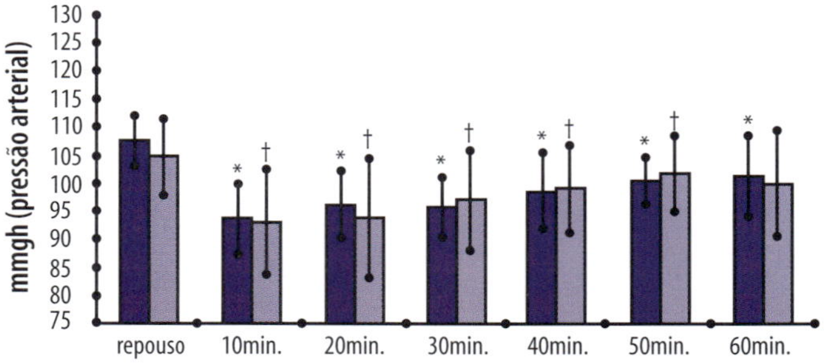

Gráfico 2.3 Grupo 2 resposta da pressão arterial sistólica a 2 sessões de trabalho de força (média ± DP).

† = diferença significativa pós esforço em relação ao repouso no treinamento tradicional em 12 repetições.

* = diferença significativa pós esforço em relação ao repouso no treinamento em 6 RM.

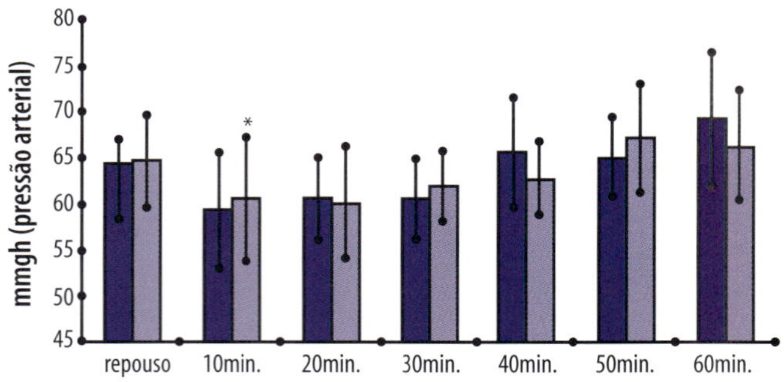

Gráfico 2.4 Grupo 2 resposta da pressão arterial diastólica a 2 sessões de trabalho de força (média ± DP).

* = diferença significativa pós esforço em relação ao repouso no treinamento tradicional em 12 repetições.

Legenda

- 6 repetições máximas (6 RM).
- sessão com 12 repetições.

Embora o efeito hipotensivo na pressão arterial pós-esforço tenha sido atribuído principalmente a uma diminuição da resistência vascular, as causas fundamentais dessas diminuições ainda não foram elucidadas. É improvável que o efeito hipotensivo pós-esforço seja resultado da termoregulação ou trocas no volume sangüíneo. Mesmo que alguns dados sugiram diminuições na atividade do nervo eferente após o esforço, contraditórios resultados são encontrados em humanos e em ratos de laboratórios (MacDonald et al., 2000). Talvez os principais fatos relacionados a essa questão da atividade do nervo eferente sejam os baroreceptores e hormônios específicos, mas investigações futuras ainda são necessárias. Significantes evidências em estudos realizados com roedores sugerem que níveis de serotonina centrais podem influenciar no efeito hipotensivo, mas recentes estudos em humanos não suportam essas evidências em modelos animais. Outros fatores locais parecem mediar o efeito hipotensivo, dentre os quais os hormônios circulantes. A mensuração de hormônios com potenciais vasodilatadores como a adrenalina, adenosina, potássio e atrial natriuréico peptídeo foram reportados de aumentar ou se manterem inalterados durante o efeito hipotensivo. Agentes vasoconstrictores, como a renina, angiotensina II e hormônio anti-diurético, aumentaram, diminuíram ou se mantiveram inalterados após o esforço (MacDonald et al., 2000). Existem evidências de que o efeito hipotensivo pode perdurar por até 17 horas após o exercício (Simão et al., 2005). Nesse tempo, cada uma dessas substâncias presumivelmente retornaria aos valores de repouso. A possibilidade de nenhuma dessas substâncias serem fundamentais no efeito hipotensivo é provavelmente real. As alterações no óxido nítrico têm sido responsabilizadas por um efeito hipotensor. Contraditórios resultados encontrados entre os mecanismos originados no cérebro e nos centros de controle cardiovascular ainda são obscuros.

Concluindo, os resultados sugerem que a intensidade do treinamento de força pode influenciar na duração do efeito hipotensivo após o término da atividade, mas não a magnitude da redução. Aparentemente, sessões mais intensas promoveriam um período maior de redução da pressão arterial sistólica. No entanto, a redução da pressão arterial diastólica não é bem evidenciada. A literatura é escassa nesse aspecto e, portanto, outros estudos deverão ser realizados para ratificar esses resultados e estendê-los a outros exercícios, incluindo o controle de variáveis potencialmente intervenientes, como massa muscular, velocidade de execução e treinamento aeróbio associado.

Coração

Intimamente relacionadas com as mudanças na freqüência cardíaca e na pressão arterial estão as mudanças no próprio coração. Em repouso, o coração de um indivíduo médio precisa bombear aproximadamente cinco litros de sangue por minuto. O débito cardíaco depende da freqüência cardíaca (número de sístoles por minuto) e do volume sistólico (quantidade de sangue bombeado em cada sístole).

Débito Cardíaco = Freqüência Cardíaca x Volume Sistólico

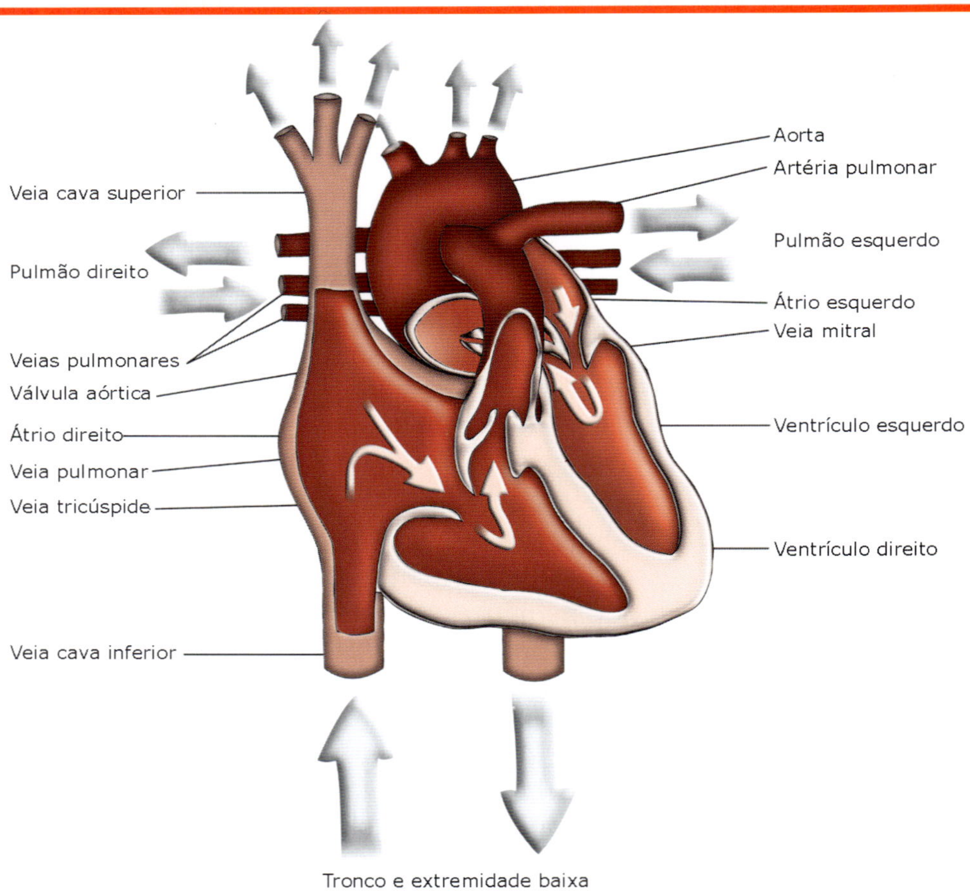

Figura 2.1

Caso ocorra diminuição na freqüência cardíaca em repouso, deve haver aumento no volume sistólico, para que o coração de um indivíduo médio consiga bombear cinco litros de sangue por minuto. É mais fácil para o coração bombear a mesma quantidade de sangue com um número menor de ciclos cardíacos e maior volume sistólico. Desta forma, a diminuição na freqüência cardíaca e o conseqüente aumento no volume sistólico, normalmente, são considerados adaptações que reduzem o estresse cardiovascular. Estudos em atletas altamente treinados em força indicam que o volume sistólico não se altera de forma significativa, mas demonstram alterações discretas na situação de repouso (Fleck, 1988; Fleck, 2003; Stone et al., 1991). Como discutido anteriormente, a freqüência cardíaca em repouso pode diminuir ligeiramente em razão do benefício de um programa de treinamento de força. Como o débito cardíaco é um produto tanto da freqüência cardíaca como do volume sistólico, se a freqüência cardíaca diminuir um pouco, o volume sistólico tem de aumentar para manter o débito cardíaco. Desta forma, o treinamento de força pode reduzir ligeiramente o estresse cardiovascular em repouso.

Essa linha de pensamento relacionada à diminuição do estresse cardiovascular pode ser aplicada aos exercícios de levantamento de pesos submáximos e a outros tipos de trabalho, como, por exemplo, os exercícios de pedalar, pois o treinamento de força pode resultar na redução da freqüência cardíaca durante um trabalho submáximo.

A redução da pressão arterial em repouso e durante o trabalho também pode reduzir o estresse cardiovascular. O coração tem que desenvolver uma pressão levemente superior à pressão arterial para conseguir bombear o sangue do coração para a aorta. Como discutido anteriormente, o treinamento de força pode resultar em reduções pequenas, porém significativas, na pressão arterial nos indivíduos em repouso e durante o trabalho. Se a pressão arterial baixar, não haverá necessidade de o coração produzir uma pressão elevada para bombear o sangue. Desta forma, qualquer queda na pressão arterial em repouso ou durante o treinamento de força reduz o estresse cardiovascular.

Uma forma do coração bombear mais sangue por sístole ou aumentar o volume sistólico é fazer que os ventrículos sejam capazes de conter mais sangue. Para manter o débito cardíaco com menor número de sístoles e, assim, aumentar o volume sistólico, de modo a facilitar o trabalho do coração, deve-se aumentar a capacidade do órgão de conter mais sangue. O aumento no volume dos ventrículos de indivíduos normais é considerado uma adaptação positiva ao treinamento. Atletas veteranos no treinamento de força apresentam tanto o volume sistólico quanto o da cavidade ventricular normais ou em níveis levemente superiores ao normal (Fleck, 1988; Fleck, 2003; Stone et al., 1991). Estudos sobre treinamento, entretanto, mostram mudanças pequenas ou não significativas no volume sistólico e na cavidade ventricular, o que demonstra que o treinamento de força pode facilitar o trabalho do coração, pois permite o aumento do volume da cavidade ventricular e, conseqüentemente, também no volume sistólico.

Outra forma de aumentar o volume sistólico é fazer que os ventrículos sejam esvaziados completamente. A fração de ejeção (medida da quantidade de sangue bombeado em relação à contida nos ventrículos) não sofre alterações nem aumenta levemente em decorrência do treinamento de força. Essa situação indica que se a prática causa aumento no volume sistólico, isso se deve, provavelmente, mais a um ligeiro aumento no volume da cavidade ventricular do que na fração de ejeção. É importante observar, no entanto, que o treinamento de força não resulta em uma diminuição da fração de ejeção, normalmente considerada como adaptação negativa que aumenta o risco cardiovascular.

Fração de Ejeção = Volume Sistólico/Volume Diastólico Final

Intimamente associado à elevação da pressão arterial durante o treinamento de força está o aumento na espessura da parede ventricular e no peso ventricular total (massa ventricular esquerda). O ventrículo esquerdo tem que desenvolver mais pressão do que a existente no sistema arterial para bombear o sangue. Sendo assim, como a pressão arterial aumenta durante o treinamento de força, é necessário que o ventrículo esquerdo desenvolva cada vez mais pressão, a fim de enviar o sangue para o sistema arterial. A tarefa do ventrículo esquerdo de desenvolver pressões mais altas assemelha-se ao treinamento de força, no qual o estímulo para aumentar o volume e a força dos músculos esqueléticos consiste em levantar pesos maiores, aumentando a sobrecarga. Em resposta à necessidade de desenvolver pressões maiores durante o treinamento com pesos, o ventrículo esquerdo, da mesma forma que qualquer outro músculo, aumenta em volume e força. No caso do ventrículo esquerdo, isso resulta no espessamento da parede.

Alguns estudos mostram que o treinamento de força pode resultar em aumentos na espessura da parede ventricular e na massa ventricular esquerda (Fleck, 1988; Perrault e Turcottee, 1994). Muitos veteranos em programas de treinamento de força realmente possuem paredes ventriculares esquerdas mais espessas que o normal e massa ventricular esquerda aumentada.

Antes, pensava-se que isso seria uma adaptação cardiovascular negativa, pois o aumento na espessura da parede ventricular também ocorre em resposta à hipertensão e à doença cardíaca congestiva. Mais tarde, porém, tornou-se conhecido que o aumento na espessura da parede ventricular esquerda em conseqüência do treinamento de força raramente excede os limites normais, especialmente quando a espessura da parede é examinada em relação ao volume do corpo (Perrault e Turcottee, 1994). Além disso, as proporções de espessura da parede em relação ao volume da cavidade ventricular esquerda em indivíduos que fazem treinamento de força não excedem os limites normais, o que não acontece nos casos de hipertensão e doença cardíaca congestiva. Isso, portanto, mostra que existe diferença entre esses dois tipos de espessamento.

Atualmente, é reconhecido que a hipertrofia cardíaca proporcionada pelo treinamento de força difere da verificada em casos de hipertensão e da doença cardíaca congestiva. Isso acontece porque a hipertrofia cardíaca resultante do treinamento de força não afeta negativamente a capacidade do coração de bombear o sangue.

Referências Bibliográficas

American College of Sports Medicine. Diretrizes do ACSM para os testes de esforço e sua prescrição. Rio de Janeiro: Editora Guanabara Koogan, 2003.

Brown SP, Clemons JM, HE Q, Liu S. Effects of resistance exercise and cycling on recovery blood pressure. Journal Sports Science. 1994; 12: 463-468.

Chobanian AV, Bakris GL, Black HR, Cushman WC, Green LA, Izzo JL, et al. The seventh report of the joint national committee on prevention, detection, evaluation, and treatment of high blood pressure: The JNC 7 report. JAMA. 2003; 289: 2560-2571.

Cléroux J, Kouamé N, Nadeau A, Coulombe D, Lacourciére Y. After effects of exercise on a regional and systemic hemodynamics in hypertension. Hypertense. 1992; 19: 183-191.

Collins RR, Peto S, Macmahon P, Herbert NH, Fiebach KA, Eberlein J, Godwin N, Qizilbash JO, Hennekens CH. Blood pressure, stroke and coronary heart disease. Part 2. Short-term reduction in blood pressure: Overview of randomized drug trials in their epidemiological context. Lancet. 1990; 335: 827-838.

Cornelissen V, Fagard RH. Effect of resistance training on resting the pressure: A meta-analysis of randomized controlled trials. Journal Hypertension. 2005; 23: 251-259.

Conley MS, Rozenek R. Health aspects of resistance exercise and training. Journal Strength Conditioning Research. 2001; 6: 9-23.

Farrel PA, Foster MG, Anholm J, Hare J, Leon AS. A comparison of plasma cholesterol, triglycerides and high-density lipoprotein cholesterol in speed skaters, weightlifters and non-athletes. European Journal Apply Physiology. 1982; 48: 77-82.

Fleck SJ, Kraemer WJ. Designing Resistance Training Programs. Champaign: Human Kinetics, 2004.

Fleck SJ. Cardiovascular response to strength training. Strength and Power in Sport. Blackwell Scientific Publications, 2003.

Fleck SJ. Cardiovascular adaptations to resistance training. Medicine Science Sports Exercise. 1988; 20: S146-S51.

Fleck SJ, Dean L. Previous resistance training experience and the pressor response during resistance exercise. Journal Applied Physiology. 1987; 63: 116-120.

Floras JS, Wesche J. Hemodynamic contributions to post-exercise hypotension in young adults with hypertension and rapid resting heart rates. Journal Human Hypertense. 1992; 6: 265-269.

Gettmna LR, Pollock ML. Circuit weight training: a critical review of its physiological benefits. Physician Sports Medicine. 1981; 9: 44-60.

Gotshall RW, Gootman J, Byrnes WC, Fleck SJ, Volovich TC. Noninvasive characterization of the blood pressure response to the double-leg press exercise. Journal Exercise Physiology. 1999; www.css.edu/users/tboone2

Harris KA, Holly RG. Physiological responses to circuit weight training in bordeline hypertensive subjects. Medicine Science Sports Exercise. 1987; 19: 246-252.

Hill DW, Collins MA, Cureton KJ, Demello JJ. Blood pressure response after weight training exercise. Journal Apply Sport Science Research. 1989; 3: 44-447.

Hurley BB, Seals DR, Hagberg JM, Goldberg AC, Ostrove SM, Holloszy JO, Wiest WG, Goldberg AP. High-density lipoprotein cholesterol in bodybuilders vs. power lifters (negative effects of androgen use). JAMA. 1984; 252: 507-513.

Kelly G. Dynamic resistance exercise and resting blood pressure in adults: a meta-analysis. Journal Applied Physiology. 1997; 82: 1559-1565.

Kenney MJ, Seals DR. Postexercise hypotention: key features, mechanisms, and clinical significance. Hypertense. 1993; 22: 653-664.

MacDonald JR, MacDougall JD, Hogben CD. The effects of exercising duration on post exercise hypotension. Journal Human Hypertension. 2000; 14: 125-129.

MacDougall JD, Tuxen D, Sale DG, Moroz JR, Sutton JR. Arterial blood pressure response to heavy resistance exercise. Journal Applied Physiology. 1985; 58: 785-790.

O'Connor PJ, Bryant CX, Veltri JP, Gebhardt SM. State anxiety and ambulatory blood pressure following resistance exercise in females. Medicine Science Sports Exercise. 1993; 25: 516-521.

Perrault H, Turcotteee RA. Exercise-induced cardiac hypertrophy: fact or fallacy? Sports Medicine. 1994; 17: 288-308.

Pescatello LS, Frankilin BA, Fagard R, Farquhar WB, Kelly GA, Ray CA. American College of Sports Medicine, position stand: exercise and hypertension. Medicine Science Sports Exercise. 2004; 36: 533-553.

Sale DG, Moroz DE, McKelvie RS, MacDougall JD, MacCartney N. Effect of training on the blood pressure response to weight lifting. Canadian Journal Applied Physiology. 1994; 19: 60-74.

Simão R, Fleck SJ, Polito MD, Monteiro W, Farinatti PTV. Effects of resistance training intensity, volume, and session format on the postexercise hypotensive response. Journal Strength Conditioning Research. 2005; 19: 853-858.

Simão R. Treinamento de Força na Saúde e Qualidade de Vida. São Paulo: Phorte, 2004.

Svedahl K, Haennel RG, Hudec R, Habib N, Gebhart V. The effects of physical fitness of post-myocardial infarction (MI) patients. Medicine Science Sports Exercise. 1994; 26: S-185.

Stone MH, Fleck SJ, Triplett NT, Kraemer WJ. Health-and performance-related potential of resistance training. Sports Medicine. 1991; 11: 210-231.

Tanasescu M, Leitzmann MF, Rimm EB, Willett WC, Stampfer MJ, Hu FB. Exercise type intensity in relation to coronary heart disease in man. Journal American Medical Association. 2002; 288: 1994-2000.

Tipton CM. Exercise training and hypertension. Exercise Sport Sciences Reviews. 1991; 19: 447-505.

3

Treinamento de Força em Idosos, Mulheres, Crianças e Adolescentes

3

Treinamento de Força em Idosos, Mulheres, Crianças e Adolescentes

Introdução

Idosos, mulheres, crianças e adolescentes que participam regularmente de atividades de treinamento de força podem melhorar sua saúde, e a auto-estima, reduzir o risco de doenças degenerativas e melhorar o desempenho esportivo. No passado, a prática do treinamento de força era questionada ou até mesmo evitada por causa de estigmas sociais. Atualmente, as evidências indicam claramente que esses grupos (idosos, mulheres, crianças e adolescentes) são capazes de tolerar e se adaptarem às exigências do treinamento de força e que os benefícios são substanciais. O interesse atual no treinamento de força é evidenciado pelo grande número desses indivíduos que praticam o treinamento com pesos em academias, bem como um maior número de praticantes em esportes que requerem grandes níveis de força e potência.

Idosos

O treinamento de força está tornando-se mais popular entre os idosos pelas mesmas razões já percebidas pelos jovens. Os benefícios do treinamento de força para os idosos, em termos de condicionamento e saúde, igualam-se, ou mesmo superam, os obtidos pelos jovens. A capacidade fisiológica de apresentar os benefícios do treinamento de força é mantida praticamente por toda a vida. Por exemplo, um grupo de homens e mulheres com idade entre 87 e 96 anos que fizeram esse treinamento durante 8 semanas apresentaram aumentos significativos na força e no volume muscular (Fiatarone et al., 1990). Parece que nunca é tarde para começar um programa de força, e com isso, melhorar o condicionamento físico e a saúde.

Após os 30 anos, estima-se que a perda de força seja de 1% por ano até os 60 anos, de 15% por década entre os 60 e os 70 anos e, daí em diante, 30% por década (Kraemer et al., 1996). Percebe-se que conforme o indivíduo envelhece, gradualmente, perde força e potência muscular, o que dificulta a execução das atividades diárias, como subir escadas e levantar-se de uma cadeira (Brill et al., 2000). Muitas atividades diárias dependem da força, e não da capacidade aeróbia: subir escadas, por exemplo, exige que a pessoa sustente o peso de seu corpo em uma perna.

A redução da força também afeta de forma negativa as atividades recreativas. A dificuldade em executar atividades normais da vida cotidiana e práticas recreativas prejudica a qualidade de vida. Tem-se demonstrado que o treinamento de força aumenta a capacidade dos idosos de executar tanto as atividades cotidianas quanto as de lazer. O objetivo de qualquer programa de treinamento de força para finalidades de condicionamento e saúde deveria ser aumentar e manter a força, ao mesmo tempo em que a pessoa envelhece, a fim de garantir que seja capaz de continuar com suas atividades tanto recreativas quanto cotidianas e, conseqüentemente, evitar a perda de qualidade de vida ao longo do tempo.

Estreitamente relacionada à redução da força decorrente do envelhecimento está a perda de massa magra corporal. É claro que se o volume muscular diminuir, a capacidade de produzir força também decrescerá. Estudos mostram que o treinamento de força aumenta a massa magra e as fibras de contração, tanto rápidas quanto lentas, em idosos (Kraemer et al., 1996; Lemmer et al., 2001). Todavia, esse aumento que ocorre em idosos é bem menor do que o demonstrado em jovens (Lemmer et al., 2001). A manutenção do volume muscular mantém, além da força, a taxa do metabolismo de repouso, auxiliando na manutenção do controle de peso corporal em longo prazo.

Após 35 anos de idade, aproximadamente, ocorre perda de massa corporal magra de 2,3 a 3,2kg por década. Se você já ouviu algum idoso dizer: "Eu quase não como e continuo engordando", então já se deparou com o efeito da perda da massa corporal magra sobre a taxa do metabolismo. Em um grupo de pessoas de 18 a 35 anos, essa taxa metabólica era de 1.447 kcal por dia, enquanto no grupo de indivíduos com idade entre 50 e 77 anos cai para 1.367 kcal por dia (Piers et al., 1998).

Essa diferença de 120 kcal por dia, embora pareça bastante pequena, significa que se os indivíduos mais velhos adotarem uma dieta com o número de calorias necessárias ao metabolismo de um jovem que não faz nenhum tipo de atividade física, em 64 dias ganharão 1 kg de gordura corporal. Em um ano, isso pode resultar em um aumento de peso equivalente a 5,7 kg. Esse aumento na taxa metabólica de repouso é observado em homens idosos, mas pode ser mais difícil de se notar em mulheres idosas (Lemmer et al., 2001). Desta forma, ao longo do tempo, a manutenção da massa corporal magra possibilitada pelo treinamento de força produz efeito significativo no controle de peso. O treinamento de força ajuda a manter um peso corporal saudável em idosos e em jovens não apenas pelo gasto calórico durante a prática do exercício, mas também em repouso, em razão do aumento da Taxa do Metabolismo de Repouso (TMR).

Com a idade, a redução na massa corporal magra também produz outros efeitos negativos sobre a composição corporal. Conforme se perde massa corporal magra, mesmo que o peso total permaneça o mesmo, o percentual de gordura deve estar aumentando. Infelizmente, enquanto as pessoas envelhecem, o peso não permanece o mesmo (em geral, aumenta), o que resulta em significativa elevação do percentual de gordura corporal. Nesse caso, o treinamento de força revela-se muito eficiente para a manutenção do peso e o aumento da massa corporal magra – o que vale tanto para idosos quanto para jovens.

O principal objetivo de um programa de treinamento para idosos deve ser a manutenção – e até mesmo o aumento – da massa corporal magra, para evitar alterações na força muscular e na TMR, além de conservar uma composição corporal saudável.

As quedas de idosos já se tornaram um problema de saúde pública e a principal causa de lesões, que podem até levar à morte. Manter a força muscular e a capacidade de utilizá-la com velocidade é vital para prevenir as quedas e criar mecanismos de proteção. Uma das principais conseqüências das quedas de idosos é a fratura óssea. Visto o que foi dito anteriormente, o treinamento de força tem potencial para aumentar a densidade mineral óssea e, portanto, diminuir o desenvolvimento da osteoporose. Desta forma, o treinamento de força é importante na prevenção de fraturas em idosos, pois mantém – e até mesmo aumenta – a densidade mineral óssea e a força muscular.

Outros benefícios do condicionamento físico – como aumento do consumo máximo de oxigênio, redução da pressão arterial e freqüência cardíaca em repouso – são verificados nos idosos em igual ou maior grau que nos jovens. A melhor resposta dos idosos ao treinamento de força em relação a alguns benefícios no condicionamento e na saúde justifica-se pelo fato de muitos idosos terem, infelizmente, permanecido inativos por muitos anos ou até mesmo décadas. Quando começam um programa de treinamento com pesos, sua condição física pode ser relativamente limitada. Conseqüentemente, qualquer atividade física melhora a aptidão física e a saúde de maneira significativa.

Alguns idosos apresentam tremores ou falta de controle durante as contrações musculares submáximas. Recentemente, tem-se constatado que o treinamento de força aumenta o controle e o tônus muscular nos movimentos de idosos. Desta maneira, pessoas de idade avançada podem obter certos benefícios de um programa de treinamento de força em determinados campos nos quais os jovens não conseguirão perceber vantagens. Não há dúvidas de que, no futuro, serão apontados outros benefícios, ainda desconhecidos, do treinamento de força para idosos.

Muitas vezes negligenciada, a nutrição adequada para idosos revela sua importância em um estudo baseado na suplementação com proteína, carboidrato, vitaminas, minerais e alguma gordura extra nas dietas de alguns idosos (Meredith et al., 1992). Nessa pesquisa, o treinamento de força foi realizado durante 12 semanas por dois grupos: um teve sua dieta suplementada, enquanto outro não contou com nenhuma suplementação. O grupo com dieta suplementada mostrou significativos aumentos no volume muscular relacionados com a ingestão de proteína e calorias. Isso não significa que os idosos devam tomar suplementos alimentares, mas a nutrição adequada e uma dieta balanceada são tão importantes para os idosos quanto para os jovens, que podem aproveitar ao máximo o programa de treinamento de força.

Além de manter todas as características dos programas para jovens (Tabela 3.1), o programa de treinamento de força para idosos deve contar com outros fatores. A dificuldade na progressão, de acordo com o aumento do peso para certo número de repetições, deve ser feita de forma mais lenta e cautelosa do que para jovens. A diminuição dos períodos de repouso entre as séries e os exercícios, no caso dos idosos, também deve ser feita de forma branda e prudente.

Algumas precauções devem ser tomadas para a segurança, inclusive com a presença de um professor acompanhando a execução do exercício. Durante o treinamento, como em qualquer outra atividade física, a pressão arterial aumenta. Quando a pessoa não pode completar a repetição e sustenta o peso, ocorre significativa elevação da pressão arterial. Por motivos de segurança, é importante acompanhar o idoso durante o treinamento para que ele não seja exposto à sustentação do peso por um longo período, o que acarretaria dificuldade em completar a repetição.

O treinamento de força resulta em benefícios para a aptidão física e para a saúde de pessoas de praticamente todas as faixas etárias, tanto em indivíduos sem experiência quanto em atletas de elite. Existem muitas razões para iniciar um programa de treinamento de força em qualquer época e outras tantas para dar continuidade a essa prática durante toda a vida. Nunca pense que é tarde demais para começar ou que os benefícios nunca irão ocorrer. A verdade é que todos podem beneficiar-se de um programa de treinamento de força.

Tabela 3.1 Adaptações do idoso ao treinamento de força

	Envelhecimento	Treinamento de Força
Força Muscular	Diminui	Aumenta
Resistência Muscular	Diminui	Aumenta
Massa Muscular	Diminui	Aumenta
Capacidade de Hipertrofia	Diminui	Aumenta
Capacidade Metabólica do Músculo	Diminui	Aumenta
Taxa Metabólica do Músculo em Repouso	Diminui	Aumenta
Composição Corporal de Gordura	Aumenta	Diminui
Densidade Mineral Óssea	Diminui	Aumenta
Funções Físicas	Diminui	Aumenta

Osteoporose

Muitos acreditam que a osteoporose ou a perda da densidade mineral óssea diz respeito apenas aos idosos e/ou às mulheres. Realmente, a osteoporose é um grave problema para os mais velhos – nos EUA, atribui-se à doença a causa de 1,3 milhão de fraturas entre os idosos. Embora mais séria para as mulheres, a osteoporose é responsável por uma em cada oito fraturas em homens com mais de 50 anos. Conforme a expectativa de vida aumenta, a osteoporose torna-se mais comum, tanto para homens quanto para mulheres. A causa do problema, no entanto, tem início muito antes do que a maioria imagina. A massa óssea da maioria das pessoas alcança seu valor máximo entre 20 e 35 anos, e depois, dos 40 aos 45, permanece relativamente estável. Após esse período, ocorre perda gradual de massa óssea de aproximadamente de 1 a 3% ao ano, o que, eventualmente, resulta em baixa densidade óssea por volta dos 60 anos. Cabe ressaltar que respostas positivas na massa óssea são mais evidentes em indivíduos que praticam exercícios vigorosos e possuem uma boa ingestão de cálcio. Indivíduos que não realizam exercícios ou atividades físicas de forma moderada a vigorosa e possuem uma dieta pobre em cálcio apresentam de precocemente a perda da densidade mineral óssea. É possível que, durante toda a vida, ocorra perda de 40% da massa óssea plena. É essa perda gradual que torna comum, após os 60 anos, as fraturas do punho, do quadril e das vértebras.

Está claro que as atividades físicas, incluindo o treinamento de força, podem aumentar ou preservar a densidade mineral óssea (Layne e Nelson, 1999). Ao mesmo tempo, parece que o exercício físico também confere maior força a alguns ossos pelo aumento de volume, enquanto em outros esse processo ocorre, essencialmente, pelo aumento da densidade mineral. De um ponto de vista prático, não importa a maneira pela qual acontece o aumento da força dos ossos, mas sim o fato de que isso ocorre. Existem ainda vários fatores que precisam ser considerados quando se pensa em aumento de força e densidade óssea. Em primeiro lugar, o osso não responde à atividade física tão rapidamente quanto o músculo. O treinamento de força pode resultar em aumento da força muscular em alguns meses ou mesmo semanas após o início do programa, ao passo que os efeitos na massa óssea exigiriam meses ou até um ano de qualquer atividade física. Se o objetivo é estimular positivamente a densidade e a força dos ossos, o treinamento de força deve ser executado regularmente por um longo período. Embora sejam necessárias mais investigações, tudo indica que o treinamento de força com menor número de repetições, em torno de oito a dez repetições por série, com cargas a 80% de 1 RM resulta em melhorias mais significativas na densidade mineral dos ossos do que o treinamento com pesos mais leves e com grande número de repetições (Bemben e Fetters, 2000). Por isso, se o principal objetivo do programa de treinamento for afetar a densidade mineral dos ossos, seria mais conveniente aumentar a carga (peso) no treinamento (Tabela 3.2).

Tabela 3.2 Guia de prescrição de exercício para estimulação do crescimento ósseo.	
Variáveis	**Recomendações Específicas**
Volume	3-6 séries de até 10 repetições.
Carga	1-10 RM.
Repouso	1-4 min.
Variação	Típico esquema de periodização designado a aumentar a força e o tamanho muscular.
Seleção do Exercício	Estrutura dos exercícios: agachamento, arranque, levantamento terra, supino, desenvolvimento.

Aliada ao treinamento de força, deve-se realizar uma dieta com ingestão de cálcio para dar suporte à formação dos ossos e fazer que o programa de exercícios realmente produza efeitos sobre a densidade mineral óssea. Nesse caso, a ingestão de cálcio deve ser de pelo menos 1.000 a 1.500mg por dia. Em mulheres na menopausa, a terapia com estrogênio também é um fator a ser considerado, pois o estrogênio desempenha importante papel na reabsorção óssea e pode influenciar a resposta adaptativa dos ossos ao exercício físico. Também vale ressaltar um aspecto singular do treinamento de força em comparação com a corrida e o ciclismo: permitir facilmente o treinamento das partes superior e inferior do corpo. Desta forma, tanto os ossos dos membros superiores quanto os inferiores podem ser estimulados a aumentar em força e densidade.

Talvez a melhor prescrição do treinamento de força para ajudar a prevenir fraturas provocadas pela osteoporose seja iniciar o exercício regular com pesos antes dos 30 aos 35 anos, para aumentar o máximo possível a massa óssea. Depois, deve-se continuar com a atividade no decorrer da vida para diminuir a perda gradual de densidade mineral óssea provocada pelo envelhecimento. O fator mais importante é a regularidade no desempenho de uma atividade física, inclusive o treinamento de força, além da ingestão adequada de cálcio. No caso das mulheres, o tratamento com estrogênio possibilita uma boa oportunidade de aumento ou, pelo menos, diminuição da perda da densidade mineral óssea ao longo do tempo, o que reduz o risco de fraturas ocasionadas pela osteoporose.

Ao realizar uma revisão de literatura, Simão (2004) aborda que a osteoporose é uma doença que envolve uma perda progressiva da densidade mineral óssea, afetando predominantemente os mais velhos, especialmente mulheres na fase pós-menopausa. A perda da densidade mineral óssea resulta em um enfraquecimento do tecido, com predisposição a fraturas. As forças mecânicas impostas ao osso são críticas à manutenção e ao aumento da densidade mineral óssea. Estudos em animais e humanos sugerem que a atividade muscular é efetiva em manter a densidade mineral óssea, se as forças desenvolvidas alcançarem um esforço efetivo mínimo, que é o nível requerido para estimular nova formação óssea. Por causa das altas solicitações que podem ser desenvolvidas, o treinamento de força parece ser especificamente destinado a prevenir o desenvolvimento de osteoporose. Diversos estudos demonstraram que o treinamento de força aumenta a densidade mineral óssea em uma variedade de populações. Atletas de força têm mostrado ter densidade mineral óssea mais alta do que sedentários. Estudos longitudinais sobre o treinamento de força mostraram aumentos na densidade mineral óssea em indivíduos adultos e mais velhos, embora outros não tenham mostrado mudanças. A maioria das evidências sugere que os aumentos na densidade mineral óssea são específicos para o tipo de exercícios desempenhados e membros/articulações envolvidos no movimento. Por exemplo, para aumentar a densidade mineral óssea do fêmur, é necessário incluir exercícios que dêem a carga específica dos músculos que têm sua origem ou inserção no fêmur. O treinamento de força pode ter o efeito de estimular a formação do osso por meio das células ósseas chamadas osteoblastos, enquanto inibe ou pelo menos reduz a ação das células ósseas chamadas osteoclastos, responsáveis pela retirada de cálcio do osso. Baseado em evidência disponível, parece que tanto a atividade de força quanto o treinamento de resistência ajudam a manter ou aumentar a densidade mineral óssea, com o treinamento de força possivelmente tendo um maior efeito global.

Escolha do exercício

O foco principal está nos grandes grupamentos musculares: 4 a 6 exercícios. Usam-se barras, aparelhos com pesos e outros tipos de implementos.

Ordem dos exercícios

Geralmente, o aquecimento é seguido de exercícios para grandes grupamentos musculares, também seguidos, às vezes, de exercícios para pequenos grupamentos musculares.

Cargas utilizadas

A carga mais comum é de 80% da força máxima para 1RM, o que equivale em média entre 8 a 12 repetições máximas.

Número de séries

Geralmente, o praticante faz de uma a três séries de cada exercício. Pode ocorrer progressão ao longo do tempo, com aumento gradual até atingir múltiplas séries de cada exercício.

Intervalo entre as séries

Normalmente, o descanso entre as séries é de 1 a 3 minutos, dependendo do objetivo esse intervalo pode ser menor ou maior.

Treinamento em Mulheres

Antes da puberdade, não existem diferenças essenciais no peso, na altura e no tamanho corporal entre meninos e meninas. Quando a puberdade começa e se desenvolve, as diferenças nessas medidas tornam-se mais evidentes, primeiramente por causa das mudanças hormonais. Durante a puberdade, a produção de estrogênio em garotas aumenta e, conseqüentemente, a quantidade de gordura corporal e o desenvolvimento do seio também, ao passo que a produção de testosterona em garotos aumenta a formação óssea e a síntese de proteína. Embora o estrogênio também estimule o crescimento ósseo, garotos têm um período maior de crescimento e, portanto, homens tendem a possuir maior estatura que mulheres. Em média, mulheres tendem a ter mais gordura corporal e menor massa corporal magra absoluta do que os homens. Mesmo que algumas mulheres atletas possam ter porcentagens mais baixas de gordura que homens sem treinamento, porcentagens extremamente baixas de gordura em mulheres podem ser associadas a conseqüências adversas de saúde (West, 1998). Medições antropométricas de adultos indicam que os homens tendem a ter ombros mais largos em relação a seus quadris, enquanto mulheres tendem a ter quadris mais largos em relação a seus ombros.

Força e Potência Muscular

Quando se comparam mudanças induzidas na força muscular entre sexos, é importante a distinção entre medidas absolutas e relativas. Em termos de força absoluta, as mulheres geralmente têm cerca de dois terços da força do homem (Fleck e Kraemer, 2004). A força absoluta das partes inferiores do corpo das mulheres é, em geral, mais próxima das medidas dos homens, quando comparada com os valores da força absoluta das partes superiores do corpo. Diferenças relacionadas ao sexo na composição corporal, características antropométricas e distribuição da massa livre de gordura (mulheres tendem a ter menos massa muscular acima da cintura) podem ser explicadas parcialmente.

Quando comparadas em uma base relativa, as diferenças referentes ao sexo na força muscular são reduzidas drasticamente. Por causa da diferença média entre homem e mulher ser considerável no tamanho do corpo, é útil comparar diferenças sexuais na força relativa entre o peso corporal, massa livre de gordura e área da secção transversal muscular. Quando expressada relativamente ao peso corporal, a força da parte inferior das mulheres é similar à dos homens, enquanto a força da parte superior do corpo de mulheres é ainda um pouco menor. Se as comparações são feitas relativas à massa livre de gordura, diferenças na força entre homens e mulheres tendem a desaparecer (Hurley e Hagberg, 1998). Quando a força é expressa em correspondência à área da secção transversal muscular, não há diferença significativa entre os sexos, o que indica que a qualidade do músculo (força máxima por área da secção transversal) não é específica sexualmente. Admite-se que as fibras musculares nos homens e nas mulheres são também similares na distribuição do tipo de fibra e características histoquímicas, embora homens tendam a ter a área da secção transversal do músculo maior do que a das mulheres. Não obstante a importância dessas observações, profissionais de saúde precisam lembrar que há um vasto alcance de capacidades de força e que em alguns casos as diferenças entre duas mulheres podem de fato ser maiores que entre um homem e uma mulher.

Diferenças relacionadas ao sexo em produção de potência são similares àquelas verificadas para força muscular. Medições comparando produções de potência de levantadores competitivos revelaram que durante os movimentos de puxada, a produção de potência das mulheres relativa ao peso corporal total do corpo foi cerca de 63% da dos homens (Garhammer, 1991). Descobertas similares relativas à produção de potência foram observadas em mulheres presumivelmente sem treinamento. O salto vertical máximo e de saltos em longa distância também tendem a ser mais baixos em mulheres do que em homens, embora quando expressa relativamente à massa livre de gordura, a lacuna entre sexos tenda a se estreitar. Embora os homens ainda tenham um desempenho melhor no geral que as mulheres, parece, entretanto, que as diferenças na massa livre de gordura não sejam inteiramente responsáveis por diferenças na produção de potência.

Treinamento de Força para Atletas

Apesar das diferenças relacionadas ao sexo, homens e mulheres respondem ao treinamento de força de modos similares de suas diretrizes de pré-treinamento. Embora a magnitude de mudança em variáveis selecionadas possa diferir de algum modo, as tendências gerais sugerem que o valor do treinamento de força para mulheres estenda-se bem além de um aumento na força muscular e inclua mudanças favoráveis em outras medições importantes de saúde e forma física.

Através da participação em um programa de treinamento de força, as mulheres podem aparentemente aumentar sua força à mesma taxa ou mais rápido do que os homens. Ainda que ganhos absolutos em força sejam freqüentemente maiores em homens, os aumentos relativos (percentuais) são aproximadamente os mesmos, ou até maiores, em mulheres. Mesmo que as adaptações do sistema nervoso contribuam claramente ao desenvolvimento da força, a influência dos fatores de hipertrofia nas mulheres não deve ser sobressaltada. Quando técnicas sofisticadas (como, por exemplo, tomografia computadorizada e ultra-som) são usadas para assegurar mudanças nas medidas na área da secção transversal muscular, ganhos em pouco tempo (acima de 16 semanas) na hipertrofia muscular são similares entre os sexos (Hakkinen et al., 1992).

Julgando pelo desenvolvimento muscular de mulheres levantadoras olímpicas, fisiculturistas e atletas de campo e trilha que não usaram esteróides anabolizantes, é óbvio que a hipertrofia muscular substancial é possível em mulheres que participam regularmente em programas de treinamento de alto volume ou intensidade. Apesar de que mais estudos sejam necessários em períodos de longo tempo (longitudinais), é possível que as concentrações de testosterona em mulheres possam variar com o treinamento e que mulheres com níveis relativamente altos de testosterona possam ter mais potencial para um aumento no tamanho do músculo e força muscular (Hakkinen et al., 1990). Além disso, é possível que a complexidade do movimento do exercício utilizado durante o treinamento possa influenciar o grau de hipertrofia muscular. Movimentos mais complexos, como *leg-press* e supinos, quando comparados com a rosca bíceps podem requerer um período de adaptação neural relativamente mais longo, conseqüentemente retardando a hipertrofia muscular.

Uma disposição genética para desenvolver uma massa muscular grande pode também ser um fator fundamental.

Figura 3.1a

Figura 3.1b

Considerações dos Programas para Mulheres

Visto que as características fisiológicas do músculo em ambos os sexos são as mesmas, não há razão sensível para os programas de treinamento de força para mulheres serem diferentes daqueles dos homens. De fato, por causa dos grupos musculares envolvidos em um esporte particular serem obviamente os mesmos para homens e mulheres, os programas de treinamento de força devem ser projetados para melhorar o desempenho dos músculos necessários para realizar o esporte com sucesso, independente do sexo. É uma falsa percepção que os programas de treinamento de força para mulheres devam ser diferentes dos programas dos homens ou que mulheres perdem flexibilidade ou desenvolvem músculos "volumosos" se elas treinam com pesos. A única diferença real entre os programas é geralmente a quantidade de carga usada para um dado exercício. É particularmente importante para jovens atletas femininas desempenhar algum tipo de exercício de força regular de modo a aumentar suas resistências a lesões e captar seus potenciais genéticos na força músculo esquelética e potência durante a maturidade. As observações que ginastas femininas de elite são capazes de desempenhar atividades além do seu peso corporal e levantadoras de peso femininas competitivas podem empurrar mais de duas vezes seus pesos corporais demonstram o que é possível com o treinamento de força e potência.

Duas áreas de interesse em relação à prescrição de programas de treinamento de força para mulheres relatam o desenvolvimento da força da parte superior do corpo e a prevenção das lesões relacionadas ao esporte, em particular aquelas que envolvem o joelho. Desde que a força da parte superior do corpo das mulheres tende a ser menor que a dos homens, enfatizar o desenvolvimento da parte superior do corpo é importante para as atletas femininas que praticam esportes que requerem força e potência da parte superior do corpo. O desenvolvimento dessa parte deve ser focado em uma porção significativa do volume total do treinamento dessas atletas. A adição de um ou dois exercícios da parte superior ou uma a duas séries extras podem ser benéficos para mulheres que têm dificuldade ao desempenhar exercícios de peso livre multiarticulares por causa das limitações na força da parte superior do corpo.

É importante para os profissionais de saúde o cuidado com a incidência crescente de lesões no joelho em atletas femininas, particularmente em esportes como o futebol e o basquete. Embora alguns observadores tenham comentado que o aumento no número dessas lesões simplesmente reflete um crescimento na participação de mulheres em esportes organizados, outros têm sugerido fatores causadores. É possível que a fragilidade da articulação, alinhamento do membro, dimensões corporais, tamanho das estruturas ligamentares, movimentos corporais, interação calçado-superfície, nível de habilidade, mudanças hormonais e força muscular contribuam para a diferença observada no número de lesões no joelho entre atletas de ambos os sexos. Ainda que seja provável que nenhum dos fatores mencionados anteriormente seja o único responsável, aumentar o nível de atividade física em uma tentativa de reforçar as estruturas músculo articulares antes da participação no esporte merece consideração. Desde que essas estruturas em atletas tenham menos capacidade e possam ser relativamente mais fracas e, conseqüentemente, piores em termos de preparação para encontrar as demandas de incisão e torção em esportes, a participação regular em um programa de condicionamento que é projetado para aumentar a força e a integridade do tecido músculoesquelético pode reduzir o número de lesões relacionadas ao esporte.

Com instrução e progressão apropriadas, um programa de condicionamento em exercícios de força da parte dos membros inferiores bem como exercícios de agilidade e equilíbrio para melhorar o controle da atividade muscular parecem ser indicados para qualquer tipo de esporte. Além disso, é importante que atletas femininas evitem períodos prolongados de inatividade, que levem a perda de força, potência e resistência cardiovascular. Mesmo que exames clínicos sejam necessários para determinar o melhor método para reduzir a incidência de lesões relacionadas ao esporte em atletas femininas, as estratégias de prevenção devem ser priorizadas.

Treinamento de Força em Crianças e Adolescentes

O treinamento de força para crianças e adolescentes tem recebido um aumento de público e a atenção dos profissionais de saúde. Esse tipo de treinamento é definido como um método especializado de condicionamento que envolve o uso progressivo de cargas para aumentar a capacidade da pessoa para exercer ou resistir à força. Esse termo deve ser distinto dos esportes de levantamento de pesos e potência, nos quais os indivíduos tentam levantar quantidades máximas de peso na competição. O termo pré-adolescência refere-se a um período da vida antes do desenvolvimento das características secundárias sexuais (isto é, pelos pubianos e órgãos reprodutivos), enquanto o termo adolescência refere-se ao período entre a infância e a fase adulta. Para facilitar a discussão, os termos crianças e juventude são largamente definidos neste capítulo para incluir os anos pré-adolescentes e adolescentes. A força muscular é expressa em uma base absoluta (isto é, a força total medida em quilogramas) ou relativa (isto é, relação da força absoluta para a massa total do corpo, massa livre de gordura, ou área da secção transversal do músculo).

Crianças

Com o interesse crescente no treinamento de força na juventude, é importante para profissionais de saúde entender os princípios fundamentais do crescimento e desenvolvimento normais. Um entendimento desses princípios e uma apreciação de como eles podem influir nas adaptações ao treinamento e confundir a interpretação dos dados de pesquisa é essencial para o desenvolvimento e avaliação dos programas de treinamento de força seguros e efetivos. Por causa do treinamento de jovens atletas estar tornando-se mais intenso e complexo, fatores anatômicos e fisiológicos que podem ser associados com lesões agudas e crônicas também precisam ser considerados.

A Criança em Fase de Crescimento

O termo crescimento reporta-se a um aumento no tamanho do corpo ou a uma parte determinada do mesmo; desenvolvimento descreve a progressão natural de uma vida pré-natal à adulta, e maturação refere-se ao processo de se tornar maduro e plenamente funcional. A puberdade relaciona-se a um período de tempo no qual as características sexuais secundárias desenvolvem-se e uma criança é transformada em um adulto jovem. Durante a puberdade, mudanças também ocorrem na composição corporal e no desempenho físico.

Por causa da considerável variação nas taxas de crescimento e desenvolvimento, não é particularmente seguro definir um estágio de maturação por idade em meses ou anos, o que é conhecido como a idade cronológica. Crianças não crescem a uma taxa constante, além de existirem diferenças entre indivíduos no desenvolvimento físico a uma dada idade cronológica. Um grupo de crianças de 14 anos tem uma diferença de altura tão grande quanto 23 cm e uma diferença de peso acima de 18 kg. Além disso, uma garota de 10 anos pode ser mais alta e ter mais físico que um garoto de 10 anos. Essas diferenças correspondem a variações no tempo e magnitude de crescimento durante a puberdade. O tempo de puberdade pode variar de 8 a 13 anos em garotas e 9 a 15 anos em garotos, com garotas normalmente iniciando a puberdade cerca de dois anos antes dos garotos (Simão, 2004).

Estágios de maturação, ou desenvolvimento da puberdade, podem ser mais bem assessorados pela idade biológica, que pode ser medida em termos da idade do esqueleto, maturidade somática (física) ou maturação sexual. Por exemplo, duas garotas em uma equipe podem ter a mesma idade cronológica, mas idades biológicas muito diferentes. Uma garota pode ser sexualmente madura, ao passo que outra pode não iniciar o processo de maturação sexual por vários anos. Em garotas, o avanço da menstruação é um registro da maturação sexual, ao passo que em garotos os indicadores mais próximos da maturidade sexual incluem o aparecimento de pêlos pubianos, pêlos na face e engrossamento da voz. O assessoramento da maturação em crianças é importante por várias razões, podendo ser usado para avaliar modelos de crescimento em crianças. Desde que o grau de maturação é relacionado a medidas de forma física, incluindo força muscular e desempenho de estilos motores, técnicas usadas para assessorar a maturação podem ajudar a assegurar que crianças estejam corretamente encaixadas no teste de forma física e competição atlética. Embora tenha havido inquietude com relação às conseqüências potenciais negativas do treinamento intenso no crescimento, em crianças adequadamente nutridas não há evidência clara que o treinamento físico retarde ou acelere a maturação em meninos e meninas (Malina, 1994).

Um método comum de avaliar a idade biológica foi divisado por Tanner (1962) e envolve acompanhar o desenvolvimento de características sexuais secundárias identificáveis: desenvolvimento dos seios em garotas, desenvolvimento genital em garotos e desenvolvimento de pêlos pubianos em ambos os sexos. A classificação Tanner (1962) tem cinco estágios: o estágio 1 representa o estado imaturo, pré-adolescente, enquanto o estágio 5 representa a maturação sexual plena. Ainda que exista aqui alguma variação no grau da maturidade sexual de crianças em um estágio particular, essa técnica para acompanhar a maturação sexual é freqüentemente usada por médicos durante os exames físicos. Além disso, os adolescentes podem acompanhar por si próprios seus níveis de maturidade usando privativamente fotografias dos estágios Tanner.

A sensibilidade com as diferenças individuais em capacidades e experiências passadas é especialmente importante para crianças no quesito peso. Uma garota de 14 anos com a maturidade precoce pode estar pronta para treinar um esporte como levantamento de pesos, ao passo que um garoto de 14 anos ainda imaturo pode não estar pronto para as demandas do treinamento de força intenso. Uma idade de treinamento de uma criança (isto é, o tempo que a criança teve o treinamento de força) também pode influenciar nas adaptações ao treinamento de força; a magnitude de ganho em qualquer medida relacionada à força é afetada pela quantidade de adaptação que já ocorreu. Por exemplo, uma criança com 12 anos com dois anos de experiência no treinamento de força (isto é, uma idade de treinamento de dois anos) pode não realizar os mesmos ganhos de força em um dado período de tempo que uma criança de 10 anos que não tenha experiência no treinamento de força. Os profissionais de saúde devem reconhecer essas diferenças e individualizar o programa de treinamento baseado em cada nível de maturidade da criança, idade de treinamento e necessidades específicas.

Durante o período de estirão de crescimento, jovens atletas podem aumentar o risco de lesão. Normalmente, o estirão de crescimento ocorre por volta dos 12 anos em meninas e 14, em meninos. O enfraquecimento relativo do osso durante esse estágio do crescimento, desequilíbrios musculares entre o grupo flexor e o extensor em volta de uma articulação, e a contração relativa das unidades músculo-tendão ocasionando rapidamente o crescimento de músculos são fatores de risco para lesões em crianças. Os profissionais de saúde podem precisar modificar programas de treinamento (isto é, enfatizar a flexibilidade, corrigir desequilíbrios musculares ou diminuir o volume e a intensidade do treinamento) durante períodos de rápido crescimento. Se um jovem atleta reclama de dor ou desconforto durante um esforço, o profissional de saúde deverá suspeitar de uma lesão por excesso de uso ao invés de rotular essas reclamações como "dores do crescimento".

Quando a criança cresce, a massa muscular aumenta firmemente por todos os anos de desenvolvimento. No nascimento, aproximadamente 25% do peso do corpo de uma criança é massa muscular, enquanto na fase adulta cerca de 40% da massa total de uma pessoa é músculo. Durante a puberdade, um aumento na produção de testosterona em garotos resulta em um crescimento marcante na massa muscular, ao passo que em garotas uma intensificação na produção de estrogênio causa incremento no depósito de gordura corporal, desenvolvimento dos seios e aumento dos quadris. Embora a massa muscular em garotas continue a crescer durante a adolescência, o aumento ocorre a uma taxa mais baixa do que em garotos em razão das diferenças hormonais. Por todo esse período de tempo, o aumento na massa muscular em ambos os sexos ocorre por causa da hipertrofia das fibras musculares. Entre 16 e 20 anos ocorre a massa muscular máxima em mulheres, já em homens ocorre entre 18 e 25 anos, a menos que esteja afetada pelo treinamento de força, dieta, ou ambos (Fleck e Kraemer, 2004).

A formação do osso acontece na diáfise, que é o eixo central de um osso longo, e na cartilagem de crescimento, que é localizada em três locais na criança: a placa da epífise, a superfície da articulação e as inserções da apófise das unidades músculo-tendão. Quando a placa da epífise torna-se completamente ossificada, os ossos longos param de crescer. Ainda que os ossos normalmente comecem a se fundir durante o início da adolescência, as garotas geralmente completam a maturidade óssea em torno de dois a três anos antes dos garotos. Mesmo que a idade real varie consideravelmente, a maioria da formação óssea está completa aos 20 anos.

Uma preocupação particular nas crianças é a vulnerabilidade da cartilagem de crescimento ao traumatismo e uso excessivo. As lesões podem romper o osso e dificultar o suprimento de nutrientes, resultando em distúrbios de crescimento permanentes. O traumatismo ocasionado por quedas ou fadiga repetitiva excessiva pode ocasionar ruptura do ligamento e/ou produzir uma fratura da placa da epífise em uma criança. O potencial de lesão da placa da epífise durante o treinamento de força é discutido mais adiante neste capítulo.

Desenvolvimento na Força Muscular

Como a massa muscular aumenta durante toda a pré-adolescência e a adolescência, há um aumento na força muscular. De fato, as curvas de crescimento para a força são similares àquelas da massa muscular do corpo. Em garotos, ganhos máximos na força ocorrem normalmente entre um a dois anos após o estirão de crescimento e em torno de um ano após o aumento do peso máximo, com o peso do corpo sendo o indicador mais claro. Esse modelo sugere que durante períodos de rápido crescimento, o músculo aumenta primeiro na massa magra e mais tarde em sua capacidade de expressar a força (Buenen e Malina, 1999). Em garotas, ganhos máximos na força também ocorrem normalmente após o estirão de crescimento, embora haja mais variação individual na relação da força para altura do peso do corpo para garotas do que para garotos. Ainda que a força de garotas e garotos seja essencialmente igual durante a pré-adolescência, as diferenças hormonais durante a puberdade são responsáveis por uma aceleração no desenvolvimento da força de garotos e uma continuação de praticamente a mesma taxa no desenvolvimento da força de garotas. Em média, a força máxima é atingida aos 20 anos em mulheres sem treinamento e entre 20 e 30, em homens sem treinamento (Buenen e Malina, 1999).

Um fator importante para a expressão da força muscular em crianças é o desenvolvimento do sistema nervoso. Se a formação das bainhas de mielina das fibras nervosas estiver ausente ou incompleta, reações rápidas e movimentos habilidosos não podem ser desempenhados com sucesso, e altos níveis de força e potência são impossíveis. Quando o sistema nervoso desenvolve-se, as crianças melhoram seus desempenhos em capacidades que requerem equilíbrio, agilidade, força e potência. Embora a formação da bainha de mielina (formação lipoprotéica em um conjunto de fibras nervosas) de muitos nervos motores seja incompleta até a maturação sexual, não se deve esperar que as crianças respondam ao treinamento do mesmo modo ou atinjam o mesmo nível de habilidade dos adultos até que elas atinjam a maturidade neural (Buenen e Malina, 1999).

Por causa das funções fisiológicas serem mais intimamente relacionadas à idade biológica do que à cronológica, a um dado tempo, uma criança com a maturação precoce provavelmente terá uma vantagem nas medidas de força absoluta quando comparada a uma criança com maturação tardia do mesmo sexo que tenha menos massa muscular. Em geral, o tipo corporal de jovens precocemente maduros tende a ser mesomórfico (ombros musculosos e mais largos) ou endomórficos (quadris mais redondos e largos), ao passo que os tardiamente maduros tendem a ser ectomórficos (delgados e altos).

Evidentemente, as diferenças físicas nas proporções do corpo podem afetar a execução dos exercícios de força. Por exemplo, braços curtos e uma grande cavidade torácica são uma vantagem em flexões de braços, ao passo que pernas longas e tronco longo são uma desvantagem em agachamentos. Esses fatores têm implicações para os profissionais de saúde que estão tentando padronizar os testes de forma física ou desenvolver um programa de treinamento de força para um grupo de garotos e garotas que possuem uma variação grande de tamanho físico. As razões para os programas individualizados de treinamento devem ser explicadas a todos os participantes, devendo haver encorajamento especial aos tardiamente maduros que possam ser menores e mais fracos do que seus companheiros de idade cronológica que possam ser biologicamente maduros e, portanto, mais altos e fortes. Embora os tardiamente maduros tendam a alcançar os precocemente maduros quando progredirem durante a adolescência, jovens atletas deverão imaginar que muitos fatores – incluindo motivação, treinamento e habilidade – contribuem para o sucesso nos esportes.

Treinamento de Força na Juventude

Apesar das preocupações prévias que as crianças não se beneficiariam com o treinamento de força ou que o risco de lesão fosse muito grande, os especialistas em treinamento atualmente concordam que o treinamento de força pode ser um método seguro e efetivo de condicionamento para crianças. Um número crescente de garotos e garotas está participando das atividades de treinamento de força e maiores organizações de medicina esportiva agora apóiam a participação de crianças no treinamento de força, desde que os programas estejam apropriadamente projetados e competentemente supervisionados. Além disso, os objetivos da saúde pública corrente têm por meta aumentar o número de crianças de seis anos ou mais que participam regularmente de atividades físicas que desenvolvem e mantêm a força e resistência musculares.

Primeiramente, os profissionais de saúde devem lembrar que crianças não são adultos em miniatura. Não interessa quão grande ou forte ela seja, as crianças são fisicamente menos maduras e estão freqüentemente experimentando atividades de treinamento pela primeira vez. As crianças devem iniciar o treinamento de força a um nível que seja mensurável com seus níveis de maturidade, capacidades físicas e metas individuais. Os programas adultos de treinamento não são apropriados para populações mais jovens. Freqüentemente, a intensidade e o volume de treinamento são muito intensos, e os períodos de recuperação inadequados para a forma física da criança. Quando se introduzirem crianças às atividades do treinamento de força, é sempre melhor subestimar suas capacidades físicas e gradualmente aumentar o volume e intensidade de treinamento do que superestimar suas capacidades e arriscar a ocorrência de uma lesão.

Muito da controvérsia em volta do treinamento de força na juventude nasceu da edição da capacidade de treinamento das crianças, isto é, a resposta ao estímulo do exercício de força. Os primeiros estudos falharam na demonstração de um aumento de força em pré-adolescentes que participaram em um programa de treinamento de força (Fleck e Kraemer, 2004). Embora as faltas de descobertas significativas nesses estudos pudessem ser explicadas por omissões metodológicas, tais como duração curta do estudo ou volume de treinamento inadequado, os resultados desses relatórios são algumas vezes citados como prova de que o treinamento de força é ineficaz para crianças. Como discutido previamente, a força muscular normalmente aumenta da infância para os anos da adolescência, portanto, uma conclusão mais apropriada desses relatórios pode ser que os ganhos do treinamento induzido de um programa de treinamento de baixo volume e curta duração não são distintos de ganhos atribuíveis ao crescimento normal e maturação (Simão, 2004).

Investigações mais recentes têm demonstrado claramente que garotos e garotas podem aumentar a força muscular acima e além do crescimento e da maturação, desde que a intensidade e o volume de treinamento sejam adequados. Crianças de cerca de seis anos têm se beneficiado com o treinamento de força e uma variedade de modalidades de treinamento – incluindo máquinas de peso dimensionadas modificadas para adultos, máquinas de peso dimensionadas para crianças, pesos livres (barras e halteres) e calistênicos (exercícios) de peso corporal – têm provado sua efetividade. Ganhos de força significativos de 30 a 40% têm sido normalmente observados em pré-adolescentes, sem treinamento seguindo programas de treinamento de força de curto tempo (de 8 a 20 semanas), embora ganhos acima de 74% tenham sido registrados. A variabilidade no ganho de força pode ser devida a vários fatores, incluindo o programa de treinamento, como a qualidade de instrução e o nível de experiência da atividade física. De todo modo, parece que a melhora relativa (percentagem) na força muscular em pré-adolescentes é quantitativamente similar (ou maior) aos ganhos obtidos por populações mais velhas. Reciprocamente, quando os ganhos de força são comparados em uma base absoluta, os pré-adolescentes parecem ser menos treináveis. Se os ganhos de força do treinamento induzido devem ser comparados a uma base relativa ou absoluta é discutível, mas parece irreal esperar que uma criança faça os mesmos ganhos absolutos em força do que um adulto, que provavelmente tem mais do que duas vezes a força absoluta de uma criança (Simão, 2004).

Crianças que participaram de programas de treinamento de força são passíveis de sofrer períodos de treinamento reduzido ou inatividade em razão de fatores do próprio programa de treinamento, planos de viagem estendidos, horários ocupados ou diminuição da motivação. Essa redução temporária ou permanente e retirada do estímulo de treinamento é chamada destreinamento. Em crianças, ao contrário de adultos, a avaliação das mudanças de força durante o período de destreinamento é complicada pelos aumentos concomitantes de força relacionados ao crescimento durante o mesmo período de tempo. Contudo, dados limitados sugerem que os ganhos de força no treinamento induzido em crianças não são permanentes e tendem a retornar a valores de grupo de controle sem treinamento durante o período sem treino. Em um relatório, a participação em aulas de Educação Física e Esportes organizada por todo um período sem treinamento não manteve os ganhos de força do treinamento induzido de pré-adolescentes. Isso assinala a importância do treinamento contínuo, ou pelo menos algum tipo de programa de manutenção de treinamento, para preservar a vantagem da força ou ao menos arrefecer a perda das adaptações do treinamento induzido em crianças. Embora o mecanismo preciso responsável pela resposta da falta de treinamento permaneça pouco claro, parece que mudanças no funcionamento neuromuscular são pelo menos parcialmente responsáveis.

Mudanças na hipertrofia muscular podem contribuir significativamente para ganhos de força no treinamento induzido em adolescentes e adultos, sendo improvável que a hipertrofia muscular seja primariamente responsável por ganhos de força no treinamento induzido (ao menos 20 semanas ou mais) em pré-adolescentes. Embora algumas descobertas não concordem com essa sugestão, os pré-adolescentes parecem experimentar mais dificuldade aumentando suas massas musculares por meio de um programa de treinamento de força em razão dos níveis inadequados de testosterona circulante. Em pré-adolescentes de ambos os sexos, a concentração de testosterona está entre 20 a 60 ng/100ml, ao passo que durante a adolescência, os níveis no treinamento de força são variáveis por causa de um aumento de testosterona similar a de homens adultos. Esse aumento passa para em torno de 600 ng/100ml, enquanto os níveis em mulheres permanecem constantes.

É provável que pré-adolescentes tenham mais potencial para um aumento na força em razão de fatores neurais, como aumentos na ativação da unidade motora e recrutamento. Também se sugeriu que adaptações musculares intrínsecas, incrementos no desempenho da habilidade motora e as coordenações dos grupos musculares envolvidos poderiam ser parcialmente responsáveis por ganhos de força no treinamento induzido em indivíduos na pré-adolescência. Não pode ser disposto sem qualificação, entretanto, que o treinamento de força não resulte em hipertrofia muscular em pré-adolescentes, porque é possível que durações de estudos mais longas, volumes maiores de treinamento e técnicas de medições mais precisas possam ser necessários para descobrir a hipertrofia muscular no treinamento induzido em indivíduos jovens treinados. Contudo, durante e após a puberdade, os ganhos na força no treinamento induzido são normalmente associados a ganhos na hipertrofia muscular em razão das influências hormonais. Embora baixos níveis de testosterona em adolescentes do sexo feminino limitem a magnitude dos aumentos no treinamento induzido na hipertrofia muscular, outro hormônio e fatores de crescimento (isto é, hormônio do crescimento e fator de crescimento do hormônio similar à insulina) podem ser ao menos parcialmente responsáveis por seu desenvolvimento muscular.

Benefícios do Treinamento de Força

Em adição ao aumento da força muscular e à resistência muscular, o treinamento de força para a juventude tem o potencial de influenciar muitas medidas relacionadas à saúde e forma física. Exercícios de força podem alterar favoravelmente parâmetros anatômicos e psicossociais selecionados, reduzir lesões em esportes e atividades de recreação, além de incrementar capacidades motoras e desempenho esportivo, embora essas descobertas sejam equivocadas (Fleck e Kraemer, 2004). Uma falta de percepção comum é que o treinamento de força impede o crescimento estrutural de crianças. Enquanto o treinamento de força não afeta o fator genotípico, ele provavelmente tem uma influência favorável no crescimento a qualquer estágio de desenvolvimento, tão longa quanto diretrizes apropriadas forem seguidas. De fato, a participação regular em um programa de exercício – junto com uma dieta rica em cálcio – maximiza a densidade óssea em crianças, contanto que o esporte ou atividade induza fadiga física compressora e tensora no osso. O treinamento de força mostrou aumento da densidade mineral óssea em adultos e evidências recentes sugerem que esse tipo de treinamento pode ter um efeito positivo na densidade mineral óssea de crianças. Isso pode ser especialmente importante para mulheres jovens que estão com risco de desenvolver osteoporose, uma condição clínica caracterizada por baixa massa óssea e uma susceptibilidade a fraturas (Morris et al., 1997).

Também tem sido sugerido que o treinamento de força pode aumentar a resistência de uma criança a lesões. Todo ano, aproximadamente três milhões de lesões ocorrem durante a participação em esportes entre crianças nos EUA. Tem sido estimado que 50% das lesões por uso excessivo sofridas por crianças poderiam ser evitadas se elas fossem melhor preparadas para participar desses jogos. Profissionais de saúde podem desenvolver um papel fundamental na preparação de jovens atletas para os esportes e, em conseqüência, minimizar ou balancear a incidência e severidade das lesões relacionadas ao esporte, tão comuns aos atletas jovens. Em muitos casos, crianças que se inscrevem em programas esportivos organizados são incapazes e despreparadas para manipular as demandas de seu esporte escolhido. Crianças que levam vidas sedentárias (isto é, pegam um ônibus para a escola e vêem televisão ou jogam videogames após a escola e em fins de semana) não estão prontas para uma ou duas horas de treinamento esportivo, quatro ou cinco dias na semana. Apesar de alguns treinadores argüirem que a especialização precoce do esporte é a chave do sucesso, parece que o desenvolvimento da capacidade da forma física fundamental e envolvimento em uma variedade de atividades possa ser mais relacionados ao sucesso do esporte praticado mais tarde do que a especialização esportiva precoce. Embora a total eliminação das lesões do esporte na juventude seja uma meta irreal, a adição do treinamento de força a um programa de forma física de pré-temporada da criança pode preparar melhor o atleta jovem a manipular a duração e magnitude de forças que se desenvolvem durante a prática e situações de jogo. Por causa das diferenças na fadiga, na intensidade de treinamento, no volume e na taxa de progressão precisam ser cuidadosamente prescritos desde que o treinamento de força adiciona-se à fadiga repetitiva crônica colocada no sistema músculoesquelético jovem. Em alguns casos, pode ser apropriado encurtar o treinamento esportivo durante as sessões de prática da pré-temporada para permitir tempo para o condicionamento preparatório. Uma vez que as crianças não podem se "jogar" na fôrma, um dos maiores benefícios do treinamento de força na juventude pode ser sua capacidade de preparar melhor as crianças para sua participação em esportes e atividades recreativas.

Por causa de muitos esportes terem um componente significativo de força ou potência, é atraente assumir que o treinamento de força irá acrescentar desempenho atlético. Ainda que comentários de pais e crianças apóiem alegação, relatórios científicos são limitados. Melhoras nas capacidades selecionadas de desempenho motor – como o salto em distância, salto vertical, tempo de corrida e agilidade – têm sido observadas em crianças que participaram em um programa de treinamento de força. Entretanto, somente alguns relatórios avaliaram diretamente os efeitos do treinamento de força na juventude no desempenho esportivo e as descobertas são equivocadas. Enquanto mais estudos são necessários, evidência direta e indireta limitada sugere que um programa de treinamento de força na juventude específico não tem um efeito negativo no desempenho esportivo, resultando em algum grau de melhora.

Riscos Potenciais e Preocupações

Na juventude, os programas de treinamento de força são relativamente seguros quando comparados com outros esportes e atividades nas quais crianças participam regularmente. Paradoxalmente, parece que as forças colocadas nas articulações de crianças durante a participação esportiva podem ser maior do que aquelas geradas de programas de treinamento de força. A crença de que o treinamento de força é perigoso para crianças não é consistente com as suas necessidades e os riscos documentados associados com esse tipo de treinamento. Contudo, crianças têm sido lesionadas em salas de musculação e profissionais de saúde, portanto, precisam tomar diretrizes cautelosas quando trabalharem com populações mais jovens.

Talvez a maior preocupação sobre o treinamento de força na juventude envolva o potencial de lesão na placa da epífise. Como mencionado previamente, essa área do osso ainda não tem ossificação suficiente e é, portanto, mais suscetível a lesões. Embora as fraturas da placa da epífise tenham sido relatadas em levantadores de pesos jovens, esses relatos foram estudos de exemplos e normalmente envolveram o desempenho de elevações sobre a cabeça pesada em colocações não supervisionadas. Uma fratura da placa da epífise não foi relatada em nenhum estudo de treinamento de força na juventude que tenha levado uma diretriz de treinamento estabelecida. Até mesmo o teste 1 RM em crianças é seguro, desde que as diretrizes de teste apropriadas sejam seguidas (isto é, períodos adequados de aquecimento, progressão individual de cargas e supervisão próxima) (Ramsay et al., 1990). A grande preocupação para os levantadores de pesos jovens pode ser o risco de lesões pelo uso repetitivo do tecido mole. Em particular, o risco de lesão da parte inferior das costas (lombar) e ombro é uma marcante preocupação. Além disso, uma lesão catastrófica pode acontecer se padrões de segurança para o treinamento de força na juventude – supervisão adulta qualificada, equipamento seguro e diretrizes de treinamento específicas para a idade – não forem seguidos.

Considerações do Programa para Crianças

O treinamento de força deve ser uma parte de um programa de exercícios bem concatenado para crianças que também tenham outras metas de forma física. Embora não haja exigência mínima de idade para participação em um programa de treinamento de força na juventude, crianças devem ter maturidade emocional para seguir direções e desejos de tentar esse tipo de atividade. Um exame médico pré-treinamento não é obrigatório para crianças aparentemente saudáveis. Entretanto, todos participantes devem ser enquadrados para alguma lesão ou doença que possam limitar ou prevenir a participação segura em um programa de treinamento. A meta dos programas de treinamento de força não deve ser limitada à força muscular aumentada, mas também incluir ensinar crianças sobre seus corpos, promovendo um interesse na atividade física, mantendo a alegria. Sugere-se que desfrutar a participação em atividades físicas e esportes relaciona-se mais com ser ativo na vida posterior.

Duas áreas importantes de preocupação no desenvolvimento de programas de treinamento de força na juventude são a qualidade de instrução e a taxa de progressão. Profissionais de saúde devem ter um entendimento de todas as diretrizes de treinamento na juventude e devem falar com crianças de forma compreensível. Os profissionais devem promover competição entre os participantes e evitar a atitude "vencer é tudo". O uso de trabalhos diários individualizados pode ajudar cada criança a se focalizar em seu melhoramento.

Embora somente dados limitados estejam disponíveis a respeito da relação entre repetições e porcentagem selecionadas de 1 RM em crianças, parece que o número de repetições que podem ser desempenhadas a uma dada porcentagem do 1 RM são específicas a um dado exercício. Desta forma, o limite mínimo de força, quando expresso como uma percentagem de 1 RM, pode variar entre grupos musculares, possivelmente em razão da quantidade de massa muscular envolvida com cada exercício. A melhor forma de prescrever um programa de treinamento de força para crianças pode ser estabelecer primeiro o número de repetições (isto é, de 10 a 12) e então determinar por tentativa e erro a carga máxima que pode ser seguramente manipulada para o alcance prescrito. Ainda que aumentar a força ou o número de conjuntos seja necessário para fazer ganhos contínuos, isso não significa que toda sessão precise ser mais intensa ou volumosa que a anterior. Enquanto é importante manter o programa desafiador, crianças devem ter uma oportunidade de desenvolver apropriadamente a forma e a técnica.

Exercícios multiarticulares, como agachamentos, puxadas e supinos, podem ser incorporados em um programa de criança, mas o foco deve permanecer no desenvolvimento apropriado da forma e da técnica mais do que na quantidade de carga levantada. A técnica não apurada pode colocar fadiga anormal nos tecidos dos músculos esqueléticos e levar a uma lesão. A resistência deve ser diminuída se a técnica apropriada do exercício não puder ser mantida. Quando aprenderem novos exercícios, as crianças devem iniciar com um peso leve ou até mesmo uma vareta de madeira para aprenderem a técnica correta. Profissionais de Educação Física devem estar cientes do tempo exigido para ensinar segura e efetivamente os exercícios às crianças. Por causa do risco potencial de lesões no ombro e na parte da região lombar, exercícios de fortalecimento para o ombro e tronco devem ser incorporados ao programa de treinamento. Em outras palavras, exercícios que seriam prescritos para a reabilitação de lesões no ombro e na lombar devem ser desempenhados como uma medida preventiva de saúde. Um resumo de diretrizes do treinamento de força na juventude é apresentado na quadro a seguir.

Diretrizes do treinamento de força.

Cada criança deveria compreender os benefícios e riscos associados ao treinamento de força.

Profissionais de Educação Física competentes deveriam supervisionar as sessões de treinamento.

O equipamento deve ser adequado ao tamanho das crianças, caso não seja possível, a utilização de halteres e barras pode ser uma boa opção, desde que o indivíduo possua uma boa coordenação.

Aquecimento específico ou geral podem ser realizados cuidadosamente.

Observar o grau de estresse na criança, evitando sobretreinamento.

As cargas iniciais devem sempre ser leves, permitindo uma boa adaptação.

Aumentar a carga sempre de forma progressiva (5 a 10%).

Dependendo das necessidades individuais e objetivos, uma a três séries de 6 a 15 repetições com uma preferência para exercícios multiarticulares devem ser priorizadas

A freqüência deve ser de 2 a 3 vezes por semana com intervalos adequados para a recuperação da criança.

O treinamento deve ser periodizado adequadamente.

A ingestão de líquidos deve ser constante a cada 15-20 minutos.

A alimentação adequada é fundamental para melhoria da saúde na qualidade de vida e desempenho..

(SIMÃO, 2004)

Referências Bibliográficas

Bemben DA, Fetters NL. The independent and additive effects of exercise training and estrogen on bone metabolism. Journal Strength Conditioning Research. 2000; 14: 114-1120.

Brill PA, Macera CA, Davis DR, Blair SN, Gordon N. Muscular strength and physical function. Medicine Science Sports Exercise. 2000; 32: 412-416.

Buenen G, Malina R. Growth and physical performance relative to the timing of the adolescent growth spurt. Exercise Sport Science Reviews. 1999; 503-540.

Fiatarone MA, Marks EC, Ryan ND, Meredith CN, Lipsitz LA, Evans WJ. High-intensity strength training in nonagenarians. Effects on skeletal muscle. Journal American Medical Association. 1990; 263: 3029-3034.

Fleck SJ, Kraemer WJ. Designing Resistance Training Programs. Champaign: Human Kinetics, 2004.

Garhammer J. A comparison of maximal power outputs between elite male and female weightlifters in competition. International Journal Sports Biomechanical. 1991; 7: 3-11.

Häkkinen K, Pakarinen A, Kallinen M. Neuromuscular adaptations and serum hormones in women during short-term intensive strength training. European Journal Appllied Physiology. 1992; 64: 106-111.

Häkkinen K, Pakarinen A, Kyrolainen H, Cheng S, Kim D, Komi P. Neuromuscular adaptations and serum hormones in females during prolonged power training. International Journal Sports Medicine. 1990; 11: 91-98.

Hurley B, Hagberg. Optimizing health in older persons: aerobic or strength training? Exercise Sport Sciences Reviews. 1998; 61-89.

Kraemer WJ, Fleck SJ, Evans WJ. Strength and power training: physiological mechanisms of adaptation. Exercise Sport Science's Reviews. 1996; 24: 363-398.

Layne JE, Nelson ME. The effects of progressive resistance training on bone density: a review. Medicine Science Sports Exercise. 1999; 31: 25-30.

Lemmer JT, Ivey FM, Ryan AS, Martel GF, Hurlbut DE, Metter JE, Fozard JL, Fleg JL, Hurley BF. Effect of strength training on resting metabolic rate and physical activity: age and gender comparisons. Medicine Science Sports Exercise. 2001; 33: 532-541.

Malina R. Physical activity and training: effects on stature and the adolescent growth spurt. Medicine Science Sports Exercise. 1994; 26: 759-766.

Meredith CN, Frontera WR, O'Reilly KP, Evans WJ. Body composition in elderly men: effect of dietary modification during strength training. Journal American Geriatric Society. 1992; 40: 155-162.

Morris F, Naughton G, Gibbs J, Carlson J, Wark J. Prospective ten-month exercise intervention in premenarcheal girls: positive effects on bone and lean mass. Journal Bone Mineral Research. 1997; 12: 1453-1462.

Piers LS, Soares MJ, McCormack LM, O'Dea K. Is there evidence for an age-related reduction in metabolic rate? Journal Applied Physiology. 1998; 85: 2196-2204.

Ramsay J, Blimkie C, Smith K, Garner S, MacDougall J. Strength training effects in prepubescent boys. Medicine Science Sports Exercise. 1990; 22: 605-614.

Simão R. Treinamento de Força na Saúde e Qualidade de Vida. São Paulo: Phorte, 2004.

Tanner J. Growth at Adolescent. Oxford: Blackwell Scientific, 1962.

West R. The female athlete: The triad of disordered eating, amenorrhea and osteoporosis. Sports Medicine. 1998; 26: 63-71.

4

Princípios do Treinamento de Força

Os princípios básicos do treinamento de força foram desenvolvidos valendo-se das características específicas do sistema musculoesquelético ao realizar movimentos e da forma como se adapta ao treinamento. Ao compreender como os músculos contraem-se e desenvolvem força, será possível entender também vários outros princípios do treinamento de força, como alcançar os maiores benefícios do treinamento e elaborar um programa que atenda aos objetivos e às necessidades de cada indivíduo.

Como os Músculos Funcionam

Os músculos esqueléticos são responsáveis tanto pela contração quanto pelo relaxamento. Um músculo contrai-se quando é estimulado, e quando a contração cessa o músculo relaxa. Indivíduos que treinam força utilizam vários tipos de trabalhos musculares, dependendo do objetivo da fase de treinamento e do equipamento disponível. Existem dois tipos de contração muscular: *dinâmica* e *estática*. Os tipos de trabalho (ou ação) muscular são diversos, mas neste capítulo somente abordaremos os principais.

Isotônico, Concêntrico e Excêntrico

Isotônico, do grego *isos*, que significa igual, e *tonikos*, que significa tensão, é o tipo de trabalho muscular mais familiar. Como sugere o próprio termo, em um trabalho isotônico, a tensão deveria ser a mesma em toda a amplitude do movimento. Portanto, esse termo não corresponde à realidade durante um trabalho com pesos e, lentamente, por isso vem sendo substituído por concêntrico e excêntrico.

Concêntrico, do latim *com-centrum*, que significa centro comum, refere-se a trabalhos nos quais o músculo encurta-se e o comprimento diminui. Trabalhos concêntricos são possíveis apenas quando a resistência (peso) é menor do que a força do atleta. Exemplos de trabalhos concêntricos incluem a ação do bíceps na flexão do cotovelo, em uma rosca direta, ou o movimento de extensão do joelho na cadeira extensora.

Excêntrico, ou trabalho negativo, refere-se à ação inversa ao processo da ação concêntrica. Simplesmente significa que os trabalhos excêntricos fazem o músculo retornar ao comprimento original. Na rosca bíceps, por exemplo, o componente excêntrico ocorre quando o braço retorna à posição inicial. Na contração excêntrica, os músculos sustentam a força da gravidade (como nos pesos livres) ou a tração de um aparelho. Nessas condições, os músculos alongam-se e o ângulo articular aumenta, realizando uma tensão controlada.

Isométrico

Isométrico – estático (do grego *isos*, igual; *meter*, medida) – implica que nesse tipo de trabalho muscular o músculo desenvolve tensão sem alterar o ângulo articular. No trabalho isométrico, a aplicação da força contra um objeto imóvel força o músculo a desenvolver alta tensão, sem alterar o seu posicionamento articular.

Isocinético

Isocinético, do grego *isos* (igual) e *kinetie* (movimento), descreve uma velocidade angular constante em toda a amplitude articular.

O trabalho isocinético necessita de equipamento especial desenhado para proporcionar velocidade angular constante, não dependendo diretamente somente da carga. No movimento, o trabalho concêntrico e excêntrico é executado enquanto o equipamento proporciona certa resistência igual à força gerada. Esse tipo de treinamento traz como benefício o fato de o músculo trabalhar em velocidade constante em todo o movimento, eliminando a aceleração nos movimentos em que a carga diminui, como em todo exercício tradicional (não-isocinético).

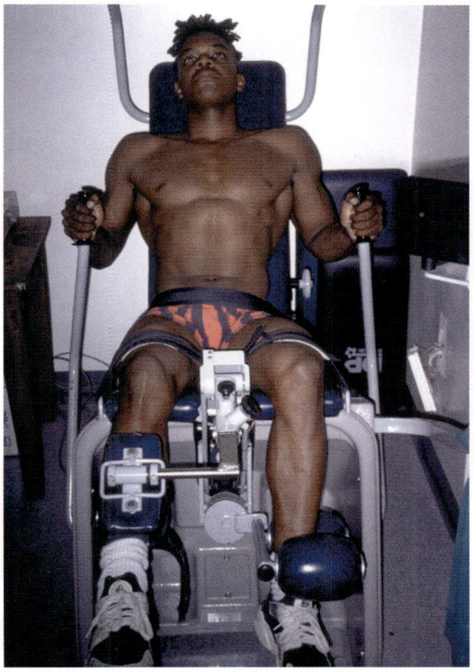

Figura 4.1 Máquina isocinética

Em muitos exercícios de treinamento com pesos, vários músculos são estimulados ao mesmo tempo. Quando você realiza um exercício para o peitoral no exercício supino horizontal, por exemplo, o tríceps, o deltóide anterior e a musculatura peitoral estão realizando ações musculares concêntricas e excêntricas. Se a barra for mantida em uma posição estática, os mesmos músculos estarão fazendo uma ação isométrica. No supino, quando a barra desce a partir da posição de extensão dos cotovelos e flexão horizontal de ombros para a posição inicial, tocando a região do peitoral, os mesmos músculos fazem ação excêntrica. Na maioria dos exercícios de treinamento com pesos, são usados os mesmos músculos durante as fases concêntrica e excêntrica.

Durante qual tipo de ação muscular (concêntrica, excêntrica ou isométrica) um músculo pode desenvolver a força máxima? Em geral, quando o trabalho se faz na seguinte ordem: ação excêntrica, isométrica e concêntrica. É por isso que, na maioria dos exercícios, pode-se sustentar mais peso (na ação excêntrica) do que elevar (concêntrica). Durante um treinamento normal com pesos, desenvolve-se um movimento em ambas as fases de movimento com a mesma carga. Nesse caso, limita-se o peso de um exercício pela sua capacidade durante a fase concêntrica do exercício. O fato de poder usar mais carga em uma ação excêntrica tem várias implicações. Em primeiro lugar, o músculo tem de desenvolver mais força para sustentar o máximo possível de peso no exercício. É por isso que a carga do treinamento negativo com pesos, ou seja, em que o peso ultrapassa o que pode ser elevado na fase concêntrica, resulta em maior dor muscular tardia do que no treinamento convencional.

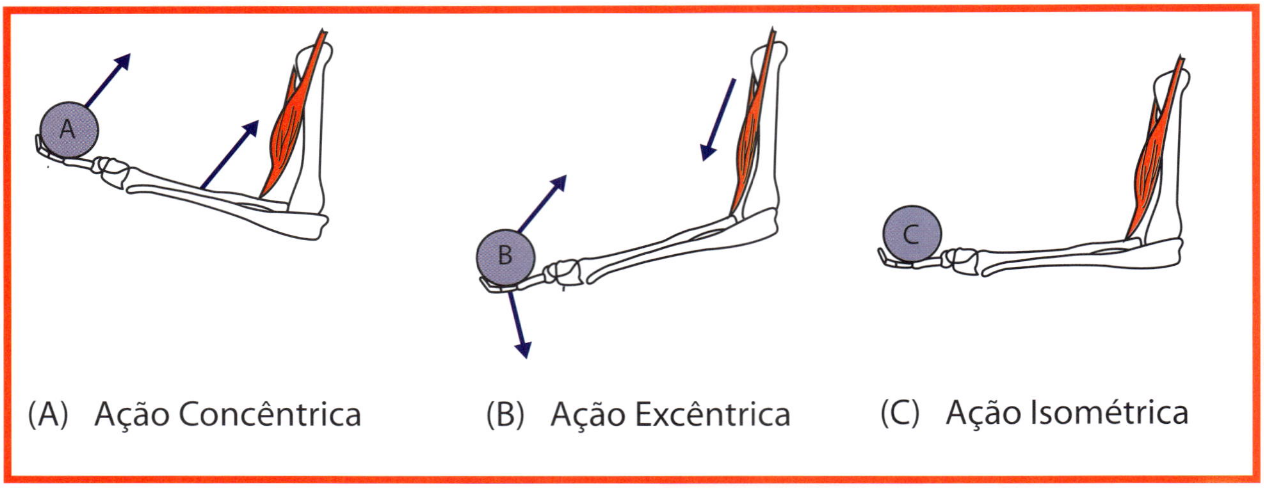

Figura 4.2 Os três tipos de ação do músculo: (A) durante uma ação concêntica; (B) durante uma ação excêntrica; (C) durante uma ação isométrica, não acontece alteração no ângulo articular do músculo.

Especificidade do Treinamento

A especificidade do treinamento refere-se ao conceito de executar o treinamento de força de forma determinada, ficando os ganhos de força e a aptidão física condicionados à execução do movimento. Isso significa que grandes ganhos de força e aptidão física ficarão aparentes quando o teste for realizado a partir do mesmo desempenho adotado no treinamento com pesos. Porém, se o teste for executado com um tipo diferente de desempenho com pesos, os ganhos em força e a aptidão física serão menos perceptíveis.

A especificidade do treinamento é um conceito importante para todos os praticantes, porque, geralmente, o tipo de treinamento de força executado deve reproduzir as tarefas nas quais o indivíduo procura tornar-se mais hábil. As especificidades do treinamento mais relevantes para a maioria das pessoas são a ação muscular, a fonte de energia e a velocidade de contração.

Especificidade da Ação Muscular

A especificidade da ação muscular está relacionada ao conceito de que se for realizado apenas o treinamento excêntrico ocorrerão aparentes e significativos ganhos de força determinados excentricamente. Menores ganhos em força concêntrica, no entanto, poderão decorrer mesmo de um programa composto somente de treinamento excêntrico (Fleck e Kraemer, 2004).

De forma semelhante, caso se execute apenas o treinamento isométrico, poderá haver ganhos relativamente pequenos em força concêntrica, especialmente com movimentos rápidos. Conseqüentemente, um programa de treinamento para um esporte específico deve incluir os mesmos tipos de ações musculares exigidas por esse esporte. Caso se trate de Judô, por exemplo, ações musculares isométricas são freqüentemente exigidas, o que justifica a inclusão de algum treinamento isométrico no programa total.

Para os entusiastas do treinamento de força, a preocupação com a especificidade da ação muscular é menor do que para um atleta de competição. No treinamento convencional com pesos, tanto a ação muscular excêntrica como a concêntrica são executadas, embora a excêntrica não seja realizada com a máxima carga possível. A inclusão de ações excêntricas e concêntricas, porém, é suficiente para gerar ganhos significativos em força excêntrica, concêntrica e isométrica. Em geral, não há necessidade de treinamento exclusivamente concêntrico, excêntrico ou isométrico no programa de treinamento com pesos em indivíduos que buscam condicionamento físico e saúde.

Especificidade do Grupo Muscular

A especificidade do grupo muscular significa simplesmente que os ganhos em aptidão física, volume e força acontecem somente em alguns grupos musculares treinados. Desta forma, devem ser estimulados todos os músculos para os quais os praticantes desejam ganhos de força e volume, bem como aptidão física. Com a especificidade do grupo muscular, é possível elaborar, deliberadamente, um programa de treinamento com pesos que aumente a força, o volume e a aptidão física para determinado grupo muscular em detrimento de outro. Por exemplo, é possível executar um treinamento com pesos somente para os membros superiores e pouco ou nenhum para os inferiores. Com um programa desse tipo, esperam-se ganhos de força, volume e aptidão física para a parte superior do corpo e pouca ou nenhuma mudança na parte inferior.

A especificidade do grupo muscular é importante porque implica a inclusão de pelo menos um exercício para cada um dos principais grupos musculares. Em geral, isso significa que uma sessão de treinamento de força para aumentar a aptidão física geral deveria ser composta de 8 a 10 exercícios em média.

Especificidade da Fonte de Energia

Como discutido no Capítulo 1, o treinamento de força mostra-se eficiente para induzir aumentos na capacidade anaeróbia em curto prazo, tal como a capacidade de levantar mais carga, seja no teste de Repetições Máximas (RM), seja no teste de uma repetição máxima (1 RM). Geralmente, entretanto, o treinamento de força produz menor ganho de capacidade aeróbia do que o tradicional programa cardiopulmonar. Isso proporciona benefícios à saúde, entre os quais redução da pressão arterial e efeitos positivos no perfil lipídico do sangue. Por esse motivo, para obter maiores benefícios relacionados à aptidão física e à saúde, associados a um treinamento cardiovascular, os exercícios aeróbios tradicionais devem também constar do programa total. O indivíduo que deseja grandes mudanças na aptidão cardiovascular e pulmonar, além de benefícios para a saúde, precisa incluir o treinamento aeróbio tradicional em uma sessão de programa de exercícios.

Especificidade da Velocidade

A carga (peso) utilizada tem direta relação com a velocidade de execução de um exercício. Quando se eleva a maior carga possível para uma repetição do exercício na fase concêntrica, o movimento acontece de maneira lenta, mas a estimulação neural é elevada. Ao realizar o movimento com cargas leve ou moderada, há possibilidade de determinar a velocidade com que o movimento será executado. No caso de um peso muito leve, o movimento pode ser feito também rapidamente e, no de um moderado, em uma velocidade média. Depreende-se, portanto, que a velocidade máxima de execução de um movimento está intimamente relacionada com a carga a ser mobilizada.

A especificidade da velocidade refere-se ao seguinte conceito: maiores ganhos de força são conseguidos conforme se atinge a velocidade ideal para o tipo de treinamento escolhido. Os ganhos de força são proporcionais à velocidade estipulada para o programa (Akima et al., 1999; Coyle et al.,

1981; Kanehisa e Miyashita, 1983). Se o treinamento for executado com cargas elevadas – o que significa movimentos lentos – os maiores ganhos de força são alcançados a baixas velocidades (similarmente, são obtidos ganhos de força relativamente baixos quando o movimento for realizado mais rapidamente). No caso das cargas leves, recomenda-se velocidade mais alta para que se obtenham significativos ganhos de força em velocidade (potência muscular).

Em razão da especificidade da velocidade, muitos técnicos e atletas acreditam ser necessário executar algum treinamento na velocidade próxima à exigida por um evento real de competição. Para a maioria das modalidades esportivas, é preciso executar algum treinamento a uma velocidade relativamente alta, o que pressupõe o levantamento de pesos leves ou moderados. Isso não significa que o atleta nunca deva realizar o treinamento tradicional com carga elevada a baixas velocidades, porque a força desenvolvida em exercícios de baixa velocidade também é importante para acelerar os movimentos. Isso ocorre em grande parte porque todos os movimentos rápidos são iniciados da mesma forma que os de baixa velocidade. No início do movimento, em um salto vertical, a velocidade é muito baixa. Conforme o movimento avança, atingem-se velocidades mais altas. Desta forma, a força em velocidade baixa realmente contribui para o desempenho do movimento de salto completo e, com isso, pode auxiliar na melhora do desempenho nos movimentos de maior velocidade.

Ao mesmo tempo em que o indivíduo torna-se mais habilidoso nos movimentos em alta velocidade, consegue maximizar o desempenho. Esse é o momento de incluir o treinamento com velocidades altas de movimento no programa total. Se um atleta necessita desenvolver força contra uma carga muito elevada ou muito leve em uma competição, o treinamento específico da velocidade deve integrar o programa total. Constatou-se, no entanto, que uma velocidade de treinamento intermediária parece apresentar o maior nível de transferência a todas as velocidades de movimento, da lenta a mais rápida (Kanehisa e Miyashita, 1983). Além disso, a velocidade intermediária de treinamento deve ser a adotada durante a maioria das sessões de treinamento para todos os tipos de indivíduos que buscam condicionamento e saúde, e em diversos atletas de diferentes modalidades esportivas.

Força *versus* Potência

A carga (peso) a ser manipulada e a velocidade de execução apresentam estreita relação com a potência muscular desenvolvida durante o movimento. A maioria das pessoas acredita que o treinamento com pesos desenvolve força, mas, na verdade, o interesse está em desenvolver potência, o que acontece tanto com atletas de elite, entusiastas e idosos. O desempenho na maioria dos eventos esportivos, assim como em muitas atividades do dia a dia, como, por exemplo, subir escadas, é condicionado à capacidade de desenvolver potência. Para melhorar o desempenho nessas atividades, o que realmente precisamos desenvolver é a potência.

A força é a capacidade de desenvolver tensão e realizar um trabalho. Nesse caso, define-se trabalho como força *versus* a distância pela qual um objeto é movido. Potência consiste na capacidade de realizar trabalho em determinado período de tempo e, normalmente, é definida como:

Potência = Força x Distância/Tempo

$$P = \frac{F\,(Kg) \times d\,(m)}{t\,(s)} \text{ ou } P = \text{Carga X Velocidade}$$

A diferença entre força e potência pode ser percebida com facilidade no seguinte exemplo: um indivíduo está realizando um agachamento com 100 kg. Durante a fase concêntrica de uma repetição, o peso é levantado por 1 metro em 4 segundos. Sem instrumentos sofisticados de medição, podemos dizer que a força utilizada é de 100 kg. A potência desse movimento é de 25 kg.m/s (100 kg x 1 m / 4s).

Agora, o mesmo indivíduo executa um agachamento com 75 kg e leva apenas 2 segundos para completar a fase concêntrica de uma repetição. Durante esse movimento, a potência desenvolvida foi de 37,5 kg.m/s (75 kg x 1 m / 2s). Apesar da carga mais leve, a potência utilizada no segundo exemplo foi maior, pois levou menos tempo para a execução do exercício. Por outro lado, quando você levanta o peso de 100 kg, está realizando um trabalho de 100 kg.m (100 kg x 1 m) e, quando levanta o peso de 75 kg, o trabalho é de apenas 75 kg.m (75 kg x 1 m). Desta forma, ao erguer o peso de 100 kg, o trabalho realizado é maior, embora a potência desenvolvida seja menor.

A potência de um movimento pode ser alta tanto pelo aumento da carga a ser levantado quanto pela diminuição do tempo de execução do movimento. Em geral, a amplitude dos movimentos humanos, inclusive dos exercícios de treinamento de força, limita-se ao comprimento do braço, ao comprimento da perna e à estrutura das articulações. Em muitos movimentos, torna-se difícil aumentar a potência com o aumento da amplitude. Por exemplo, a amplitude máxima do movimento feito no supino é determinada pelo comprimento do braço do indivíduo.

Ultimamente, o treinamento de potência tem sido analisado em grande número de estudos (Crewther et al., 2005; Kraemer e Newton, 2000; Newton et al., 1999), que chegaram a interessantes conclusões e apresentaram modos práticos de aumentar a potência máxima. Em primeiro lugar, o treinamento de potência pode ser usado para aumentar a potência máxima, tanto da pessoa comum quanto do atleta de elite. Em muitas instâncias, os resultados do treinamento de potência mostram aumentos significativamente mais acentuados do que os programas tradicionais de treinamento com pesos.

O aumento da potência máxima é fundamental nas atividades esportivas, como, por exemplo, capacidade de salto vertical máximo, velocidade máxima de arremesso de um objeto, distância máxima de arremesso e capacidade de *sprint*. Desta forma, o treinamento de potência deve fazer parte do programa de treinamento de força do atleta. A potência pode ser aumentada com o treinamento pliométrico tradicional, incluindo-se exercícios de saltos e de lançamento com a *medicine ball*, bem como variações dos movimentos do levantamento olímpico.

Uma dificuldade na adaptação dos exercícios tradicionais de peso a um tipo de treinamento de potência está na desaceleração do movimento executado, próximo ao final da amplitude do movimento. Por exemplo: quando o peso máximo é levantado em uma repetição no supino, a barra é desacelerada em 24% da amplitude concêntrica do movimento. Se a carga for reduzida a 81% do peso máximo possível para uma repetição, e o praticante tentar levantar ou mover o peso o mais rápido possível, a fase de desaceleração aumenta para 52% na amplitude do movimento. Na maioria dos casos, isso acontece porque, durante um movimento, como, por exemplo, o supino horizontal, é necessário que ao final do movimento (fase concêntrica) a velocidade seja zero. Com uma carga mais leve, a velocidade máxima alcançada no início da fase concêntrica é maior do que com uma carga elevada e, conseqüentemente, a diminuição da velocidade máxima ocorre antes do final da fase concêntrica completa. A necessidade de uma fase de desaceleração em muitos exercícios impede que as cargas de treinamento atuem de forma otimizada no desenvolvimento da potência muscular máxima. Em diversos movimentos, seria ideal que a aceleração do movimento durante a fase concêntrica fosse desenvolvida em toda sua extensão.

Ao tentar arremessar uma bola com velocidade máxima ou saltar o mais alto possível, o principal fator determinante do sucesso é a aceleração máxima e a potência no final da amplitude do movimento. Por exemplo: a velocidade máxima da bola durante o movimento de arremesso depende da velocidade da bola ao deixar as mãos, enquanto a altura máxima do salto é determinada, em grande parte, pela velocidade do corpo quando os pés saem do solo. Em razão da fase de desaceleração em muitos dos exercícios normais no treinamento com pesos, o indivíduo pode aprender como desacelerar em vez de acelerar próximo ao final da amplitude do movimento. O trabalho pliométrico tradicional e os exercícios com a *medicine ball* não apresentam uma fase de desaceleração muito grande porque o corpo ou a bola é lançado no espaço. Variações semelhantes dos movimentos do levantamento olímpico também não têm uma fase de desaceleração significativa próxima ao final da amplitude do movimento. Isso faz do trabalho pliométrico, dos exercícios com a *medicine ball* e das variações do levantamento olímpico opções mais interessantes que os exercícios de treinamento com pesos, quando o treinamento tem como objetivo maximizar a potência.

Semelhante a outros tipos de treinamento, parece que há especificidade relacionada à carga utilizada nos exercícios com pesos. Se o treinamento de força for executado a 90% de 1 RM de um determinado exercício, os maiores ganhos de potência ocorrerão durante movimentos com cargas elevadas, ao passo que os menores ganhos acontecerão durante o deslocamento de cargas leves.

Da mesma forma, se o treinamento de potência for executado com 15% de 1 RM de um exercício, significativos ganhos de potência acontecerão durante movimentos com cargas leves. Ganhos muito menores de potência verificam-se durante a prática com cargas elevadas. O treinamento de potência com cargas moderadas, de 35 a 40% de 1 RM, resulta em ganhos próximos à potência máxima durante o levantamento de diferentes cargas, do mais leve ao mais pesado. Isso significa que uma carga moderada revela-se boa alternativa para o treinamento de potência feito no intuito de maximizar os ganhos com a utilização de pesos variados.

Se for necessário mover uma carga muito pesada em determinado esporte ou competição, deve-se fazer algum treinamento de potência com o uso de resistências elevadas. É importante notar que as pesquisas na área esportiva relacionadas à potência e à especificidade da velocidade de movimento apresentam conclusões convergentes quanto à especificidade da força e aos ganhos de potência, ou seja, para aumentar a força e a potência máximas em movimentos de baixa velocidade, é necessário levantar pesos elevados com movimentos de baixa velocidade.

No intuito de maximizar os ganhos de potência, não importa a carga a ser utilizada ou o tipo de treinamento de potência adotado, mas sim a realização de movimentos na máxima velocidade possível durante toda a amplitude do movimento e, na verdade, a capacidade de lançar o peso no espaço, em um exercício com a *medicine ball* ou de salto. Isso irá minimizar qualquer fase de desaceleração e, portanto, maximizará o desenvolvimento da potência próximo ao final da amplitude do movimento.

Em todos os treinamentos de potência, é importante, também, fazer o movimento com rapidez e desenvolver a potência máxima em cada repetição do exercício. Isso significa que, ao executar um treinamento do tipo pliométrico, cada salto deve ser o mais alto possível. Ao executar exercícios de treinamento com pesos, como as variações dos levantamentos olímpicos, durante cada repetição deve-se tentar acelerar a sobrecarga ao máximo. O indivíduo não deve meramente completar o movimento do exercício, mas sim fazê-lo da forma mais rápida possível para que a potência muscular máxima seja desenvolvida.

Em conseqüência do grande esforço exigido pelo treinamento de potência, a fadiga pode ocorrer rapidamente. Para aumentar a potência e, portanto, o desempenho em grau máximo, é importante que o número de repetições ou volume do treinamento seja baixo, para que a fadiga não comprometa a eficiência dos exercícios. Inicialmente, o volume dos exercícios de um treinamento de potência no treinamento desportivo pode ser reduzido, com um total de 20 a 30 repetições, executadas entre 3 e 5 séries de um exercício. Ainda para minimizar a fadiga durante o treinamento de potência, os períodos de repouso entre as séries devem ser, inicialmente, de pelo menos 3 minutos, de modo a permitir uma recuperação quase completa entre as séries. Também se faz importante realizar o treinamento de potência com repouso entre as sessões de treinamento suficiente para possibilitar a recuperação. Para os iniciantes, bastam duas sessões semanais de treinamento de potência com intervalo de 2 a 3 dias.

O treinamento de potência é um aspecto importante a ser considerado pelo atleta, mas não precisa fazer parte do programa de treinamento com pesos para os que buscam condicionamento e saúde. Embora não seja obrigatório, pode ser incluído no programa de treinamento de peso, porque muitas pessoas gostam de praticar exercícios com a *medicine ball* e o tradicional salto pliométrico. O prazer em treinar é um forte estímulo para não interromper o programa.

Sobrecarga Progressiva

A sobrecarga progressiva está relacionada à necessidade de aumentar continuamente o estresse imposto ao músculo, conforme são obtidos ganhos na aptidão física e força e, desta forma, garantir melhorias futuras, impossibilitadas caso o músculo não seja progressivamente sobrecarregado. Os métodos mais comuns são o aumento da intensidade e do volume do treinamento.

Intensidade do Treinamento

A forma mais comum de estimar a intensidade do treinamento é calcular o percentual da carga máxima em uma repetição máxima (1 RM) ou Repetições Máximas (RM) desejadas em uma série. O peso máximo para uma repetição (1 RM) refere-se ao peso que permite uma repetição e nada mais. Desta maneira, uma carga para 6 RM permite 6 (e não 7) repetições feitas com boa técnica de movimento dentro de uma série até a exaustão momentânea. A intensidade mínima que promove ganhos de força deve ser de no mínimo 60 a 65% de 1 RM (McDonagh e Davies, 1984). Recentemente, em um procedimento de meta-análise, verificou-se qual a intensidade de treinamento necessária para promover ganhos de força. Vale ressaltar que uma meta-análise refere-se a um procedimento que avalia estatisticamente diversos estudos. Nessas meta-análises, verificou-se que as intensidades de treinamento indicadas para indivíduos destreinados é 60% de 1 RM, enquanto para sujeitos treinados é 80% de 1 RM e para atletas é 85% de 1 RM, resultando em ganhos de força de forma significativa (Peterson et al., 2004; Rhea et al., 2003). As informações sugeridas por essas meta-análises indicam que um percentual ótimo de 1 RM promove ganhos máximos em força e torna o indivíduo mais capacitado no treinamento de força.

A referência de 60 a 65% de 1 RM significa que a execução de um grande número de repetições com cargas muito leves resulta em pouco ou nenhum ganho de força máxima em sujeitos treinados, mas em indivíduos destreinados os ganhos de força são significativos. Essa referência também significa que o número máximo de repetições necessários por série para aumentar a força varia de acordo com o exercício, o grupo muscular e o gênero, pois o número médio de repetições possíveis à porcentagem de 1 RM varia substancialmente de um exercício para outro. Por exemplo, o número máximo médio de repetições possível a 60% de 1 RM é de 11 movimentos para flexão de joelhos e de 34 para o *leg-press*, no caso de homens adultos e jovens treinados; para mulheres, 15 para flexão de joelhos e 46 para o *leg-press* (Hoeger et al., 1990). Também se tem verificado que o uso de 50 a 60% de 1 RM produz ganhos maiores em força em 1 RM em mulheres mais velhas que o treinamento com cargas mais elevadas, com variação de 70 a 80% de 1 RM (Hunter e Treuth, 1995). Isso indica que 60 a 65% de 1 RM valem apenas como referência, pois a carga necessária para aumentos de força varia de acordo com cada indivíduo e, possivelmente, com a idade.

O uso de cargas próximas para as Repetições Máximas (RM) garante a intensidade progressiva e contínua da sobrecarga, pois, ao mesmo tempo em que o indivíduo fica mais forte, aumenta-se a carga, de forma que somente determinado número de repetições possa ser executado. Por exemplo, no início de um programa de treinamento, o uso de 30 kg pode permitir apenas 10 RM em uma série até a exaustão. Após um mês de treinamento, talvez seja necessária uma carga de 40 kg com 10 RM para se chegar à exaustão no mesmo exercício. Como o uso de cargas de RM real (ou próximo disso) garante a intensidade contínua da sobrecarga, essa forma acaba sendo a mais amplamente utilizada para garantir a sobrecarga progressiva.

A intensidade do treinamento também pode ser elevada pelo aumento da produção de potência durante um exercício, o que pode ser feito por uma das seguintes alternativas:

1. Uso de cargas elevadas, executando-se cada repetição na maior velocidade de movimento possível.
2. Execução das repetições em maior velocidade possível com uma menor carga.
3. Pode se utilizar a combinação desses dois fatores. O aumento de potência durante um exercício gerado pela aceleração do movimento revela-se um fator importante para o treinamento de potência em exercícios pliométricos, de lançamento com a *medicine ball* e variações dos movimentos do levantamento olímpico.

Diferentemente do treinamento de resistência (aeróbio), a intensidade do treinamento de força não pode ser estimada pela freqüência cardíaca, que, durante o exercício com pesos, não varia com regularidade em função da intensidade de esforço no exercício (Fleck e Dean, 1987). Além disso, geralmente, a freqüência cardíaca em exercícios que estimulam grandes grupos musculares, como o *leg-press*, é mais intensa do que nos exercícios para pequenos grupos musculares, como em uma rosca direta, quando as séries são conduzidas até a exaustão. Por causa dessa variabilidade, a freqüência cardíaca não serve como indicador para se estimar a intensidade do exercício no treinamento de força.

Volume do Treinamento

O volume do treinamento é uma medida do trabalho total executado em um período de treinamento (sessão, semana, mês, ano ou outro período pré-determinado). O número de sessões semanais, assim como a freqüência e a duração das mesmas, tem relação direta com o volume total do treinamento. A forma mais exata para determinar o volume do treinamento é calcular o trabalho executado durante cada exercício de uma sessão, o que significa que a distância pelo qual o peso é movido e a força produzida devem ser determinadas. Como isso é impraticável na maioria das situações de treinamento, geralmente são usados métodos indiretos.

Para estimar o volume de treinamento de uma maneira mais simples, soma-se o número de repetições executadas em determinado período (sessão, semana, mês, etc.). Outro método comumente utilizado consiste em verificar a quantidade total de carga utilizada. Por exemplo: se forem feitas 5 repetições com 50 kg, o volume do treinamento será de 250 kg (50 kg x 5 repetições). Vale enfatizar que se utilizam esses dois métodos para estimar o volume de treinamento, enquanto para determinar o volume, existem várias outras formas de cálculo. Um total de 10 repetições pode ser realizado com a execução de uma série de 10 repetições, 2 séries de 5 repetições ou qualquer outra combinação que totalize 10 repetições. Da mesma forma, um volume de treinamento de 250 kg pode ser atingido por qualquer combinação de peso e número de repetições.

Grandes volumes de treinamento são importantes quando o programa de treinamento tem como principal objetivo reduzir a porcentagem de gordura corporal, aumentar a massa magra e gerar hipertrofia muscular (Hather et al., 1992; Stone et al., 1982). Em parte, esse é o motivo pelo qual os programas de culturismo geralmente envolvem a execução de volumes de treinamento relativamente grandes, que também garantem a manutenção e evitam significativa perda de força no caso do treinamento com pesos ser interrompido ou durante um período de destreinamento (Hather et al., 1992). Desta forma, para minimizar a perda de força durante um período sem treinamento, como férias ou outro curto intervalo planejado, deve-se executar um programa com volume relativamente alto imediatamente antes do período sem treinamento com pesos.

O volume e a intensidade de treinamento estão inter-relacionados. É difícil executar um grande volume de treinamento (elevado número de repetições e séries) com alta intensidade (grande percentagem de 1 RM). Normalmente, a fim de executar um alto volume de treinamento, diminui-se a intensidade. Da mesma forma, em caso de alta intensidade do treinamento, normalmente o volume é baixo. Por esse motivo, é importante considerar tanto a intensidade quanto o volume do treinamento na elaboração ou análise de um programa de treinamento de força.

Supertreinamento

O supertreinamento, ou síndrome do supertreinamento (*overtraining*), caracteriza-se pela situação de um indivíduo que, embora treine contínua ou excessivamente, tem a condição física e o desempenho deteriorados. A completa recuperação de uma verdadeira síndrome de supertreinamento exige meses de repouso e redução de volume e intensidade de treinamento. Um verdadeiro supertreinamento acontece raramente. Por isso, caso o indivíduo recupere-se após alguns dias de descanso, não passou por supertreinamento, mas sim experimentou o que se chama "alcance do limite do treinamento" (*overreaching*). Mostrar essa diferença é importante, pois a maioria dos praticantes confunde *overtraining* com *overreaching*.

Muitos indivíduos estão interessados em acompanhar as variáveis fisiológicas, na tentativa de prevenir o supertreinamento, pois, alcançada essa situação, a recuperação demora meses para ser efetivada (Fry, 1998; Smith, 2000). De modo ideal, deveria haver possibilidade de definir com precisão todas as variáveis acompanhadas para se determinar a real síndrome de supertreinamento. Infelizmente, porém, há enorme diversidade de respostas das variáveis em função do volume e da intensidade do treinamento diário ou simplesmente da alteração das características depois de instalado o supertreinamento. Essas referências, portanto, valem somente no processo de prevenção do supertreinamento. Mas não são 100% eficazes.

Muitas variáveis têm sido examinadas na tentativa de prevenir a ocorrência do supertreinamento. Acontece, entretanto, que o acompanhamento de muitas das variáveis fisiológicas exige equipamento sofisticado e exames de sangue ou de urina, o que inviabiliza o procedimento para muitos atletas e para a maioria dos praticantes. O quadro a seguir apresenta uma lista dessas variáveis.

Variáveis Fisiológicas e Bioquímicas

- Balanço nitrogenado negativo.
- Redução do conteúdo mineral ósseo.
- Lesão muscular determinada por biopsia muscular.
- Redução das concentrações de glicogênio muscular determinada por biopsia muscular.
- Eletrocardiograma anormal, como padrão de onda T.
- Taxa metabólica basal elevada ou metabolização de muitas calorias em estado de repouso.
- Aumento do consumo de oxigênio em cargas de trabalho submáximas.
- Aumento da ventilação e da freqüência cardíaca em cargas de trabalho submáximas.
- Alterações na curva de lactato sangüíneo em cargas de trabalho submáximas.

Variáveis do Sangue

- Alterações nas concentrações hormonais (por exemplo: concentrações elevadas de cortisol, pequena concentração de testosterona livre, diminuição da relação de testosterona livre e cortisol).
- Decréscimo dos níveis de hemoglobina.
- Diminuição de ferro e ferritina.
- Aumento das concentrações de uréia.
- Curvas de baixa tolerância a glicose.
- Diminuição das concentrações de minerais (por exemplo: zinco, cobre, cobalto).

Variáveis de Resposta Imune

- Inchaço nas glândulas linfáticas.
- Variáveis determinadas por exames de sangue.
- Diminuição na contagem total de linfócitos ou células brancas do sangue.
- Diminuição da atividade dos neutrófilos.
- Aumento do total de eosinófilos.
- Outras alterações na atividade ou total de células brancas do sangue.

Variáveis Psicológicas (determinadas por testes psicológicos)

- Aumento da apatia geral.
- Aumento dos sentimentos de depressão.
- Diminuição da auto-estima.
- Instabilidade emocional.
- Dificuldade de concentração em repouso e durante o trabalho.
- Alterações de personalidade.
- Aumento do medo de competição.
- Redução da capacidade de processar grandes quantidades de informação.

Felizmente, existem outros indicadores que podem ser acompanhados a fim de prevenir e reconhecer a ocorrência de supertreinamento. Essas variáveis podem ser divididas em dois grupos principais: um que exige instrumentos disponíveis e conhecimento da maneira de usá-los; outro que não requer nenhum equipamento sofisticado. As variáveis que exigem equipamentos e conhecimentos técnicos para operá-los são apresentadas no quadro a seguir. Entre os instrumentos simples necessários ao acompanhamento das variáveis estão: estetoscópio, esfigmomanômetro e cronômetro, além de procedimentos que permitem determinar a porcentagem de gordura corporal, através o compasso de dobras cutâneas e formas mais sofisticadas, como o uso do freqüencímetro, que possibilita monitorar a freqüência cardíaca durante a atividade.

Variáveis Fisiológicas

- Diminuição do desempenho físico (por exemplo: tempo gasto para nadar, pedalar ou correr determinada distância).
- Inabilidade para manter padrões de desempenho físico alcançados anteriormente.
- Alterações na pressão arterial em repouso (em geral, há aumento).
- Aumento da freqüência cardíaca durante a execução de uma carga de trabalho específica (por exemplo: ao nadar, andar de bicicleta ou correr determinada distância num período de tempo específico).
- Alterações na recuperação da freqüência cardíaca em uma carga de trabalho ou sessão de trei namento específica (normalmente aumento no tempo necessário para retornar à determinada freqüência cardíaca ou à freqüência cardíaca de repouso).
- Diminuição da gordura corporal (mesmo sem qualquer tentativa de perda da gordura corporal ou peso corporal).

Outras variáveis do supertreinamento podem ser facilmente verificadas por não exigirem equipamentos especializados. A freqüência cardíaca em repouso pode ser acompanhada tomando-se a pulsação na artéria radial (punho) ou na carótida (pescoço). A força máxima de uma repetição ou outra medida de força máxima, tal como 3 RM, pode ser determinada com o equipamento normal de treinamento com pesos. Outras variáveis, como dores de cabeça e aumento da dor muscular, ou fatores psicológicos, como depressão, podem ser monitorados subjetivamente. Algumas variáveis incluídas nesse grupo podem ser acompanhadas pela observação do desempenho de um indivíduo e pela avaliação subjetiva da técnica do exercício. Outras variáveis, como as psicológicas, podem ser detectadas por simples auto-avaliação. As variáveis que não exigem equipamento especializado e, portanto, acessíveis à maioria dos indivíduos, foram listadas no quadro a seguir.

Variáveis Fisiológicas

- Diminuição da força máxima (por exemplo: 1 RM, 3 RM).
- Diminuição da capacidade de trabalho (por exemplo: diminuição no peso de 15 RM e da capa cidade para executar certo número de repetições com determinada resistência, aumento do tempo necessário para percorrer determinada distância nadando, pedalando ou correndo).
- Repetição de erros técnicos corrigidos anteriormente (por exemplo: técnica dos exercícios de treinamento com pesos e de outras atividades, como a natação).
- Perda da coordenação nas tarefas físicas.
- Redução da habilidade para corrigir falhas técnicas.
- Aumento na diferença entre a freqüência cardíaca do indivíduo nas posições sentado e em pé.
- Diminuição do peso corporal na noite posterior à realização dos exercícios.

Variáveis Fisiológicas Subjetivas

- Desenvolvimento de fadiga crônica.
- Desenvolvimento de sede inexplicável.
- Perda de apetite.
- Aumento na ocorrência de dores de cabeça.
- Aumento de náusea.
- Aumento das dores em tendões e músculos.
- Aumento da dor muscular.
- Aumento da dor nas articulações.
- Aumento dos distúrbios gastrointestinais.

Variáveis Psicológicas Subjetivas

- Aumento da apatia geral.
- Aumento da depressão.
- Diminuição da auto-estima.
- Instabilidade emocional.
- Dificuldade de concentração em repouso e durante o trabalho.
- Alterações de personalidade.
- Aumento do medo de competições.
- Diminuição da capacidade para processar grandes quantidades de informação.
- Desistir quando as sessões de treinamento ou competições tornam-se difíceis.

Variáveis de Resposta Imune Subjetivas

- Aumento da susceptibilidade a doenças comuns (resfriados, alergias, etc.).
- Aumento da gravidade de doenças comuns (resfriados, alergias).
- Aumento do tempo de cicatrização de pequenos cortes.

Para o sucesso na prevenção do supertreinamento, não importam somente as variáveis, mas sim a observação do quadro geral, pois apenas um indicador não basta para caracterizar a ocorrência de *overtraining*. Nem todas as variáveis alteram-se em todos os indivíduos, no caso de supertreinamento; é muito provável que a freqüência cardíaca em repouso não sofra modificações, mas a alteração de outros fatores pode apontar para um real supertreinamento. Vale ressaltar ainda a importância de também se definir com clareza os motivos das alterações de determinada variável. É possível que a pressão arterial em repouso, por exemplo, aumente por causa do maior grau de estresse no ambiente de trabalho. Caso haja indicadores de supertreinamento, a intensidade e o volume do treinamento devem ser substancialmente reduzidos durante alguns dias. Após esse período de descanso, normalmente, os indicadores de supertreinamento desaparecerem, o que permite a retomada do ritmo normal. Após uma semana ou mais de descanso, caso os indicadores de supertreinamento ainda estejam presentes, há possibilidade de o indivíduo apresentar realmente o problema. Nesse caso, portanto, torna-se imprescindível procurar um médico. A melhor forma de prevenir supertreinamento talvez seja seguir um programa de treinamento progressivo, adequadamente planejado. Essa observação não se aplica apenas à parte do treinamento de força, mas também a todos os outros tipos.

Quando aparecem indicadores de supertreinamento, comumente comete-se o erro de atribuir o desconforto à última sessão ou ao tipo de treinamento realizado nas sessões mais recentes. Na verdade, a síndrome de supertreinamento resulta do estresse do treinamento total. Desta forma, se houver suspeita de *overtraining*, todos os aspectos do programa de treinamento devem ser examinados, além de reduzidos o volume e a intensidade de todos os tipos de prática. Para evitar o supertreinamento, aconselha-se não aumentar em mais de 5% por semana o volume e a intensidade no caso de um praticante no treinamento com pesos. Essa progressão gradual permite ao indivíduo adaptar-se ao aumento do volume ou da intensidade dos exercícios e, assim, ajudar a prevenir a ocorrência de supertreinamento. Os aumentos graduais e contínuos de força e aptidão física durante um longo período de tempo resultam em ganhos extraordinários de desempenho. O desenvolvimento da verdadeira síndrome de supertreinamento causada pelo rápido aumento da carga de trabalho não apenas torna o treinamento desagradável como também pode tornar-se uma experiência desconfortável, com conseqüências que se estendam por muitos meses. Sendo assim, revela-se importante observar as precauções e seguir as etapas adequadas para a prevenção do supertreinamento.

Usando um Registro de Treinamento

Um registro de treinamento nada mais é do que um "diário" escrito das sessões de treinamento anteriores. Se você já viu alguém ao lado de um aparelho como se estivesse perguntado a si mesmo: "E agora? Qual foi mesmo o peso que usei da última vez que fiz este exercício?", já pode imaginar a principal justificativa para o registro de treinamento: saber qual foi o peso usado nos diferentes exercícios. Manter um registro regular garante o aproveitamento e o sucesso do programa de treinamento com pesos em longo prazo. As razões mais comuns para acompanhar um registro são as seguintes:

- Saber o que foi feito nas sessões de treinamento anteriores, como qual foi o peso utilizado, número de repetições, número de séries de cada exercício.
- Perceber facilmente o progresso no ganho de força.
- Ter um registro completo de um programa que funcionou bem no passado a fim de poder repeti-lo no futuro, se necessário.
- Ter um registro completo de um programa que não funcionou bem no passado a fim de poder evitá-lo no futuro.
- Fazer alterações em um programa que funcionou bem para aprimorá-lo.
- Saber facilmente quando é hora de fazer uma alteração no programa, como aumentar o peso usado em um exercício.

Existem três tipos principais de registro de treinamento. O mais sofisticado é o feito em computador. Existem alguns equipamentos de treinamento cujos pesos estão conectados a computadores que compilam automaticamente tudo o que é feito. Pode ser que, no futuro, todos os registros de treinamento sejam feitos desta forma, mas, pelo menos por enquanto, a maioria ainda mantém um registro de treinamento à moda antiga (porém ainda eficiente): escrito em papel.

Há dois tipos principais de registros escritos. Em um deles, cada exercício é anotado em um bloco. Muitas academias fazem o registro em um cartão de exercícios pré-impresso, no qual muitos dados são incluídos manualmente, para agilizar as anotações. Por exemplo, no exercício de agachamento, 2 x 6 - 100 kg significa 2 séries de 6 repetições cada uma, com peso de 100 kg. Outro exemplo: no exercício para panturrilha, 3 x 12 - 150 significa a realização de 3 séries de 12 repetições cada uma, com peso de 150 kg. Não importa o tipo de abreviação usado, desde que a anotação seja inteligível. No quadro a seguir, apresentamos um exemplo do registro de treinamento escrito de exercícios para pernas.

Exercícios para os membros

agachamento 3 x 6 com 100 kg. Realizado 3 x 6 inferiores.
leg press 2 x 10 com 200 kg. Realizado 2 x 10.
extensão do joelho 3 x 10 com 50 kg. Realizado 2 x 10, 1 x 8.
flexão de joelhos 3 x 10 com 40 Kg. Realizado 3 x 10.
panturrilha 3 x 12 com 200 kg. Realizado 3 x 12.

*Observação: aumentar o peso do agachamento em 5kg no próximo exercício para os membros inferiores.
Peso corporal: 80kg

Um aspecto importante para a eficácia de qualquer registro de treinamento: não basta anotar apenas o que está planejado, mas também o que realmente foi executado. Imagine que tenha sido planejado um programa de exercícios com 3 séries de 10 repetições para extensão de joelhos, mas somente 2 foram realizadas completamente e a última com 8 repetições. Esse tipo de informação tem relevância no planejamento da próxima sessão e também na determinação do momento ideal para aumentar a carga usada em um exercício específico. Imediatamente após cada sessão de treinamento, todas as informações pertinentes devem ser registradas. Uma anotação sobre a sessão deve incluir, por exemplo, dados que indiquem o momento correto para o aumento ou a redução de peso ou comentários subjetivos, como a percepção do indivíduo em relação à fadiga em alguma parte do corpo após os exercícios. A anotação de cada treino indica o momento propício para aumentar a resistência no exercício de agachamento.

No cartão impresso para registro de treinamento, usado por muitas academias, constam muitas variações. Normalmente, esses cartões têm lugar para anotar o nome do indivíduo, as datas dos treinamentos, os exercícios executados, o peso usado e o número de séries e de repetições executadas. Existe um espaço também para anotações referentes ao peso corporal e outro para comentários a respeito do treinamento. Em alguns desses registros, os exercícios comumente usados pela academia já estão impressos na coluna de exercício. Em outros, a coluna de exercícios aparece em branco, ficando a cargo do próprio indivíduo ou do professor o preenchimento, de acordo com os exercícios.

Um exemplo de cartão impresso com campos em branco é apresentado na Figura 4.3. Nesse cartão, existe espaço para 4 sessões de treinamento, cada uma com até 10 exercícios, feitos em 4 séries. Além disso, no cartão-exemplo, para todas as informações comumente contidas no registro impresso há também espaço para o número total de repetições executadas em cada sessão de treinamento. Desta forma, alguma indicação do volume de treinamento total já está incluída no registro de treinamento.

O método utilizado para armazenar dados de um registro de treinamento não é importante, mas sim o fato de fazê-lo. O registro de treinamento é uma ferramenta de valor incalculável para o planejamento de sessões futuras de treinamento, acompanhamento do progresso e garantia de sucesso do programa de treinamento em longo prazo.

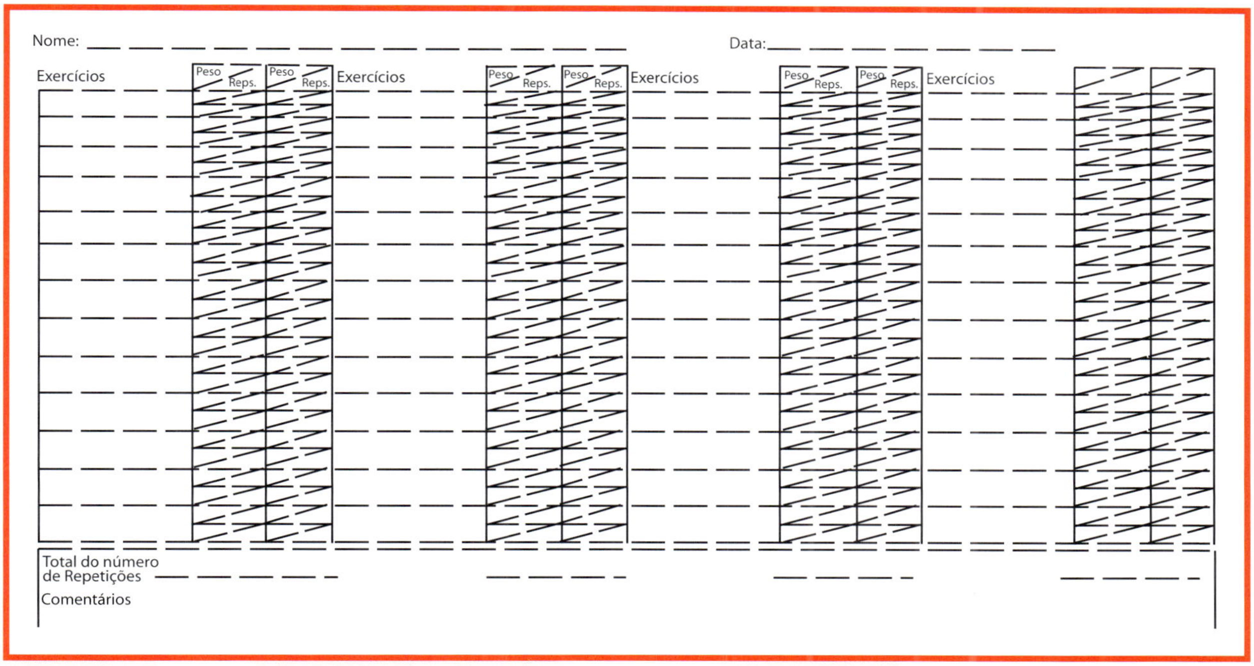

Figura 4.3 Exemplo do cartão da sessão de treinamento impresso com campos em branco.

Referências Bibliográficas

Akima H, Takahashi H, Kuno S, Masuda K, Masuda T, Shimojo H, et al. Early phase adaptations of muscle use and strength to isokinetic training. Medicine Science Sports Exercise. 1999; 31: 588-594.

Coyle EF, Feirings DC, Rotkis TC, Cote RW, Roby FB, Lee W, Wilmore JH. Specificity of power improvements through slow and fast isokinetic training. Journal Applied Physiology. 1981; 51: 1437-1442.

Crewther B, Cronin J, Keogh J. Possible stimuli for strength and power adaptation acute mechanical responses. Sports Medicine. 2005; 35: 967-989.

Fleck SJ, Dean LS. Previous resistance-training experience and the pressure response during resistance exercise. Journal Applied Physiology. 1987; 63: 116-120.

Fleck SJ, Kraemer WJ. Designing Resistance Training Programs. Champaign: Human Kinetics, 2004.

Fry AC. The Role of Training Intensity in Resistance Exercise Overtraining and Overreaching. Champaign: Human Kinetics, 1988.

Hather BM, Tesch PA, Buchanan P, Dudley GA. Influence of eccentric actions on skeletal muscle adaptations to resistance training. Acta Physiologica Scandinavica. 1992; 143: 177-185.

Hoeger WWK, Hopkins DR, Barette SL, Hale DF. Relationship between repetitions and selected percentages of one repetition maximum: a comparison between untrained and trained males and females. Journal Applied Sport Science Research. 1990; 44: 7-54.

Hunter GR, Treuth MS. Relative training intensity and increases in strength in older women. Journal Strength Conditioning Research. 1995; 9: 188-191.

Kanehisa H, Miyashita M. Effect of isometric and isokinetic muscle training on static strength and dynamic power. European Journal Applied Physiology. 1983: 50: 365-371.

Kraemer WJ, Newton RU. Training for muscular power. Physical Medicine Rehabilitation Clinics North America. 2000; 11: 341-368.

McDonagh MJN, Davies CTM. Adaptive responses of mammalian skeletal muscle to exercise with high loads. European Journal Applied Physiology. 1984; 52: 139-155.

Newton RU, Kraemer WJ, Hakkinen K. Effects of ballistic training on preseason preparation of elite volleyball players. Medicine Science Sports Exercise. 1999; 31: 323-330.

Peterson MD, Rhea MR, Alvar BA. Maximizing strength development and athletes: a meta-analysis to determine the dose-response relationship. Journal Strength Conditioning Research. 2004; 18: 377-382.

Rhea MR, Alvar BA, Burkett LN, Bell SD. A meta-analysis to determine the dose response for strength development. Medicine Science Sports Exercise. 2003; 35: 456-464.

Smith LL. Cytokin hypothesis of overtraining: a physiological adaptation to excessive stress? Medicine Science Sports Exercise. 2000; 32: 317-331.

Stone MH, O'Bryant H, Garhammer JG, McMillian J, Rozenek R. A theoretical model for strength training. National Strength Conditioning Association Journal. 1982; 4: 36-39.

5

Tipos de Equipamento para o Treinamento de Força

Existem vários tipos de equipamentos e exercícios para o treinamento de força, cada um deles com aspectos específicos. O conhecimento dessas características permite fazer a escolha adequada do equipamento ou exercício a ser utilizado em um programa de treinamento. A todo o momento, são supostamente desenvolvidos e divulgados novos tipos de equipamentos que, na verdade, costumam ser simples derivados dos tipos principais já existentes.

Isotônico

Na verdade, isotônico não é um tipo de equipamento, mas esse termo é empregado na definição de uma ação ou trabalho muscular (ver Capítulo 4). Muitas pessoas chamam um equipamento de isotônico por acreditarem que, como a resistência é vencida, o músculo emprega força máxima constante durante toda a amplitude de movimento. Ocorre, porém, que a força (pico de torque) empregada por um grupamento muscular ao mover uma carga que não oferece resistência constante, pode variar de acordo com o potencial mecânico da(s) articulação(ões) envolvida(s) no movimento. Na realidade, uma contração isotônica não existe. O que existe é uma ação muscular concêntrica e excêntrica (ver Capítulo 4). O que muda em um tipo de exercício isotônico é a resistência externa ou a carga executada. Desta forma, o termo mais adequado para esse tipo de exercício seria treinamento de Resistência Externa Dinâmica Constante – REDC (*Dynamic Constant External Resistance* – DCER). A REDC impõe uma carga (peso) constante, durante toda a amplitude de movimento do exercício. Práticas com pesos livres e aparelhos de treinamento com pesos com roldana circular são exemplos de REDC.

Pesos Livres

Halteres e barras são considerados pesos livres. Em ambos os casos, podem ser utilizadas anilhas nos dois lados do equipamento. Um halter é uma pequena barra que, normalmente, segura-se com uma mão. A barra propriamente dita, por ser grande, geralmente se segura com as duas mãos. Existem também outros tipos de barras de peso livre, como a de alça em formato de W, muito comum e normalmente levantada com as duas mãos, sem ficar completamente reta. É possível segurar essa barra com o dedo mínimo em posição mais baixa que a do polegar. Para a maioria das pessoas, essa posição alivia o estresse no punho e, por isso, usa-se a barra em W para exercícios do tipo rosca direta.

Figura 5.1 Flexão de cúbito usando uma barra em "W".

Os pesos livres permitem movimentação livre nos três planos do movimento. Como o movimento pode ser feito nos três planos (frontal, sagital e transversal), em algumas situações, torna-se difícil o aprendizado da técnica correta dos exercícios com pesos livres. Quando se executa um levantamento com pesos livres, os músculos são usados não apenas na execução do movimento, mas também na manutenção do equilíbrio em todos os três planos. Conseqüentemente, um exercício com peso livre, comparado com outro, no qual não há necessidade de manter a carga em equilíbrio nos três planos, acaba exigindo a utilização de uma massa muscular ativa maior. Por exemplo, a execução de um supino com halteres exige maior ativação muscular que o mesmo exercício em aparelho, pois no aparelho o peso não precisa ser equilibrado.

Muitos especialistas em treinamento de força propiciam um tipo melhor de treinamento, já que tanto no esporte quanto nas atividades cotidianas, é necessário manter o corpo ou uma resistência externa em equilíbrio, como um oponente nos três planos do movimento. Esses preparadores físicos adotam, predominantemente, exercícios com pesos livres em seus programas de treinamento. Aparelhos também são utilizados para alguns exercícios que podem oferecer perigo ou que sua realização não seja possível com o uso de pesos livres. Não é seguro, por exemplo, fazer extensão ou flexão de joelho sem o uso de equipamentos.

Aparelhos para o Treinamento de Força

Existem muitos aparelhos para o treinamento de força disponíveis no mercado, a maioria com várias características em comum, e normalmente permitem o movimento somente em um plano. As práticas em aparelhos revelam-se uma boa opção para os iniciantes do programa de treinamento de força, pois exigem pouco tempo para o aprendizado da técnica correta. Isso significa que, em um período de tempo bastante pequeno, a carga utilizada pode ser aumentada, de forma que o treinamento propriamente dito possa ser iniciado, e não somente o processo de aprendizado da técnica correta do exercício.

Alguns aparelhos mais novos permitem movimento em dois planos. Em razão da necessidade de controlar o movimento em dois planos, são recrutadas fibras musculares que nos movimentos realizados em aparelhos sua locomoção seja feita em um só plano. Além disso, o plano adicional do movimento possibilita maior variedade de exercícios (padrões diferentes de movimentos). Por esses motivos, os aparelhos que permitem movimentos em dois planos são uma boa alternativa, embora sua utilização exija mais tempo para que o indivíduo destreinado aprenda a técnica adequada do exercício.

Os ajustes ergonômicos, como o da altura do assento, estão disponíveis na maior parte dos aparelhos, para permitir que tanto o posicionamento do corpo quanto a técnica do exercício sejam feitos corretamente. Quando o indivíduo não consegue ficar na posição correta em um aparelho, torna-se impossível realizar o exercício com a técnica adequada, situação que apresenta risco de lesões. As alterações feitas em um equipamento como, por exemplo, a colocação de uma almofada adicional para adequar a altura do banco devem ser bem analisadas, para não prejudicar a segurança de execução do exercício. Geralmente, esses equipamentos são construídos para um adulto médio do sexo masculino. Por isso, muitas mulheres e crianças terão dificuldade para alcançar a posição adequada do exercício – atualmente, existem diversas companhias de equipamentos projetando aparelhos de musculação para crianças. Caso não consiga encontrar a posição correta em determinado aparelho, o indivíduo não deve usá-lo, mas sim encontrar outro semelhante no qual se posicione corretamente ou usar pesos livres. Por exemplo, se não houver possibilidade de fazer rosca direta de braço de maneira adequada em um equipamento por causa do comprimento do braço, o exercício pode ser realizado com halteres.

Todos os aparelhos contam com algum dispositivo de ajuste de carga. Em equipamentos seletorizados (com cargas determinadas), isso pode ser feito colocando-se um pino na pilha de pesos – procedimento que permite a seleção rápida e fácil do peso desejado. Em algumas máquinas, porém, os incrementos de pesos são muito grandes. Isso acontece particularmente quando se está começando o treinamento com pesos. Por exemplo, se você estiver usando 10 kg em determinado exercício e a pilha de peso estiver montada de 10 em 10 kg, o aumento de 10 para 20 kg implica em movimentar 100% a mais de carga. Isso pode representar um aumento progressivo na carga usada, às vezes maior do que o desejado. Em alguns aparelhos, é possível superar esse problema anexando-se pesos (livres) pequenos à pilha de pesos existentes. Há ainda aparelhos que possibilitam o uso de anilhas, colocadas em pontos do aparelho para aumentar a carga. Embora o procedimento não seja tão rápido e fácil como nas máquinas seletorizadas, permite aumentos sutis no peso usado, pois existem anilhas de até 1 kg.

Um tipo muito comum de aparelho é o de resistência dinâmica variável, no qual a resistência varia durante a amplitude do movimento de um exercício por meio de um suporte de formato circular irregular e giratório (ver Figura 5.2). Se for pequena a distância do ponto central do suporte em relação ao local onde a corrente ou correia segura o suporte, a resistência será leve; ao contrário, se a distância for grande, a resistência será alta. Como todos os exercícios têm uma curva de força variável, acontece aumento e diminuição de força durante a amplitude do movimento. Existem três tipos principais de curvas de força: descendente, ascendente e U invertido (ver Figura 5.3).

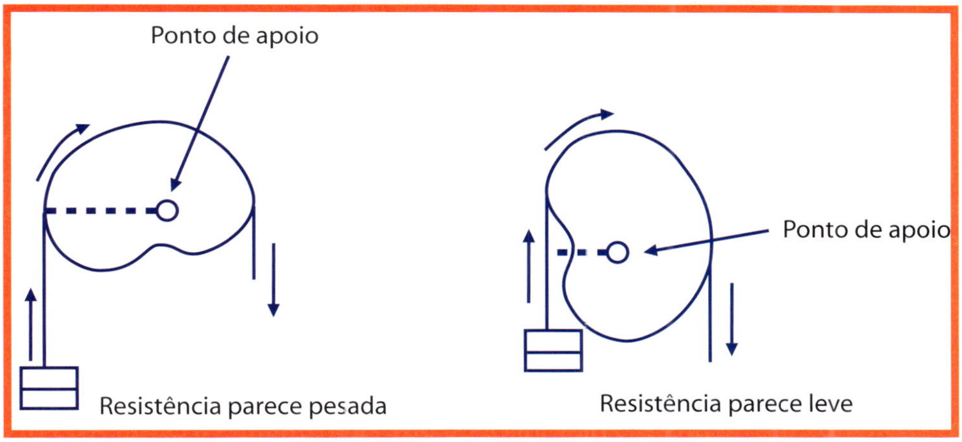

Figura 5.2 Em um equipamento com o suporte do tipo circular, a maneira como a resistência se comporta depende da distância entre o ponto central do suporte e o local onde a corrente ou a correia segura o suporte circular.

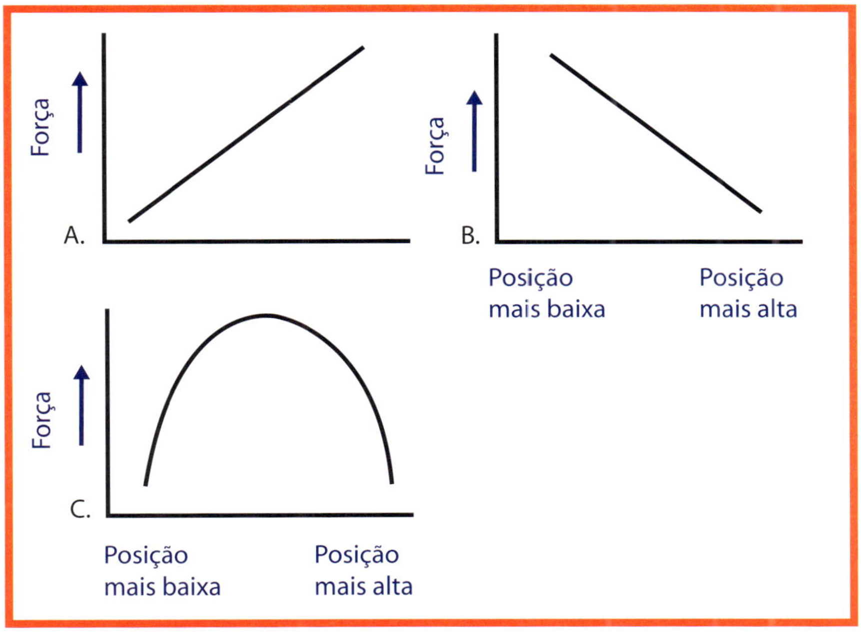

Figura 5.3 Os três tipos principais de curva de força

Em uma curva de força descendente, ao mesmo tempo em que se levanta o peso, produz-se menos força. Uma remada em pé tem curva de força descendente: o indivíduo pode levantar mais peso (quando executa apenas metade da amplitude do movimento) ou menos (quando executa toda a amplitude). Já o agachamento apresenta curva de força ascendente: quanto mais flexionar os joelhos e os quadris no agachamento, menor será o peso que o indivíduo será capaz de levantar. Se tentar levantar o máximo de peso possível em um meio-agachamento ou agachamento total, conseguirá levantar mais peso no meio-agachamento. O supino também tem curva de força ascendente. O terceiro tipo de curva de força, em forma de U invertido: na primeira parte da amplitude do movimento aparece uma curva de força ascendente e, portanto, o peso parece mais fácil de ser levantado. Durante a segunda metade da amplitude do movimento, forma-se uma curva de força descendente, ou seja, o levantamento parece mais difícil. A flexão de braços e pernas é um exemplo de exercício com curva de força em forma de U invertido.

Os idealizadores de aparelhos com suporte e roldana acreditam que equilibrando-se uma curva de força de um exercício os grupamentos musculares acionados são estimulados a trabalhar mais durante toda a amplitude de movimento, o que resulta em maiores ganhos de força. Pesquisas da área esportiva, porém, não confirmam essa teoria. Os aparelhos de suporte com roldana não equilibram a curva de força de muitos exercícios comuns (Cabell e Zebras, 1999; Johnson et al., 1990; Pizzimenti, 1992). Desta forma, o preenchimento da curva de força de um exercício, ainda que pareça lógico, não foi alcançado na prática.

Outros Tipos de Equipamento

Em alguns aparelhos, usa-se pressão hidráulica ou do ar para manter a carga. Ajustar a resistência nesse tipo de equipamento é muito fácil, pois, normalmente, exige apenas o giro de um parafuso/alça ou o aperto de um botão. Na maioria desses aparelhos, também é possível obter aumentos bem pequenos de cargas, o que facilita a progressão lenta da resistência usada.

Há ainda os aparelhos isocinéticos, usados com maior freqüência para reabilitação após lesões. Esse tipo de aparelho não controla a resistência usada, mas sim a velocidade na qual a carga pode ser movida. Se o aparelho for programado para um movimento em velocidade baixa, será possível gerar grande quantidade de força. Se, entretanto, o aparelho for programado para uma alta velocidade, será possível desenvolver apenas pequena quantidade de força. Uma vantagem desse tipo de aparelho em um processo de reabilitação está no fato de o indivíduo poder interromper a execução do exercício se sentir dor, com mínimo risco de lesão, pois o peso não será tracionado para a posição inicial do exercício. Os aparelhos isocinéticos também permitem determinar de maneira bastante exata a velocidade do movimento e a força gerada. Por suas características, o exercício isocinético continuará, sem dúvida, a ser usado em programas e exercícios de reabilitação para determinar o progresso do treinamento.

Existem muitos tipos de aparelhos no treinamento de força. É possível fazer uma combinação entre eles em um mesmo aparelho. Por exemplo, um equipamento do tipo roldana circular com cargas selecionadas ou outro com resistência externa dinâmica constante, com possibilidade de seleção. Pesquisas científicas na área do esporte indicam que todos os tipos de aparelhos podem resultar em aumento de força e volume muscular. Para os praticantes no treinamento de força, o fator mais importante a ser considerado não é o tipo de equipamento a ser utilizado, mas sim a escolha do aparelho adequado ao indivíduo, de modo a garantir a execução dos exercícios com a técnica correta de execução.

Tipos de Exercícios

Existem muitos tipos diferentes de esquemas de classificação dos exercícios de treinamento com pesos. Uma delas, simples e de fácil compreensão, divide os exercícios em dois grupos: para uma articulação e para várias articulações.

Exercícios para uma Articulação

Como o próprio nome indica, os exercícios para uma articulação envolvem, essencialmente, movimentos de uma articulação uniarticular e, dessa forma, treinam, predominantemente, um grupo muscular. Alguns exemplos de exercícios para uma articulação e seus grupos musculares treinados:

- Extensão do(s) joelho(s) – quadríceps.
- Flexão do(s) joelho(s) – posteriores de coxa.
- Extensão do(s) cotovelo(s) – tríceps.
- Flexão de cotovelo(s) – bíceps ou flexores do cotovelo.

A característica de isolar um grupo muscular faz dos exercícios uma excelente opção em alguns casos de reabilitação. No caso de uma lesão no ligamento do joelho, devem ser feitas extensões e flexões do joelho em algum ponto do processo de reabilitação. A capacidade de isolar um grupo muscular também faz dos exercícios para uma articulação excelente opção quando se sabe que determinado grupo muscular está fraco. Por exemplo, se você sabe que o grupo muscular do tórax (grupo muscular peitoral) limita a capacidade do indivíduo para um movimento no supino, é possível executar o mesmo exercício com halteres ou utilizar equipamento como o *pec deck*, o que permite aumentar a força muscular do grupo peitoral e, assim, melhorar a capacidade do indivíduo no supino. Em muitos exercícios e movimentos, pode-se detectar um grupo muscular fraco, porque normalmente esse será o ponto que mais apresentará dor ou fadiga após os exercícios.

Nos exercícios para uma articulação, apenas um grupo muscular é envolvido primordialmente. Por isso, os exercícios são de aprendizado relativamente fácil, pois não exigem a coordenação do movimento em várias articulações ou grupos musculares. Esses exercícios são uma opção interessante para o início de um primeiro programa de treinamento com pesos, porque o indivíduo não precisa ficar muito tempo aprendendo a executar corretamente o exercício e, portanto, pode aumentar o peso rapidamente e partir para o treinamento de outros grupos musculares envolvidos. Na verdade, a seleção dos exercícios depende da coordenação inicial do indivíduo.

Exercícios para Várias Articulações

Como o próprio nome sugere, são exercícios que envolvem movimentos em mais de uma articulação e de um grupo muscular multiarticular. As características desse tipo de exercício são opostas às dos exercícios para somente uma articulação. O número de repetições ou a quantidade de carga em um exercício para muitas articulações é limitado pelo grupo muscular mais fraco envolvido no exercício: o músculo que trabalha próximo à sua capacidade máxima durante um exercício e recebe o maior estímulo de treinamento é o grupo muscular mais fraco. Os outros grupos musculares envolvidos não são trabalhados ao máximo, pois, ainda que possam executar muitas repetições ou levantar mais carga, estão limitados pelo grupo muscular mais fraco do exercício.

Durante a execução correta de um exercício para várias articulações, devem ocorrer ações coordenadas dos vários grupos musculares para produzir o movimento em duas ou mais articulações. Isso significa que o indivíduo leva mais tempo para aprender um exercício para várias articulações do que para apenas uma articulação. Deve-se estimular uma forma ideal para que o sistema neural coordene todos os músculos e partes da musculatura envolvida em um exercício para várias articulações. De certa forma, é por isso que as adaptações neurais resultam em grandes ganhos de força durante as primeiras semanas de execução de um exercício multiarticular.

Vários grupos musculares são treinados, embora não da melhor forma, pela execução de um exercício para várias articulações. Essa prática permite treinar todos os principais grupos musculares do corpo em curto período, o que não ocorre com os exercícios para apenas uma articulação. Por exemplo, exercícios como o supino, que estimulam os grupos musculares peitoral, do ombro (deltóide anterior) e tríceps. Se fossem executados exercícios para cada uma das articulações, com o objetivo de treinar os três grupamentos musculares citados acima, seriam necessários três exercícios.

Se o tempo de treinamento for limitado, os exercícios para várias articulações podem ser escolhidos com a finalidade de treinar, de alguma forma, todos os principais grupos musculares do corpo. Por suas características próprias, cada exercício (para uma e várias articulações) é adequado à determinada situação. O professor de Educação Física deve saber considerar essas características e aplicar o exercício mais indicado para obter os melhores resultados com o treinamento.

Exercícios com Peso Corporal

Flexões na barra, exercícios abdominais e flexões de braço são exercícios com o peso corporal convenientes, porque o próprio peso corporal do indivíduo é utilizado como resistência. Embora seja difícil alterar a carga nesse tipo de exercício, algumas variações são possíveis, como, por exemplo, aumentar a carga durante as flexões de braço, colocando-se os pés em um banco ou mesmo diminuir a carga apoiando as mãos em um banco. Com os pés em um banco, a flexão de braço torna-se mais difícil, porque uma porção maior do peso corporal fica nas mãos do indivíduo. Por outro lado, com as mãos em um banco, o exercício fica mais fácil, pois a maior parte do peso corporal concentra-se nos pés e menos nas mãos do indivíduo. Acredita-se, erroneamente, que os exercícios com peso corporal são de fácil execução. Como em todos os exercícios, é necessário usar a técnica correta. Além disso, o peso corporal é uma carga relativamente alta em vários exercícios: muitas pessoas, por exemplo, não conseguem executar uma flexão na barra.

Em função do praticante sempre suportar o seu peso, a realização de exercícios com o peso corporal revela-se excelente opção para programas de treinamento quando não há disponibilidade de equipamentos. Um programa composto inteiramente de exercícios com o peso corporal pode ser executado em um quarto de hotel, em casa ou em um parque. Por esses motivos, é uma boa alternativa para programas executados durante viagens.

Exercícios com Cordas Elásticas

Os exercícios com corda de borracha podem ser executados com um tubo cirúrgico ou cordas de borracha com alças projetadas especialmente para essa finalidade (Figura 5.4). Há cordas de diversas espessuras, sendo as mais grossas as que fornecem maior resistência. Também é possível aumentar a resistência pelo estiramento da corda antes do início do movimento. Durante os exercícios com corda de borracha, a resistência segue uma curva de força ascendente, pois a força aumenta conforme se estica a corda (ver Figuras 5.4 e 5.5).

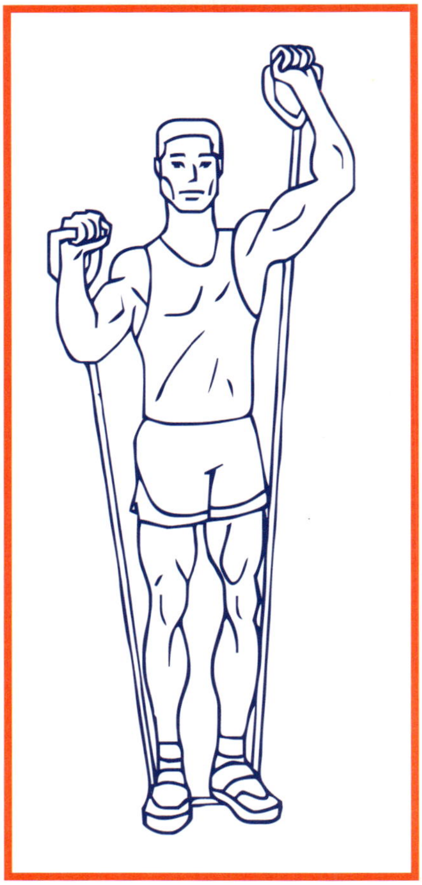

Figura 5.4 Exercício com utilização de cordas elásticas.

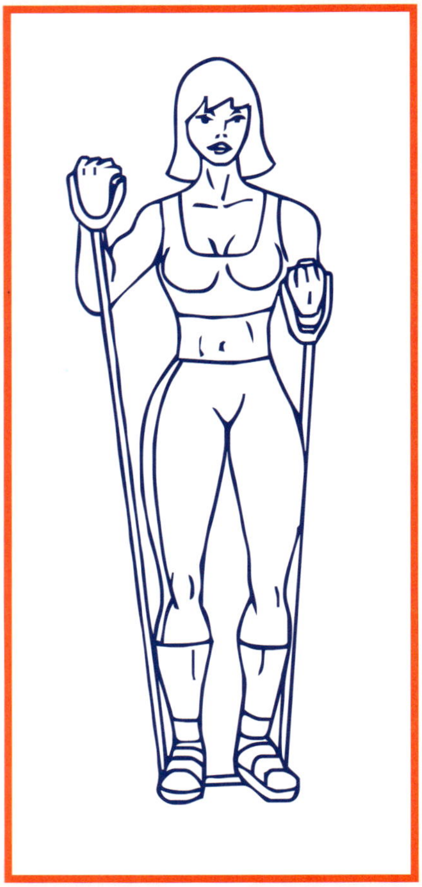

Figura 5.5 Cordas elásticas permitem grande mobilidade nos movimentos.

Por isso, pode ser difícil executar os exercícios com curvas de força em forma de U invertido ou descendente usando-se cordas elásticas. Por exemplo, se um exercício com curva de força descendente, como a remada em pé, for executado com uma corda de borracha, a resistência tem de ser relativamente leve no início, de modo a permitir que o indivíduo complete o movimento de remada em pé. Exercícios com curva de força ascendente, como o supino, são executados de forma mais aperfeiçoada com as cordas de borracha que os de curvas descendentes ou em forma de U invertido. De maneira semelhante ao que acontece com os exercícios com peso corporal, as práticas com corda de borracha são consideradas uma boa opção para programas executados durante viagens, pois o equipamento pesa pouco e pode ser facilmente transportado.

Exercícios de Tipo de Potência

Exercícios de tipo de potência – pliométricos, variações dos levantamentos olímpicos e *medicine ball* (ver Figuras 5.6a e 5.6b) – são indicados para aumentar a potência muscular. Assim como em todos os outros tipos de treinamento com pesos, os exercícios de potência exigem o emprego da técnica correta, fundamental para evitar lesões, que podem ser causadas pela maior velocidade dos movimentos. Os exercícios de potência são de tipo avançado e, portanto, não obrigatórios em treinamentos de força para iniciantes ou indivíduos pouco treinados. Esses exercícios, no entanto, podem ser realizados, desde que seguramente, por indivíduos mais experientes que pretendam variar o programa de treinamento.

Figura 5.6a Saltos pliométricos com utilização de duas pernas.

Figura 5.6b Exercícios de lançamento da *medicine ball* sobre a cabeça

Equipamentos e Acessórios

Entre os equipamentos comumente usados para o treinamento de força estão cintos, luvas, calçados e trajes para levantamento de pesos. Embora nenhum deles seja necessário para a execução segura e eficaz do programa de treinamento de força, todos oferecem benefícios potenciais.

Cintos para Treinamento com Pesos

Muitos dos praticantes que usam cintos acreditam que o suporte proporcionado torna mais seguro o levantamento de pesos. Contudo, ainda não se chegou a um consenso sobre a suposição de que os cintos proporcionem uma melhora mensurável no suporte da coluna (Cirello e Snook, 1995; Lavender et al., 1995; Bauer et al., 1999). Na verdade, alguns experimentos mostram aumento da atividade muscular na parte inferior da paravertebral, indício de que os cintos não fornecem suporte estrutural para a parte inferior da paravertebral, pois, se isso acontecesse, a atividade muscular dessa região diminuiria. Os cintos para treinamento com pesos não evitam que as vértebras deslizem ou se movimentem para trás, porém podem proporcionar alguma espécie de suporte, pelo aumento da pressão intra-abdominal (Harman et al., 1989).

Ao observar alguém fazendo agachamento com uma carga alta ou levantamento terra, por exemplo, nota-se que a região abdominal projeta-se para frente. Isso acontece porque, no movimento do exercício, bloqueia-se a respiração (manobra de Valsalva), o que eleva a pressão intratorácica, intacraiana e abdominal. Esse aumento movimenta o diafragma para baixo, intensificando a pressão na cavidade abdominal. Caso os músculos abdominais não sejam fortes o suficiente, a pressão irá projetar esses músculos para frente, algo que pode ser evitado pelos cintos. A pressão na cavidade abdominal comprime a vértebra da parte inferior da paravertebral e impede que a caixa torácica movimente-se para baixo e para frente, ajudando a manter a posição do tronco. Com alguns movimentos, como no agachamento com a barra apoiada nas costas, o problema mecânico mais comum é a inclinação do corpo para a frente ou da parte inferior das costas para a frente. O aumento da pressão intra-abdominal, quando o indivíduo está usando um cinto, pode ajudá-lo a manter a posição, mesmo que não ofereça um verdadeiro suporte mecânico para a região das costas.

A pressão arterial realmente aumenta com o uso do cinto apertado (Hunter et al., 1989). Por isso, é contra-indicado o uso de cintos apertados por indivíduos com histórico de problemas cardiovasculares. Os cintos apertados também aumentam a pressão arterial em outras atividades, como o ciclismo aeróbio, motivo pelo qual devem ser evitados nessas práticas. Se houver necessidade, é melhor usar o cinto para treinamento com pesos somente no levantamento de cargas altas, e não durante as séries de aquecimento. Além disso, os cintos para treinamento com pesos são dispensáveis durante a execução de exercícios para pequenos grupos musculares (rosca direta, por exemplo). Desta forma, o uso de cintos justifica-se apenas durante exercícios para grandes grupos musculares, como levantamento terra e agachamento, que requerem suporte adicional para as costas.

Luvas

As luvas projetadas especialmente para treinamento com pesos não cobrem os dedos, apenas as palmas das mãos. Esse acessório realmente protege-as de atritos contra barras, halteres e alças dos equipamentos, podendo colaborar para prevenir a formação de bolhas ou o aparecimento de calos nas palmas das mãos. Apesar desses benefícios, não são imprescindíveis para um desempenho seguro no treinamento de força.

Calçados

Como todos os calçados projetados para determinado esporte ou atividade, os destinados ao treinamento com pesos geralmente são desenvolvidos para fornecer suporte ao arco do pé, dando firmeza e conforto. Possuem uma superfície não escorregadia na sola e, diferentemente da maior parte dos calçados específicos para esportes, oferecem pouca ou nenhuma absorção a choques, porque a força ou potência desenvolvida pelo praticante ao estender o joelho ou quadril não é usada para comprimir a sola do calçado, mas sim para levantar o peso em exercícios de agachamento ou arremesso. Em razão da falta de propriedades de absorção das solas, os calçados para treinamento com pesos não devem ser usados para outras atividades, como, por exemplo, corrida. Durante o exercício com pesos, deve-se usar um calçado com superfície maleável na sola e bom suporte para o arco do pé. Os calçados do tipo *cross-training* preenchem esses requisitos e realmente atendem às necessidades da maior parte dos praticantes de programas de força e levantamento de pesos como atividade recreativa.

Trajes para Levantamento de Pesos

Os trajes para competições usados pelos basistas são projetados para ajudar, mecanicamente, o indivíduo na execução de exercícios como agachamento, supino e levantamento terra. As roupas são feitas de material elástico, permanecendo firmemente coladas ao tronco, ao quadril e aos ombros. Por causa da natureza elástica dos tecidos, desenvolvidos para ajudar no desempenho do agachamento e levantamento terra, os trajes para treinamento com pesos realmente ajudam a manter as costas e os quadris eretos durante a execução desses exercícios. No caso do supino, por exemplo, a camiseta para essa prática ajuda efetivamente o indivíduo a executar o movimento desse exercício.

Chegam a ser cômicas as histórias segundo as quais esses trajes aumentam os levantamentos máximos de uma repetição de basistas em cerca de 30 kg no agachamento, no supino e levantamento terra. A verdade é que os trajes não deixam o indivíduo mais forte, apenas fornecem auxílio mecânico. Trajes para treinamento com pesos usados em competições não são necessários para o desempenho seguro dos exercícios em praticantes de academia.

As escolhas relacionadas ao tipo de equipamento e de exercícios, bem como ao uso de equipamentos e acessórios, precisam ser feitas antes da execução do programa de treinamento. É importante, porém, ressaltar que os acessórios não são obrigatórios para que iniciantes de treinamento com pesos engajem-se no programa. Efetivamente, o fator mais importante para o treinamento refere-se à segurança, tema a ser discutido no próximo capítulo.

Referências Bibliográficas

Bauer JA, Fry A, Carter C. The use of lumbar-supporting weight belts while performing squats: erector spinae electromyographic activity. Journal Strength Conditioning Research. 1999; 13: 384-388.

Cabell L, Zebras CJ. Resistive torque validation of the nautilus multi-biceps machine. Journal Strength Conditioning Research. 1999; 13: 20-23.

Cirello VM, Snook SH. The effect of back belts on lumbar muscle fatigue. Spine. 1995; 20: 1271-1278.

Fleck SJ, Kraemer WJ. Designing Resistance Training Programs. Champaign: Human Kinetics, 2004.

Harman EA, Rosenstein R, Frykman P, Nigro G. Effect of a belt on intra-abdominal pressure during weight lifting. Medicine Science Sports Exercise. 1989; 21: 186-190.

Hunter GR, McGuirk J, Mitrano N, Pearman P, Thomas B, Arrington R. The effects of a weight training belt on blood pressure during exercise. Journal Applied Sport Science Research. 1989; 313-318.

Johnson JH, Colodny S, Jackson D. Human torque capability versus. machine resistive torque for four Eagle resistance machines. Journal Applied Sport Science Research. 1990; 4: 83-87.

Lavender SA, Thomas JS, Chang D, Andersson GB. Effect of lifting belts, foot movement, and lift asymmetry on trunk motions. Human Factors. 1995; 3: 844-853.

Pizzimenti MA. Mechanical analysis of the nautilus leg curl machine. Canadian Journal Sport Science. 1992; 17: 41-48.

6

Segurança no Treinamento com Pesos

O treinamento de força com pesos é uma atividade muito segura, com menores riscos de lesão do que os oferecidos durante um jogo de basquete, *squash*, futebol ou *rugby* ou atletismo (Hamill, 1994; Zemper, 1990). As lesões mais comuns durante o treinamento com pesos são contraturas musculares e pequenas torções nas articulações. Lesões agudas e crônicas normalmente relacionam-se à aplicação incorreta da técnica de execução do movimento no exercício ou à tentativa de levantar cargas maiores do que o número de repetições estipulado permite. Lesões crônicas também resultam do uso inadequado de uma técnica para o exercício durante longos períodos de treinamento. Desta forma, nota-se que a maior parte das lesões durante o treinamento com pesos é evitável. Uma revisão da U.S. Consumer Product Safety Commission National Electronic Injury Surveillance System indica que 42% das lesões ocorridas no treinamento com pesos aconteceram em treinamentos realizados em casa, enquanto 29 e 16% das lesões ocorreram em atividades esportivas e escolares, respectivamente (Lombardi e Troxel, 1999). Portanto, a maioria das lesões ocorridas no treinamento com pesos pode ser evitada com uma supervisão apropriada.

As possíveis causas de lesões durante esse tipo de treinamento são as seguintes:

- Tentativa de levantar peso excessivo com a técnica de execução incorreta.
- Tentativa de realizar um determinado número de repetições com carga inadequada.
- Uso incorreto da técnica no levantamento de pesos.
- Posição imprópria do corpo no aparelho, resultando em técnica incorreta para o exercício.
- Mãos ou pés que se soltam dos apoios ou do suporte de um aparelho;
- Desatenção de profissionais.
- Comportamento impróprio ou distrações (por exemplo, colocar as mãos na pilha de pesos de um aparelho).
- Deslizamento de parte do equipamento durante um exercício.
- Quebra do equipamento do exercício (cabos ou roldanas dos aparelhos).
- Ausência de presilhas nos exercícios com os pesos livres.
- Queda acidental das anilhas durante a colocação ou a remoção de cargas de um aparelho ou barra.

Técnica Adequada de Levantamento

O uso incorreto da técnica no levantamento de pesos pode causar lesão tanto aguda quanto crônica durante o treinamento com pesos. Desta maneira, o indivíduo deve conhecer bem a técnica de execução do exercício para poder usá-la com segurança e precisão. Sempre que um novo exercício for acrescentado ao programa do praticante, deve-se ter algum tempo para explicar a técnica correta. Outros fatores podem resultar na aplicação incorreta da técnica em um programa de exercícios: a tentativa de levantar muito peso durante certo número de repetições (que pode causar redução na qualidade da técnica de movimento, em especial nas últimas repetições de uma série), aumento muito rápido do peso utilizado ou ajuste do aparelho de forma imprópria.

Conhecer e aplicar a técnica correta para execução do exercício é, provavelmente, o fator individual mais importante para a prevenção de lesões durante o treinamento com pesos.

Respiração Correta Durante o Treinamento com Pesos

A respiração correta faz parte da técnica da execução do exercício. Um padrão de inspiração e expiração deve ser seguido durante cada repetição de uma série. Fazer um bloqueio da respiração ou executar a manobra de Valsalva resulta em aumento da pressão arterial durante a execução do treinamento com pesos (Capítulo 2). Qualquer aumento na pressão arterial dificulta o trabalho cardíaco na ejeção do sangue. Desta forma, deve-se evitar um bloqueio inspiratório excessivo durante o treinamento com pesos. A respiração adequada deve ser feita tanto pelo iniciante como pelo praticante veterano, pois ajuda a minimizar o aumento da pressão arterial durante o treinamento com pesos. Quando as cargas são excessivas, involuntariamente existe a realização da manobra de Valsalva, sendo esse um mecanismo de defesa orgânico. No entanto, deve-se ter muito cuidado na realização dessa manobra, somente deve ser utilizada em indivíduos bem treinados e que não apresentem nenhum risco cardiovascular.

Comportamento na Sala de Treinamento

Comportamentos inadequados na sala de treinamento com pesos resultam em um ambiente inseguro. Brincadeiras grosseiras ou qualquer outro tipo de atitude que distraia o praticante não devem ser toleradas. Falta de postura e maturidade pode distrair o praticante e tirar-lhe a concentração necessária para a realização correta da técnica do exercício, de modo a causar lesões.

Para garantir a segurança, é importante que a sala de treinamento tenha espaço suficiente para todos os praticantes durante seus exercícios. Isso significa que é necessário haver, entre os equipamentos, uma distância para não comprometer a técnica correta do exercício. Além disso, cada praticante deve estar atento para não invadir o espaço de outro. Por exemplo, quando uma pessoa estiver fazendo uma série, deve-se evitar caminhar em sua frente ou remover anilhas de uma barra ou do equipamento perto dela. Deixar espaço suficiente para a execução de um exercício pode ser importante durante exercícios com peso livre, pois qualquer distração pode resultar na queda do peso sobre o próprio praticante ou outra pessoa.

Em uma sala de treinamento, a maioria das pessoas está tentando realizar seu exercício no menor tempo possível. A preocupação em ser rápido, no entanto, não justifica o desrespeito aos outros praticantes, pois pode comprometer a segurança. A falta de respeito pelo outro praticante e/ou as distrações não podem ser toleradas na sala de treinamento, pois podem causar lesões.

Segurança do Equipamento

O funcionamento adequado do equipamento é necessário para garantir a segurança e a correta execução do exercício (ver "Aparelhos para Treinamento com Pesos", no Capítulo 5). Usar parte de um aparelho que precisa de reparos pode resultar em lesões. Muitas academias fixam um aviso no equipamento que requer manutenção ("temporariamente fora de uso", por exemplo). Avisos desse tipo garantem a segurança do praticante e devem ser obedecidos. Caso seja observado algum fator que atente contra a segurança (cabo, correia ou alça mal conservados), você deve informar imediatamente a administração da academia e não usar o equipamento. Não se exponha conscientemente a uma situação de perigo.

Presilhas

As presilhas, dispositivos que evitam o deslizamento das anilhas pela extremidade da barra, são usadas também em alguns tipos específicos de halteres e máquinas de força. Caso não estejam bem apoiadas pelas presilhas, as anilhas deslizam ou até mesmo caem, se a barra for inclinada para um dos lados, o que pode causar perda de equilíbrio do praticante e até lesões. Se as anilhas deslizarem completamente para fora da barra, podem atingir o próprio praticante ou outra pessoa. Todos esses motivos justificam a necessidade do constante uso das presilhas, obrigatórias em determinados equipamentos ou capazes de aumentar a segurança em outros.

Alças Giratórias

Muitas barras e aparelhos de treinamento com pesos possuem apoios manuais giratórios porque facilitam a rotação na mão do indivíduo, contribuindo para a execução da técnica correta de levantamento de peso e a prevenção de lesões e/ou escoriações nas mãos. Em alguns exercícios, como o arranque, o apoio das barras deve girar livremente para que a pele das mãos não atrite com a barra e cause lesões. Quando projetadas para girar, as barras ou os apoios devem ser testados pelo praticante antes do início do exercício, como forma de se certificar que estão funcionando corretamente.

Assistentes

Assistente é o indivíduo que acompanha o praticante quando necessário e, geralmente, ajuda-o a completar uma repetição. O trabalho de um assistente está mais associado ao treinamento com pesos livres do que em aparelhos: nos exercícios com pesos livres, o praticante pode deixar a carga cair por ter perdido o controle ou o equilíbrio, possibilidade mais remota nos exercícios feitos em aparelhos.

Um bom assistente garante a segurança. Em primeiro lugar, deve ser forte o suficiente para, caso necessário, sustentar o peso usado pelo praticante. Uma situação pode ilustrar claramente a importância dessa regra: um assistente de 50 kg auxiliando um praticante de 100 kg, que está levantando 150 kg no supino, provavelmente não conseguirá segurar o peso para garantir a segurança em caso de acidente. Além disso, o assistente deve conhecer bem a técnica do exercício para poder corrigir eventuais erros mecânicos do praticante.

Muitos exercícios exigem dois assistentes para garantir a segurança do praticante, como no caso de exercícios em que são levantadas cargas muito altas (por exemplo, no agachamento com barra). Durante essas práticas, pode haver a necessidade de dois assistentes, cada um posicionado em uma das extremidades da barra. O mesmo acontece em certos exercícios com halteres: quando um praticante, por exemplo, faz supino com halteres, um assistente não conseguiria controlar os dois braços do praticante, nem remover os halteres completamente, caso fosse necessário. Por outro lado, alguns exercícios com pesos livres não exigem a presença do assistente, como é o caso do levantamento terra, no qual, normalmente, o praticante pode recolocar facilmente as barras no chão sem a assistência de outra pessoa.

O trabalho do assistente, embora não seja difícil, exige eficiência para garantir a segurança do praticante. Esse trabalho pode ser visto como tarefa comum, pois, na situação ideal, raramente o assistente precisará agir. Isso, porém, não significa que ele poderá ser dispensado, pois na ausência de um assistente, podem ocorrer lesões. A observação de alguns pontos a serem seguidos pelo assistente pode garantir a segurança e a eficiência do trabalho.

- **O(s) assistente(s) deve(m) ser forte(s) o suficiente para ajudar o praticante;**
- **Dois assistentes são necessários para garantir a seguraça durante a execução de determinados exercícios;**
- **O(s) assistente(s) deve(m) prestar atenção no praticante durante todo o tempo;**
- **O(s) assistente(s) precisa(m) saber quantas repetições o praticante está fazendo;**
- **O(s) assistente(s) deve(m) conhecer a técnica correta de execução do exercício;**
- **O(s) assistente(s) deve(m) interromper o exercício se a técnica for prejudicada;**
- **Os exercícios com pesos livres exigem assistentes com maior freqüência do que os feitos em aparelhos.**

Exame Médico e Avaliação Física

Antes de começar um programa, todos os praticantes devem passar por exame médico e avaliação física completos, considerando-se que o programa tem por objetivo melhorar a aptidão física e saúde. Esses procedimentos também servem como parâmetros iniciais para a prescrição do treinamento e o acompanhamento das mudanças de desempenho. Essa recomendação aplica-se a todos, mas principalmente aos praticantes com mais de 40 anos ou problemas de saúde preexistentes. O exame médico deve ser repetido anualmente ou a cada vez que aparecer algum sintoma que contra-indique a execução do exercício. A avaliação física deve ser programada em função dos objetivos do treinamento e da resposta adaptativa do praticante aos estímulos iniciais do exercício. Além disso, mostra-se especialmente indicada por permitir o acompanhamento dos benefícios obtidos (Morry e Hensrud, 1999).

Em uma situação ideal, o exame é feito por um especialista em medicina esportiva e inclui um Teste de Exercício Progressivo (TEP), normalmente realizado em uma esteira ou um cicloergômetro. O teste deve ser feito progressivamente, tornando-se mais difícil em cada estágio. Durante esse procedimento, monitora-se a freqüência cardíaca, a atividade elétrica do coração (eletrocardiografia ou ECG) e, muitas vezes, o consumo de oxigênio. Em geral, se houver alguma resposta anormal, interrompe-se o teste. As informações obtidas durante o exame médico, o TEP e a avaliação física devem ser usadas para elaborar um programa de treinamento eficaz e seguro.

Algumas restrições à execução do exercício podem ser encontradas durante o exame médico e o TEP. Na maioria dos casos, porém, não chegam a impedir a realização do exercício, apenas exigem modificações e maior cuidado na progressão da carga de trabalho. Os seguintes fatores devem ser considerados para se elaborar o programa de treinamento com pesos (resultados e exemplos):

- ECG anormal durante o TEP: freqüência cardíaca anormal ou outro indicador de resposta anormal do coração em relação ao exercício.
- Resposta circulatória anormal: resposta de pressão arterial anormal ao passar da posição "sentado" para a "em pé" (hipertensão ortostática) ou durante o TEP.
- Hipertensão descontrolada em repouso: inabilidade para controlar a pressão arterial com medicamentos normais.
- Função ventricular debilitada: resposta anormal da capacidade do coração em ejetar o sangue.
- Arritmia cardíaca: freqüência cardíaca anormal em repouso ou resposta anormal durante o TEP.
- Baixa tolerância ao exercício: capacidade máxima ao esforço seis vezes menor do que o gasto calórico em repouso (6 METs ou outros equivalentes metabólicos).
- Problemas ortopédicos: problemas na coluna ou nos joelhos, na amplitude do movimento de uma articulação menor do que o padrão normal ou artrite.

O programa de treinamento com pesos pode, geralmente, ser modificado de acordo com as limitações físicas. Saber que o indivíduo tem algum problema de saúde permite alterar o programa para evitar lesões e, mesmo assim, alcançar o sucesso e o progresso do treinamento com pesos em longo prazo.

A sala de treinamento é fundamental para o sucesso de qualquer programa. Variáveis importantes para o programa, como o número de repetições em cada série, também aumentam os ganhos de aptidão física em longo prazo, bem como o nível de saúde, contribuindo para o sucesso do treinamento. As variáveis importantes para a organização do programa serão abordadas no Capítulo 7.

Referências Bibliográficas

Hamill BP. Relative safety of weightlifting and weight training. Journal Strength Conditioning Research. 1994; 8: 53-57.

Lombardi VP, Troxel RK. Weight training injuries & deaths in the U.S. Medicine Science Sports Exercise. 1999; 31: S93.

Morrey MA, Hensrud DD. Risk of medical events in a supervised health and fitness facility. Medicine Science Sports Exercise. 1999; 31: 1233-1236.

Zemper ED. Four year study of weight room injuries in a national sample of college football teams. National Strength Conditioning Association Journal. 1990; 12: 32-34.

7

Variáveis Metodológicas no Treinamento de Força

Elaborar uma sessão de treinamento de força envolve várias decisões, que incluem a definição do número de repetições por série, a velocidade de cada repetição, o tempo de repouso entre as séries e os exercícios, a quantidade de séries de cada exercício e a ordem em que eles serão realizados. Essas decisões envolvem variáveis importantes para o programa de exercícios, descritas a seguir:

- Número de repetições por série.
- Peso utilizado.
- Velocidade das repetições.
- Períodos de repouso entre as séries e os exercícios.
- Número de séries.
- Ordem dos exercícios.

Todo treinamento com pesos resulta em ganhos de força ou do volume muscular (hipertrofia) e resistência muscular localizada. Diferentes combinações de importantes variáveis para o programa resultam em aumentos mais pronunciados de força e hipertrofia do que em variáveis como potência e pico de força muscular (força máxima). Quando compreendemos os resultados específicos das mudanças nessas variáveis, como maior aumento de força, podemos elaborar sessões de treinamento com pesos que enfatizem os resultados almejados.

Nem todas as sessões de treinamento com pesos são elaboradas da mesma forma no que se refere aos ganhos específicos de aptidão física. É necessário, portanto, realizar uma avaliação para determinar o efeito do programa de treinamento. Atualmente, tem sido realizado um significativo número de pesquisas científicas, as quais sugerem alguns critérios relativos à forma como o treinamento específico interfere sobre essas variáveis.

Número de Repetições por Série

Assim como todas as decisões relativas às variáveis importantes para o programa de treinamento, o número de repetições por série deve ser estabelecido com base nos objetivos da sessão de treinamento. A carga utilizada está intimamente associada ao número de repetições. Cargas baixas permitem grande número de repetições, enquanto cargas elevadas possibilitam poucas repetições por séries. Isso tem levado ao desenvolvimento de fórmulas para definir o número de Repetições Máximas (RM). Uma carga em 6 RM é relativamente alta e, conseqüentemente, resulta na execução de até seis (e não sete) repetições, com o desenvolvimento de uma boa técnica de execução dos exercícios. A carga em 15 RM é menor do que a de 6 RM, e não permite mais do que 15 repetições.

Em conformidade com a proporção do número de Repetições Máximas (RM), as zonas de treinamento para certos números de repetições por série enfatizam objetivos ou resultados específicos do treinamento (Tabela 7.1).

Tabela 7.1 Zonas de treinamento em um *continuum* de repetições com ênfase em diferentes objetivos

Repetições por Série	Ganhos de Força Máxima	Hipertrofia Muscular	Resistência Muscular Localizada
1-3	Alto	Baixo	Baixo
4-6	Alto	Moderado	Moderado
7-12	Moderado	Alto	Alto
13-20	Baixo	Baixo	Moderado a Alto

A força máxima, definida como a capacidade de levantar a carga máxima em uma única repetição (1 RM), é enfatizada quando se executa menor número de repetições por série. O volume muscular (ou hipertrofia) é enfatizado quando são feitas aproximadamente entre 7 e 12 repetições por série. Com o propósito de reduzir a hipertrofia, deve ser desempenhado um número menor ou maior que 7 a 12 repetições por série. Da mesma forma, a resistência muscular localizada ou resistência anaeróbia é definida como a capacidade de adaptar e tolerar o ácido lático, essa resistência também é enfatizada quando são executadas aproximadamente 7 a 12 repetições por série. A resistência cardiovascular ou aeróbia é ressaltada quando se executa maior número de repetições (zona de treinamento entre 13 a 20 RM) por série. Os exercícios com pesos resultam em menores ganhos na resistência aeróbia do que treinamentos tradicionais, como ciclismo, natação, corrida ou remo (Capítulo 1).

O conceito de proporcionalidade de RM não implica desenvolvimento da força máxima somente na zona de treinamento entre 1 e 3 repetições, nem aumento de volume muscular apenas entre 7 e 12 repetições. A idéia de proporcionalidade de RM e carga cria uma alternância gradual nos objetivos do treinamento a serem enfatizados, já que o número de repetições por série pode aumentar ou diminuir de acordo com a carga utilizada. Desta forma, o treinamento na zona de 4 a 6 RM resulta em algum ganho de força máxima, enquanto o desempenho de 1 a 3 RM gera ganho um pouco maior de força máxima. Gradações semelhantes com outros objetivos do treinamento ocorrem em função do número de repetições realizados por série.

O posicionamento do *American College of Sports Medicine* (*Progression Models in Resistance Training for Healthy Adults*, 2002) recomenda em relação ao desenvolvimento da força que iniciantes devem treinar entre 8 e 12 RM, enquanto indivíduos intermediários e treinados devem treinar entre 1 e 12 RM de forma periodizada com eventuais ênfases em cargas intensas de 1-6 RM. Para a hipertrofia muscular é recomendado de 1-12 RM de forma periodizada, com ênfase em cargas que permitam realizar entre 6 a 12 RM. Note que ambas as recomendações para força e hipertrofia muscular não elegem somente a escolha de um determinado número de repetições por série, mas sim indicam ênfases de repetições por série no qual deveriam priorizar o delineamento do treinamento para obter ganhos de força e hipertrofia muscular.

As pesquisas nas Ciências dos Esportes apresentam a validade da proporcionalidade do RM (Atha, 1981; Kraemer et al., 1987, 1990, 1991 e 1993; McDonagh e Davies, 1984). Alguns projetos de pesquisa examinam a resposta fisiológica em uma sessão de treinamento executada com números diferentes de repetições por série. Outros projetos examinam a proporcionalidade de RM em grupos de indivíduos treinados com diferentes números de repetições por série.

Antes e depois do treinamento, os grupos analisados executaram vários testes de força e resistência muscular. Em um estudo realizado por Weiss et al. (1999), homens que não tinham experiência no treinamento com pesos fizeram durante 7 semanas, 3 dias por semana, 4 séries de agachamento a cada sessão de treinamento. Por outro lado, grupos que já faziam exercícios treinaram com 3 a 5 RM, 13 a 15 RM ou 23 a 25 RM e aumentaram em 1 RM a capacidade de força no agachamento de 75, 52 e 34 kg, respectivamente. Esse foi um aumento significativo para todos os grupos em comparação com as pessoas que não faziam treinamento. A única diferença importante entre os praticantes foi a seguinte: o grupo de 3 a 5 RM teve aumento significativo da força em relação ao de 23 a 25 RM. Os resultados demonstram que a capacidade de agachamento de 1 RM para indivíduos que nunca treinaram pode ser aumentada com a execução de qualquer número de repetições entre 3 e 25 por série. A capacidade de realizar 1 RM no agachamento ou no ganho de força máxima, entretanto, revelou-se maior do que na execução de poucas repetições por série.

A proporcionalidade do RM baseia-se no uso de pesos para determinado número de repetições máximas, implicando na condução das séries até a falha concêntrica. Isso não indica que todas as séries de uma sessão de treinamento precisam ser executadas até a fadiga muscular absoluta. A redução da qualidade técnica do exercício compromete a segurança do praticante e, por isso, qualquer série deve ser encerrada quando a execução for alterada de forma que comprometa a qualidade técnica de execução. Além disso, os ganhos enfatizados na força, dependendo dos objetivos no treinamento de força, ocorrem também quando as séries não são executadas até o limite da fadiga muscular (o praticante poderia executar mais uma ou duas repetições, se fosse necessário).

A Escolha do Peso

O peso utilizado está intimamente relacionado ao número de repetições em cada série. Existem dois métodos principais para sua determinação:

1. Encontrar o peso correto de RM para certo número de repetições ou zona de treinamento pela tentativa e erro.
2. Usar certa porcentagem do peso para 1 RM para executar determinado número de repetições por série.

O método de tentativa e erro envolve, simplesmente, aumento ou diminuição do peso usado em cada exercício ao longo de várias sessões de treinamento, até que se encontre o peso correto para determinada zona de treinamento ou número de repetições. Por exemplo, se o objetivo for treinar com um peso de 10 RM em determinado exercício e o praticante executar apenas 8 repetições por série com 50 kg, a carga será diminuída em aproximadamente 5 kg na próxima sessão de treinamento ou série para atingir o objetivo proposto. Essa redução deve resultar em uma carga próxima à utilizada para o peso em 10 RM para a série. Se o indivíduo puder executar 12 repetições com 50 kg, o peso deverá ser aumentado em 5 kg na próxima sessão de treinamento ou série. O aumento da carga deve resultar em um desempenho próximo a 10 RM. Ao longo das várias sessões de treinamento, o processo de ajuste das cargas resultará em uma carga de 10 RM para cada exercício, como estipulado inicialmente. Quando o praticante conseguir executar 10 repetições por série, com o número de séries estipulado em 2 sessões de treinamento consecutivas, o peso será aumentado de maneira que forneça o verdadeiro peso para 10 RM. Sempre que houver alteração no número de repetições por série ou zona de treinamento, será possível encontrar novamente o peso ideal pelo método de tentativa e erro.

Vale ressaltar que muitas vezes, ao aumentar a carga para 10 RM, por exemplo, é de extrema dificuldade realizar 2 ou 3 séries com essa mesma carga para 10 repetições. Se a carga realmente for para 10 RM, talvez na primeira série se consiga realizar as 10 repetições. No entanto, na segunda e terceira série com essa mesma carga, a tendência é que ocorra uma redução do número de repetições. Portanto, uma boa opção de treinamento é realmente manter um número de repetições em uma zona de treinamento. Como exemplo, as cargas podem ser determinadas para que se realize no mínimo 8 repetições e no máximo 12 repetições, ou seja, as cargas são estipuladas para que o treinamento ocorra entre 8 a 12 repetições (faixa de treinamento).

O uso de uma porcentagem do peso de 1 RM para executar certo número de repetições por série é outro método aplicado para determinar o peso, o que pode ser feito por teste ou estimativa, com o uso de uma equação ou tabela de predição baseada no número máximo de repetições permitido para determinado peso. Ao se usar esse método, devem ser considerados vários fatores.

Primeiramente, o teste para determinar 1 RM deve ser feito regularmente. A segurança desse teste pode ser garantida desde que sejam tomadas algumas precauções, como a presença de um assistente, por exemplo. Mesmo assim, como o exercício é realizado com a maior carga possível para apenas um movimento, o perigo é inerente. Em segundo lugar, se o praticante for um iniciante, o teste com levantamento de pesos 1 RM resultará em uma estimativa inferior a verdadeira carga máxima para uma repetição. A fim de obter a determinação real da carga para uma 1 RM, o praticante deve executar o exercício com pesos próximos ao máximo para uma repetição durante várias sessões de treinamento antes do teste final ou, então, deve ser treinado no número mais baixo de repetições por zonas de treinamento. Esse processo é realizado com o objetivo de gerar uma adaptação ao teste de 1 RM, para que quando finalmente realizar o teste, propriamente dito, as cargas obtidas sejam máximas em 1 RM.

Ao usar a equação para estimar a carga em 1 RM, também devem ser observados vários fatores, uma vez que qualquer predição tem margem de erro. Quatro equações bastante usadas superestimaram em 6,5 a 27,1% uma repetição máxima no agachamento em atletas (Ware et al., 1995). A predição mais acurada da carga em 1 RM é alcançada quando se usa o percentual de 80 e 95% de 1 RM para o supino e agachamento, respectivamente (Morales e Sobonya, 1996). De forma semelhante, também foi mostrado que se chega à melhor predição de 1 RM no supino quando podem ser executadas 10 ou menos repetições com determinada carga (Chapman et al., 1998). Desta forma, para minimizar o erro ao predizer uma carga em 1 RM, deve-se usar uma carga relativamente elevada que permita um número inferior a 10 repetições por série. Além disso, normalmente as equações para a predição de 1 RM são melhor aplicadas aos exercícios de grandes grupos musculares, como supino e agachamento com barras. Quando usadas para exercícios de pequenos grupos musculares, como tríceps ou flexão de joelhos, podem resultar em erros substanciais. Adicionalmente, existem diferenças no número de repetições possíveis até a falha concêntrica com certas cargas, mesmo em exercícios similares. Por exemplo, o número de repetições máximas possíveis no supino com pesos livres com um determinado percentual de carga de 1 RM será bem diferente ao executar o mesmo exercício supino em uma máquina. Certamente, para um mesmo exercício, com percentuais de cargas de 1 RM iguais, o número máximo de repetições pode diferir. Portanto, se a equação utilizada para predizer o número de repetições possíveis no supino com pesos for utilizada para predizer o número de repetições no supino na máquina, erros no resultado irão ocorrer.

O número possível de repetições com determinada porcentagem de 1 RM varia consideravelmente de exercício para exercício (Hoeger et al., 1987, 1990). Isso acontece indistintamente com praticantes iniciantes e treinados de ambos os sexos. A Tabela 7.2 apresenta exemplos de possíveis diferenças entre os exercícios, considerando-se o número médio de repetições possíveis em certa porcentagem do peso máximo em uma repetição máxima.

Tabela 7.2 Número de repetições possíveis através do percentual de 1 RM

Exercícios	40%	60%	80%
Leg-Press – Homens treinados	78	46	19
Flexão de Pernas – Homens treinados	24	15	7
Puxada no *Pulley* – Mulheres destreinadas	46	24	10
Rosca Direta – Mulheres destreinadas	25	14	6

(Hoeger et al., 1990)

Em geral, quanto maior a massa muscular envolvida no exercício, maior o número de repetições que pode ser executado com qualquer porcentagem da carga máxima em 1 RM. Desta forma, em exercícios como *leg-press* e supino, é possível maior número de repetições com certa porcentagem de 1 RM do que os feitos em massas musculares menores, como rosca direta e flexão de pernas. Essa diferença no número de repetições com certa porcentagem de 1 RM afeta drasticamente a predição da carga para 1 RM. Além disso, a prescrição com 80% do peso de 1 RM para 6 repetições por série resultará em significativa diferença na dificuldade de realizar exercícios diferentes. Por exemplo, seis repetições da flexão de pernas com 80% de 1 RM seria uma tarefa relativamente difícil para homens treinados, já que, em média, apenas sete repetições por série poderiam ser realizadas. Por outro lado, a mesma prescrição para um exercício de *leg-press* seria uma tarefa muito fácil, pois, em média, podem ser realizadas 19 repetições com 80% de 1 RM. Sempre que as porcentagens de 1 RM forem usadas na prescrição do exercício para certo número de repetições por série, essa prescrição deve ser considerada apenas como estimativa. Pode ser necessário ajustar a carga utilizada para respeitar as diferenças individuais, assim como a especificidade entre exercícios que envolvem quantidades diferentes de massa muscular.

Velocidade de Execução no Treinamento de Força

A velocidade na execução das repetições afeta várias considerações importantes no treinamento de força. Em primeiro lugar, algumas pessoas acreditam que quando se executa um movimento em velocidade rápida, o treinamento com pesos apresenta maior risco de lesões. Algumas evidências, embora ainda não verificadas cientificamente, confirmam esse ponto de vista, mas, em muitos casos, as lesões em exercícios executados rapidamente, como o arremesso ou arranque, resultam de técnicas incorretas do movimento, sem nenhuma relação com a velocidade de movimento. Infelizmente, não possuímos dados científicos disponíveis sobre lesões capazes de confirmar se a velocidade do movimento aumenta ou diminui potencialmente a ocorrência de lesões.

A repetição executada com movimentos rápidos, na maioria dos aparelhos, pode contribuir para elevar o potencial de lesões. Esse risco ocorre não pelo fato da velocidade de execução em si, mas sim de alguns problemas que podem ocorrer durante a execução de uma repetição. Como exemplo, ao passar da fase excêntrica para a concêntrica, ou vice-versa, em um aparelho de cabos, pode ocorrer uma deformação do cabo causando um "tranco" na articulação. Outro fato reside na questão de ao final do movimento de uma repetição, quando a ação muscular é finalizada, o momento de força provocar a continuidade do movimento, causando impacto à articulação. Considerando-se esses fatores relacionados, recomenda-se ao iniciante no treinamento com pesos executar as fases concêntricas e excêntricas de forma controlada na maioria dos exercícios. Certamente, a recomendação não se aplica aos exercícios que requerem movimentos velozes, que podem garantir o sucesso das repetições, como no caso do arranque.

A execução das repetições de forma controlada ajuda a garantir o aprendizado e a manutenção de técnica correta de execução do exercício. Desta forma, já se reduz o potencial de lesões graves em decorrência do desgaste induzido pela técnica incorreta. Mensurar o tempo de tensão pode ajudar alguns praticantes a executar o exercício de forma controlada. Por exemplo, contando em até dois tempos para cada fase concêntrica e em até três tempos para cada fase excêntrica. Outros indivíduos, no entanto, conseguem executar as repetições de forma controlada sem usar a técnica da contagem.

O aumento da velocidade do movimento realmente aumenta a potência durante o movimento (potência = força x distância/tempo), mas não tem efeito sobre o trabalho durante uma repetição (trabalho = força x distância). A relação entre velocidade de movimento e aumento da produção de potência tem resultado no uso de pesos mais leves e velocidades mais altas nos movimentos de vários atletas em treinamento. Vários estudos têm sido feitos sobre o efeito dos pesos mais leves e/ou moderados com movimentos em altas velocidades para a potência e a força desenvolvidas no treinamento (Crewther et al., 2005). Qualquer método de treinamento, inclusive com variações da velocidade do movimento, deve estar de acordo com os objetivos do programa. Uma comparação recente entre treinamentos tradicionais com cargas elevadas, que levam à produção de potência máxima e com velocidade muito baixa, mostra que cada método provoca respostas diferentes e significativas durante uma série com aproximadamente seis repetições (Keogh et al., 1999). Três métodos de treinamento distintos foram aplicados para o exercício supino executado em um aparelho computadorizado. O treinamento lento consistiu na execução de repetições com 55% de 1 RM e 5 segundos para completar as fases excêntrica e concêntrica. No treinamento de potência máxima, utilizou-se 30% de 1 RM. Durante a fase concêntrica, em cada repetição no supino, a velocidade de execução era a maior possível, já na fase excêntrica a velocidade de execução era lenta. O treinamento tradicional com cargas elevadas foi executado em seis repetições e resistência para 6 RM. Tanto no treinamento com baixa velocidade quanto no de potência máxima, obtiveram-se resultados significativamente mais baixos de força durante as fases excêntrica e concêntrica do que no treinamento tradicional com cargas elevadas. Os níveis de atividade eletromiográfica (EMG) em vários músculos envolvidos na execução do supino também se mostraram significativamente mais baixos, o que indica menor ativação muscular durante esses tipos de treinamento. Esses resultados podem levar à hipótese de que tanto o treinamento com velocidade muito baixa quanto o de potência máxima gerariam menores ganhos de força do que o treinamento tradicional com cargas elevadas. Isso não significa que os dois primeiros não aumentem a força máxima em algum grau, mas apenas que o ganho seria menor do que o alcançado pelo treinamento tradicional. O treinamento de potência máxima resultou em potência bem maior nas fases excêntrica e concêntrica do que o treinamento tradicional com cargas elevadas. Por outro lado, o treinamento com baixa velocidade resultou em potência significativamente menor do que o treinamento tradicional com cargas elevadas, tanto na fase excêntrica quanto na concêntrica. Com esses dados, seria possível concluir que o treinamento de potência máxima resulta em maiores ganhos de potência que o treinamento tradicional com cargas elevadas, algo mostrado pela comparação real desses dois tipos de treinamento (Newton et al., 1999). Já a prática com baixa velocidade resultaria em menores ganhos de potência em comparação com os outros dois tipos de treinamento.

O tempo de tensão (tempo total em que o músculo está contraindo) com baixa velocidade sob certo nível de estresse foi claramente mais longo e, durante o treinamento de potência máxima, significativamente mais curto do que no treinamento tradicional com cargas elevadas. Essa situação pode justificar a hipótese de que a resistência muscular localizada teria um aumento mais acentuado pelo treinamento com velocidade baixa do que pelo tradicional, que, por sua vez, resultaria em ganhos maiores do que os alcançados no treinamento de potência máxima.

Desta forma, a variação da velocidade do movimento resulta em respostas importantes e diferentes, que podem levar a adaptações ao treinamento em longo prazo. A variação da velocidade também pode ser um método para enfatizar determinados resultados em detrimento de outros. Por exemplo, se o objetivo for enfatizar o desenvolvimento da potência máxima, deve-se escolher o treinamento de potência; para enfatizar os ganhos de força máxima, o treinamento tradicional com cargas elevadas parece ser a melhor alternativa.

A Vantagem do Uso de Várias Velocidades de Movimento

A adoção de diferentes velocidades no treinamento pode ser importante para gerar ganhos máximos na força. Esse tipo de treinamento enfatizaria os ganhos de força e de potência nas diversas velocidades de execução, resultando em maior transferência de força e potência em outras tarefas, além do próprio treinamento. Essa idéia é sugerida por um estudo das alterações na capacidade de salto vertical em praticantes do sexo masculino com pelo menos um ano de experiência no treinamento com pesos (Adams et al., 1992). Os indivíduos, divididos em três grupos, treinaram durante duas semanas, dois dias por semana: um grupo treinou com rotina de agachamento típico; outro, com salto pliométrico típico, e um terceiro, com uma combinação do treinamento pliométrico. Em virtude da diferença na carga sustentada, o treinamento com agachamento foi executado a uma velocidade relativamente baixa, enquanto para o treinamento pliométrico, a velocidade foi relativamente alta. Todos os grupos obtiveram grande aumento na capacidade de salto vertical, com ganhos de 2,08 cm (agachamento), 2,4 cm (salto pliométrico) e 6,72 cm (combinação dos dois métodos). O aumento mostrado pelo grupo de treinamento combinado foi significativamente maior que os outros dois grupos.

Esse resultado foi verificado em outro estudo, no qual o grupo que executou uma combinação entre os treinamentos de potência e força apresentou maiores ganhos de potência e força em relação aos que seguiram somente um desses treinamentos (Harris et al., 2000). Esses dados sustentam a idéia de que o treinamento de força em velocidades variadas é importante para a obtenção de ganhos de força e potência, que podem ser aplicados nas atividades cotidianas e de desempenho atlético.

Velocidade Ótima do Movimento

A velocidade ótima do treinamento depende, em parte, dos objetivos a serem alcançados (Crewther et al., 2005). Dois estudos importantes que analisaram esse fato deram importante contribuição (Hakkinen e Komi, 1985a, 1985b) ao desenvolvimento do assunto. Em ambos os estudos, homens com nível de atividade física moderada treinaram durante 24 semanas. Compararam-se os resultados do treinamento feito com cargas elevadas em baixa velocidade com os do realizado com cargas leves em alta velocidade. O de cargas elevadas consistiu, essencialmente, no uso de 70 a 120% de 1 RM no agachamento; o de cargas baixas, em vários exercícios de salto apenas com o peso corporal e resistência extra, entre 10 e 60% de 1 RM. O treinamento com cargas elevadas resultou em um aumento médio de 30% na força máxima e de 7% na capacidade de salto vertical, enquanto o realizado com velocidade mais alta proporcionou incremento de 7% na força máxima e de 21% na capacidade de salto vertical. Os resultados indicam que quando se objetiva aumentar a força máxima, o treinamento tradicional com cargas elevadas é uma opção interessante. Quando se pretende, no entanto, ampliar a capacidade de salto vertical ou aumentar a potência em alta velocidade de movimento, o melhor é escolher o treinamento com alta velocidade.

Um estudo que analisou o treinamento da flexão de cotovelos (rosca direta) durante nove semanas, corroborou a hipótese de que o treinamento em velocidades diferentes tem resultados distintos (Moss et al., 1997). Os grupos foram treinados com 90% de 1 RM e duas repetições por série, 35% de 1 RM e sete repetições por série e 15% de 1 RM e 10 repetições por série. Cada sessão de treinamento consistia de 3 a 5 séries de flexão do cotovelo. Todos os grupos executaram os movimentos na maior velocidade possível. Em função da carga mais elevada, o grupo que treinou a 90% realizou o exercício a uma velocidade de execução relativamente baixa, enquanto os outros dois treinaram a uma velocidade mais alta. Os grupos de 90, 35 e 15% aumentaram a flexão de cotovelo para 1 RM em 15, 10 e 7%, respectivamente, o que mostra aumento consideravelmente maior do grupo de 90% em relação ao de 15%. Os resultados indicam que o treinamento com cargas elevadas e de baixa velocidade incrementam mais a força máxima do que o treinamento com cargas leves e velocidades elevadas.

A potência durante as flexões de cotovelo foi testada com 2,75 kg a 15, 25, 35, 50, 70 e 90% de 1 RM na fase pré-treinamento. Aumentos na potência foram significativamente maiores em todas as cargas treinadas, em conseqüência dos treinamentos entre 90 e 35% de 1 RM. Os aumentos na potência induzidos pelo treinamento de 35%, no entanto, foram relativamente consistentes com todas as resistências do teste (20 a 35%), ao passo que o grupo de treinamento a 90% mostrou aumento significativo na potência conforme se elevava a sobrecarga do teste (10% com 2,75 kg, passando para 40% a 90% de 1 RM no pré-treinamento). Não ocorreram diferenças relevantes no incremento da potência entre os grupos de treinamento entre 35 e 90% em nenhuma das resistências do teste. O treinamento com 15% de 1 RM gerou aumento grande na potência (de 10 a 15%) apenas a 50% ou menos de 1 RM.

Os resultados mostram que o treinamento com cargas elevadas (90% de 1 RM) e velocidades baixas de movimento eleva a potência em todas as velocidades, embora os aumentos específicos maiores ocorram com a utilização de cargas mais pesadas. O treinamento com moderados níveis de cargas (35% de 1 RM) e velocidade moderada irá consistentemente aumentar a potência em uma faixa ampla para diferentes cargas e velocidades de movimento. O treinamento com cargas leves (15% de 1 RM) e altas velocidades resulta em incremento de potência somente no caso de cargas relativamente leves (50% de 1 RM). Os resultados demonstram que, se o objetivo for aumentar a potência por um treinamento de força, recomendam-se cargas moderadas (35% de 1 RM). Os treinamentos com cargas elevadas ou muito leves resultam em especificidade de carga e velocidade em relação aos aumentos de potência.

Intervalo entre as Séries e os Exercícios

O período de repouso entre as séries e os exercícios durante uma sessão de treinamento tem influência significativa sobre a resposta ao treinamento: há grandes diferenças da resposta hormonal e do ácido lático no sangue em sessões idênticas, mas com períodos de repouso diferentes. O tempo de intervalo também determina a característica da recuperação que ocorrerá entre as séries e os exercícios. Caso sejam determinados períodos de descanso de 1 minuto, a capacidade de desempenho em várias séries do mesmo exercício diminuirá, o que não ocorrerá similarmente em períodos de descanso mais longos (Abdessemed et al., 1999). A duração do intervalo e o volume de treinamento em cada exercício ou sessão, portanto, condicionam a característica da fadiga desenvolvida durante a sessão. Esses fatores influenciam as adaptações fisiológicas que ocorrem durante o treinamento de força.

Arbitrariamente, os períodos de intervalo podem ser divididos em curtos (1 minuto ou menos), médios (2 a 3 minutos) e longos (mais de 3 ou 4 minutos). Normalmente, os períodos de repouso curtos entre as séries são mais usados em programas que adotam a metodologia do treinamento em circuito, que têm entre seus principais objetivos aumentar a aptidão cardiovascular. Programas de circuito podem efetivamente resultar em incremento no consumo máximo de oxigênio, medida clássica para determinação da capacidade cardiovascular. Nota-se, porém, que o aumento no consumo máximo de oxigênio é efetivamente menor do que o verificado em programas cardiovasculares tradicionais, como corrida, natação e ciclismo (Capítulo 1). Surpreendentemente, períodos de repouso com diferentes durações, mesmo inferiores a 60 segundos, podem ter impacto no total de calorias utilizadas no treinamento de força do tipo circuito (Haltom et al., 1999). Se uma sessão dessa modalidade for composta por dois circuitos com 16 exercícios e 20 repetições por série, sendo o período de intervalo entre séries e exercícios de 20 segundos, o gasto energético é maior durante a sessão de treinamento do que se o intervalo fosse de 60 segundos. No entanto, ao considerar a sessão de treinamento e a primeira hora de recuperação após a sessão, seria maior se os períodos de intervalo entre as séries e exercícios fossem de 60 segundos (277 *versus* 242 calorias). Isso significa que, para metabolizar as calorias de 1 kg de gordura, seriam necessárias de 28 a 32 sessões com períodos de descanso de 60 e 20 segundos, respectivamente. Desta forma, se o objetivo do programa de treinamento de força em circuito for metabolizar o máximo possível de calorias para maximizar a perda de gordura, é possível determinar maiores períodos de descanso entre as séries e os exercícios.

Períodos de descanso com duração intermediária permitem maior recuperação dos que os intervalos curtos, o que resulta em menor concentração de lactato sangüíneo (Kraemer et al., 1990, 1993), produto que, se aumentado, pode causar fadiga e desconforto. Por outro lado, os períodos de recuperação com duração média provocam maiores aumentos na força que os exercícios realizados com intervalos de curta duração, não permitindo grande intensidade de carga na sessão de treinamento. Por essa razão, os exercícios com intervalos intermediários são melhores para os iniciantes em programas de treinamento de força.

Em um estudo de Simão et al. (2006), foi verificado a influência de três diferentes intervalos de recuperação no desempenho da força em exercícios para grupos musculares distintos. Participaram do experimento 30 homens (31,13 ± 9,99 anos), fisicamente ativos. Na primeira visita, os indivíduos executaram o teste de 10RM, e após 48h foram reavaliados. A aplicação do teste 10 RM obedeceu a seguinte ordem: supino horizontal (SH), cadeira extensora (CE) e rosca bíceps (RB). Posteriormente, os indivíduos foram divididos em três grupos distintos (G1, G2 e G3) e foram testados em apenas um intervalo nas 4 séries em cada dia, sempre a mesma ordenação dos exercícios. Comparando o número de repetições dos três exercícios, todas as séries comparadas à 1ª apresentaram redução no número de repetições ($p<0,05$). O volume total de repetições apresentou-se maior no intervalo de recuperação de 120 segundos ($p<0,05$). Os dados desse estudo sugerem que intervalos de recuperação de 45, 90 e 120 s, apresentam redução do número de repetições máximas com a evolução das séries, em todos os intervalos de recuperação estudados. O volume total de repetições máximas por exercício, em todas as séries executadas, é afetado pelo tempo de recuperação (Tabelas de 7.3 a 7.6).

Tabela 7.3 Média e desvio padrão das repetições nos exercícios com intervalos de recuperação de 45 segundos

Exercício	1ª Série	2ª Série	3ª Série	4ª Série
Supino	10	7,13 ± 1,06 **	4,67 ± 1,68**	3,67 ± 1,45
Cadeira Ext.	10	8,47 ± 1,19**	6,73 ± 1,22**	5,07 ± 2,12**
R. Bíceps	10	6,93 ± 1,49**	4,93 ± 1,28**	4,40 ± 0,99

** Diferença significativa em relação à série anterior.

Tabela 7.4 Média e desvio padrão das repetições nos exercícios com intervalos de recuperação de 90 segundos

Exercício	1ª Série	2ª Série	3ª Série	4ª Série
Supino	10	8,13 ± 1,36**	6,27 ± 1,91**	5,33 ± 1,84
Cadeira Ext.	10	9,67 ± 0,49**	8,93 ± 0,88**	7,87 ± 1,46**
R. Bíceps	10	8,53 ± 1,06**	6,87 ± 1,41**	5,87 ± 1,96

** Diferença significativa em relação à série anterior.

Tabela 7.5 Média e desvio padrão das repetições nos exercícios com intervalos de recuperação de 120 segundos				
Exercício	**1ª Série**	**2ª Série**	**3ª Série**	**4ª Série**
Supino	10	9,13 ± 0,99**	7,33 ± 2,06**	6,80 ± 1,86
Cadeira Ext.	10	10	9,67 ± 0,49**	9,20 ± 1,01
R. Bíceps	10	9,20 ± 0,94**	8,0 ± 1,36**	7,33 ± 1,76

** Diferença significativa em relação à série anterior.

Tabela 7.6 Volume total de repetições por exercício (média ± desvio padrão). Valores obtidos através do somatório das quatro séries em cada exercício nos três diferentes tempos de intervalo			
Exercício	**Intervalo de Recuperação (segundos)**		
	45	**90**	**120**
Supino horizontal	25,47 (±1,44)	29,73 (±1,42) *	33,26 (±1,54) * ¥
Cadeira extensora	30,27 (±1,42)	36,47 (±0,91) *	38,87 (±0,78) * ¥
Rosca bíceps	26,26 (±1,32)	31,27 (±1,21) *	34,53 (±1,38) * ¥

* Diferença significativa em relação ao tempo de intervalo anterior.
¥ Diferença significativa em relação ao primeiro tempo de intervalo.

Normalmente, períodos longos de recuperação são adotados na sessão de treinamento pelos atletas de levantamento olímpico e halterofilistas, pois permitir maior tempo de recuperação faz que a alta intensidade de treinamento seja mantida. Essa forma de treinamento com intervalo mais longo promove poucas alterações no nível de lactato sangüíneo e, conseqüentemente, o índice de fadiga e desconforto muscular durante a sessão diminui, quando comparado a outras formas de intervalo de recuperação. Os períodos longos de repouso possibilitam a ressíntese quase completa das fontes de energia anaeróbias de curta duração e alto nível de energia (adenosina trifosfato e fosfocreatina), necessárias para indivíduos que treinam com cargas muito elevadas ou repetições próximas a 1 RM durante a sessão de treinamento. Além disso, períodos longos de intervalo permitem o uso das fontes de energia de curta duração e alta intensidade durante cada série, o que, posteriormente, reduzirá a influência do lactato sérico na sessão de treinamento. Caso o objetivo da sessão seja utilizar cargas máximas ou próximas à máxima (1 RM), períodos longos de intervalo são fundamentais.

A relação entre o período de intervalo e a capacidade de recuperação entre séries e exercícios resultou em recomendações de que quando o treinamento for direcionado para aumentos na força, intervalos de 3 minutos ou mais devem ser utilizados. Quando o treinamento de força for direcionado para a hipertrofia muscular, períodos de 1 a 2 minutos devem ser preconizados. Caso a resistência muscular localizada seja o objetivo primordial, intervalos menores do que 90 segundos devem ser utilizados (*American College of Sports Medicine*, 2002). Uma similar consideração em relação a intervalo entre as séries foi descrita por Crewther et al., (2005), onde períodos de intervalo entre 5 a 8 minutos são primordiais para desenvolvimento da potência muscular; intervalos entre 3 a 5 minutos permitem desenvolvimento da força muscular máxima; intervalos entre 1 a 2 minutos quando o objetivo for de hipertrofia muscular, e 30 a 60 segundos para o treinamento de resistência muscular localizada.

Concentração de Ácido Lático e Resposta Hormonal

Períodos de intervalo com durações variadas entre as séries e os exercícios efetivamente resultam em respostas fisiológicas diferentes, o que causa, em longo prazo, impacto positivo nos programas de treinamento de força de acordo com o objetivo almejado. Duas respostas fisiológicas ao treinamento de força variam de acordo com a duração do período de intervalo: a hormonal e a concentração do lactato (subproduto da utilização da glicose para a obtenção de energia por meio do metabolismo anaeróbico). Ao mesmo tempo em que as concentrações de ácido lático no músculo e do lactato aumentam, a ocorrência da fadiga e desconforto muscular fica mais evidente.

A participação de homens e mulheres em programas similares de exercícios com pesos, com sessões idênticas para o número de séries e exercícios, utilizando repetições máximas em intervalos de 3 minutos ou 1 minuto, mostram que, em intervalos de 1 minuto, a concentração de lactato é duas vezes maior do que com 3 minutos de intervalo (Kraemer et al., 1990, 1991, 1993). Isso resulta em maior desconforto com 1 minuto de intervalo. O lactato também é afetado pelo número de repetições em cada série. Nos mesmos experimentos citados acima (Kraemer et al., 1990, 1991, 1993), em que ambos os sexos realizaram o mesmo tipo de treinamento, mas variando o número de repetições por série, identificou-se que uma maior concentração de lactato ocorreu ao se realizar 10 RM do que em 5 RM. A concentração de lactato resulta da quantidade total de trabalho (repetições e carga utilizada) desempenhada durante uma sessão de treinamento, incluindo-se os períodos de intervalo entre as séries e os exercícios. Quando executadas sessões idênticas de treinamento e em uma delas há períodos de intervalo menores entre as séries e os exercícios, o trabalho total em cada minuto é maior, o que gera maior nível de lactato. Os períodos de repouso mais curtos, por possibilitarem menor tempo de recuperação das fontes de energia de rápida utilização (aláticas) entre as séries e os exercícios, contribuem ainda mais para o aumento do nível do lactato.

Para verificar a resposta do lactato, fez-se a comparação do desempenho em quatro sessões típicas de treinamento de força realizadas em 3 séries com 8 exercícios combinados com as seguintes opções: 5 RM e 10 RM, e períodos de descanso de 1 e 3 minutos entre as séries e os exercícios. Os resultados foram que a menor concentração de lactato ocorreu em 5 RM com 3 minutos de intervalo e a maior concentração de lactato foi em 10 RM com 1 minuto de intervalo. Entre esses dois extremos ficam as respostas das sessões de 5 RM (com período de recuperação de 1 minuto) e 10 RM (3 minutos de descanso). Vale assinalar que, em 5RM com intervalo de 1 minuto, a concentração de lactato foi levemente superior do que 10 RM com 3 minutos de intervalo.

Caso o objetivo do programa de treinamento de força seja promover a capacidade de aumentar a tolerância e melhorar a velocidade de remoção do lactato, as sessões poderiam ser realizadas com 10 RM e 1 minuto de intervalo. Um velocista de 200 ou 400 metros, por exemplo, teria benefícios com a adoção desse programa. Por outro lado, 1 minuto de intervalo não seria uma opção interessante para um iniciante em exercícios com pesos. Essa sessão resultaria em um nível relativamente alto de lactato, contribuindo para o aumento da fadiga e do desconforto muscular, motivo pelo qual muitas pessoas abandonam um programa de treinamento. A decisão no envolvimento de um programa resulta em altas concentrações de lactato e o praticante deve contar com o tempo necessário para acostumar-se a esses níveis. Inicialmente, isso pode ser conseguido com um período mais longo de intervalo, gradualmente reduzido conforme aumentasse sua tolerância ao lactato. Outra alternativa seria não utilizar métodos de estímulos à exaustão no início do programa de exercício, causando desconforto e desestímulo ao iniciante.

Programas tradicionais de treinamento em circuito, nos quais se adotam de 40 a 60% de 1 RM em cada exercício, resultam no aumento do lactato, embora ainda em grau significativamente menor do que o verificado em uma sessão de treinamento com séries múltiplas de 10 RM e curto período de intervalo (Kraemer et al., 1987). Em geral, os programas de treinamento em circuito com períodos pequenos de intervalo levam a um menor aumento do lactato se comparado com um programa de treinamento com séries múltiplas de 10 RM. Essa diferença deve-se, em parte, ao fato de a maioria das séries dos programas de circuito não ser conduzida até a exaustão, o que diminui a resposta do lactato.

A resposta do lactato deve ser considerada na organização do programa de treinamento de força, pois a tolerância à acidose pode ser um fator determinante para muitos atletas e praticantes experientes de programas de treinamento de força. Além disso, no caso de indivíduos iniciantes, altas concentrações de lactato podem diminuir o estímulo ao treinamento e até provocar o abandono do programa. Tanto a resposta do lactato como a adaptação hormonal podem ser similares ou significativamente diferentes, mesmo em sessões de treinamento idênticas, com variação somente na duração do intervalo entre as séries e os exercícios. Uma única sessão de treinamento aumenta as concentrações hormonais no sangue, mas alguns hormônios apresentam respostas diferentes pela variação dos períodos de intervalo e do número de repetições por série (Kraemer et al., 1990; 1991; 1993). A testosterona, por exemplo, é um hormônio que estimula o desenvolvimento e a manutenção das características sexuais masculinas, o padrão de crescimento dos tecidos e a síntese de proteínas. A concentração desse hormônio no sangue aumenta em função de um grande volume e intensidade nas sessões de treinamento. Sua concentração no sangue eleva-se significativa e proporcionalmente em resposta a uma sessão de treinamento de 5 RM com período longo de recuperação (3 minutos) ou de 10 RM com período curto de recuperação (1 minuto).

A resposta da testosterona, assim como a de qualquer outro hormônio, pode variar de acordo com a condição física ou o histórico de treinamento do praticante para sessões similares de treinamento. Durante as primeiras seis semanas de um programa de treinamento não periodizado, as concentrações de testosterona no sangue aumentam e depois voltam aos valores normais (Staron et al., 1994). Durante esse período inicial, a concentração de testosterona relaciona-se, sobretudo, à atividade das fibras de contração rápida (mudança da característica de IIb para IIa). Isso indica que os hormônios não são responsáveis apenas pela hipertrofia muscular, mas também estão associados a outras adaptações ao treinamento com pesos em longo prazo.

O hormônio do crescimento estimula a liberação de outros hormônios, como, por exemplo, os fatores de crescimento I (IGF1) e II (IGF2) relacionados à insulina, que estimulam a síntese protéica, o crescimento dos tecidos e o metabolismo. Esses hormônios, liberados em função do hormônio do crescimento, podem ter efeito tanto direto quanto indireto sobre os tecidos. A concentração do hormônio do crescimento no sangue aumenta significativamente com uma sessão de treinamento de 5 RM com repouso longo (3 minutos) e também com uma de 5 RM com repouso curto (1 minuto). Todavia, a concentração do hormônio do crescimento no sangue, estimulada por uma sessão de treinamento de 10 RM com repouso curto (1 minuto), é de 2 a 3 vezes maior do que a induzida pela sessão de 5 RM com intervalo longo ou curto. Essa resposta é consideravelmente maior que a das sessões de 5 RM. Por outro lado, a concentração do hormônio do crescimento no sangue em decorrência de uma sessão de 10 RM com recuperação longa (3 minutos) não se mostra notavelmente maior do que a verificada em estado de repouso. Desta forma, a resposta do hormônio do crescimento depende tanto da duração do período de repouso quanto do número de repetições por série, ou seja, volume total de treinamento em uma sessão.

A resposta do hormônio do crescimento a sessões de treinamento de indivíduos do sexo masculino apresenta significativa relação com a hipertrofia das fibras musculares de contração rápida e lenta durante oito semanas de treinamento (McCall et al., 1999). Por outro lado, os dados mostram relação importante entre as concentrações de testosterona no sangue e os aumentos de força resultantes do treinamento em homens de 70 anos de idade (Hakkinen e Pakarinen, 1994). Isso indica que a resposta do hormônio do crescimento no sangue a uma sessão de treinamento e as concentrações de testosterona são variáveis importantes para o desenvolvimento, em longo prazo, das adaptações fisiológicas ao treinamento de força.

A resposta do hormônio do crescimento ao treinamento anaeróbio tem apresentado uma ligação significativa com a concentração de lactato (íon de hidrogênio) no sangue (Gordon et al., 1994). É importante citar que o aumento da concentração de lactato em função de uma sessão de treinamento de 10 RM com período curto de intervalo é mais acentuado do que o observado em sessões de treinamento de 10 RM com período longo de recuperação, de 5 RM com intervalo longo e de 5 RM com período de repouso curto. Isso mostra que uma sessão de treinamento feita com o objetivo de produzir o maior aumento possível da concentração do hormônio do crescimento no sangue também resultará em significativo aumento no lactato. Desta forma, o indivíduo terá de suportar certo desconforto resultante do lactato durante uma sessão de treinamento com pesos, a fim de conseguir maior resposta hormonal e, portanto, considerável aumento potencial no tamanho do músculo ao longo do tempo.

Períodos longos de repouso entre séries e exercícios resultam em menor resposta do lactato que a verificada nos períodos curtos de repouso e, conseqüentemente, são boas opções para os iniciantes no treinamento. A menor resposta do lactato causará menor desconforto. Durante o período de recuperação, a técnica de execução do exercício seguinte pode ser explicada ou corrigida, para o caso de programas com séries múltiplas. A duração do período de repouso pode ser gradualmente reduzida conforme o indivíduo acostuma-se com as concentrações altas de lactato e adquire boa técnica de execução do exercício.

O período de repouso também afeta a duração total de uma sessão de treinamento. Por isso, a diminuição progressiva dos períodos de intervalo ocorre ao mesmo tempo em que a aptidão física permite certa vantagem, pois diminui a duração total da sessão de treinamento. Também é possível aproveitar os períodos de recuperação entre as séries e os exercícios para atividades de alongamento conduzidas de forma suave, por exemplo. O período de repouso entre séries e exercícios de forma ativa também reduz o tempo da sessão de treinamento, já que não haveria necessidade de repetir a atividade realizada durante o período de recuperação após o término da sessão.

Número de Séries

Vários fatores importantes devem ser levados em consideração durante a avaliação dos efeitos do número de séries em um exercício sobre as adaptações fisiológicas, em especial os aumentos de força. Um estudo comparativo das alterações de força em três diferentes programas de treinamento mostra vários desses aspectos (Willoughby, 1993). O treinamento com supino e agachamento foi executado durante 16 semanas. Os programas de treinamento realizados para comparação foram os seguintes: 5 séries de 10 repetições (5 x 10), 6 séries de 8 repetições (6 x 8) e um programa periodizado de potência e força tradicional em que o volume de treinamento diminuía e a intensidade do treinamento aumentava conforme o programa avançava. O aumento percentual em relação ao pré-treinamento em 1 RM no supino e no agachamento nos três programas de treinamento é apresentado na Tabela 7.7.

Tabela 7.7 Aumento percentual de carga no supino e no agachamento em 1RM resultante dos três programas de treinamento

	4ª semana	8ª semana	12ª semana	16ª semana
5 séries x 10 repetições				
- supino	5	4	5	8
- agachamento	4	7	10	15
6 séries x 8 repetições				
- supino	6	4	7	10
- agachamento	10#	12#	20#	23#
Periodizado				
- supino	6	12*	19*	24*
- agachamento	8#	12#	22#	33*

Significativamente maior que 5 séries x 10 repetições.

* Significativamente maior que 5 séries x 10 repetições e 6 séries x 8 repetições.

Os três programas aumentaram significativamente a força em 1 RM no supino e agachamento. Nos dois exercícios, porém, o programa periodizado resultou em maiores aumentos para 1 RM, mas o tempo necessário para tornar esses crescimentos notórios, em relação aos outros programas, variou entre os exercícios de supino e de agachamento. Se o estudo fosse concluído ao final de quatro semanas, a situação seria a seguinte: os resultados dos treinamentos periodizados e de 6 x 8 seriam iguais, e os ganhos para 1 RM seriam maiores tanto no supino quanto no agachamento, se comparados com os do programa 5 x 10. Após oito semanas, o treinamento periodizado resultaria em maiores aumentos em 1 RM no supino que os outros dois programas (5 x 10 e 6 x 8). Para o agachamento, após oito semanas, os resultados dos treinamentos periodizados e de 6 x 8 teriam os mesmos resultados, e os ganhos para 1 RM seriam maiores do que o programa de 5 x 10. Na 12ª e na 16ª semana, os resultados para o supino seriam iguais aos da 8ª semana, mas a diferença percentual entre o treinamento periodizado e os outros dois tipos teria sido muito maior; para o agachamento, levando a conclusão do estudo em doze semanas a apresentar os mesmos resultados da 8ª semana, mas a diferença percentual entre os grupos de treinamento de 6 x 8, o grupo periodizado e o de 5 x 10 seria maior. Em nenhum momento antes da 16ª semana de treinamento, os resultados teriam mostrado que o treinamento periodizado proporcionava aumentos significativamente maiores para 1 RM no agachamento que nos outros dois programas.

Esses estudos mostram claramente que a comparação entre os três programas de treinamento seria diferente, dependendo da duração do programa de treinamento, e apresentaria alterações de acordo com o exercício a ser realizado. Sempre que diferentes programas de treinamento são comparados, deve-se observar determinado tempo para as adaptações fisiológicas, caso se pretenda encontrar alguma diferença entre eles.

Em períodos curtos de treinamento, não se evidenciam as diferenças entre vários programas, pois todos resultam em ganhos de aptidão física, especialmente se os indivíduos nunca fizeram esse tipo de treinamento. A diferença entre os ganhos percentuais de força para 1 RM nos três programas de treinamento demonstra que pode ser difícil aplicar os resultados de um programa para determinado grupo muscular a todos os outros grupos musculares. A duração do treinamento e a generalização dos grupos musculares treinados são dois aspectos que merecem consideração quando se procuram diferenças entre programas, até mesmo entre os que examinam o efeito de diferentes números de séries por exercício.

Alguns estudos de curta duração não mostram diferenças no ganho de aptidão física resultante de uma ou múltiplas séries de um exercício. Como discutido anteriormente, isso pode acontecer por não ter sido dado tempo suficiente para que ocorram adaptações fisiológicas, as quais podem apontar as diferenças entre os programas. Além disso, praticamente todos os programas de treinamento proporcionam algum ganho inicial de força, especialmente em indivíduos não treinados. Esses ganhos resultam, em grande parte, do aprendizado da forma de execução do exercício ou das adaptações neurais, que, inicialmente, podem gerar ganhos significativos de força, além de mascarar qualquer diferença real entre os programas durante curtos períodos de treinamento. Talvez por isso muitos estudos de curta duração não apontem diferenças entre programas de treinamento, mesmo os relacionados a números de séries diferentes.

Com base em treinamentos mais longos, comparações realizadas recentemente entre variados números de séries mostram diferenças nos ganhos de aptidão física. Uma dessas comparações foi feita entre 1 série de 8 a 12 repetições até a exaustão, 3 séries de 10 repetições, no qual o número de séries e o de repetições variavam ao longo do programa (Kraemer et al., 1997). Os grupos foram constituídos de homens treinados. O treinamento foi executado 3 dias por semana durante 14 semanas. Todos os grupos treinaram em 2 sessões diferentes compostas de exercícios variados, alternados de acordo com a sessão de treinamento. Não foram apresentadas diferenças significativas nos grupos, quanto ao peso corporal total, à massa corporal magra ou ao percentual de gordura corporal medido nas dobras subcutâneas. Todos os integrantes aumentaram a força no teste de 1RM no exercício de agachamento. Após 14 semanas de treinamento, entretanto, a força para 1 RM no agachamento aumentou significativamente em conseqüência das 3 séries de 10 repetições (98 a 123 kg) (programa de séries múltiplas), no qual o número de séries e repetições era variado (110 a 135 kg), em comparação ao programa de série única (102 a 114 kg).

A resposta dos jogadores de futebol da primeira divisão do NCAA (*National Coach American Association*) a um circuito de série única e outro de 3 séries também foi mais favorável que a do programa de séries variadas (Kraemer, 1997). O treinamento durou 10 semanas, com freqüência de 3 vezes por semana. Os dois grupos treinaram com 8 a 10 repetições por série até a exaustão. Nenhum jogador sofreu lesões em conseqüência do programa de treinamento. Os resultados do teste de força são apresentados a seguir:

Tabela 7.8 Aumento percentual resultante de um circuito de série única *versus* um de 3 séries

	circuito de série única	circuito de três séries
supino: número de repetições com 80% de 1RM	9	32*#
agachamento: numero de repetições com 85% de 1RM	12	36*#
supino 1RM	4*	15*#
agachamento 1RM	3*	19*#

* Aumento significativo no pré-treinamento.

\# Significativamente maior que no circuito de série única.

Essa comparação mostrou ganhos significativos em 1 RM em razão tanto do treinamento em circuito como do de 3 séries. No entanto, os ganhos de força em 1 RM e a capacidade de desempenho no número de repetições utilizando uma carga submáxima foram significativamente maiores no programa de 3 séries, se comparado ao de 1 série. Maiores ganhos nas variáveis de aptidão física, tais como tarefas de desempenho motor e de potência, composição corporal, capacidade no salto vertical e força, também foram encontrados como resultado do circuito de séries múltiplas em várias outras comparações com o de série única. As comparações incluem um circuito de série única *versus* um treinamento de potência com séries variadas e múltiplas para jogadores de futebol da terceira divisão do NCAA (Kraemer, 1997); um programa de treinamento com série única de alta intensidade *versus* um programa com séries múltiplas e variadas para jogadores de futebol da terceira divisão do *National Coach American Association* (Kraemer, 1997); um programa de série única *versus* um programa recreativo com séries múltiplas e variadas para mulheres ativas (Marx et al., 2001) e um programa de série única *versus* um programa de séries múltiplas e variadas para jogadores de tênis do sexo feminino da primeira divisão do *National Coach American Association* (Kraemer et al., 2000).

As questões sobre quantas séries são necessárias para promover ganhos de força máximos têm sido investigadas por diversas meta-análises. Duas meta-análises comparando programas de série simples e programas de séries múltiplas concluem que estas resultam em significantes ganhos de força, ao contrário das série simples (Rhea et al., 2004; Wolfe et al., 2004). Isso é verdadeiro para indivíduos treinados e destreinados. Todavia, uma dessas meta-análises também conclui que, em indivíduos destreinados, programas de série simples resultam nos mesmos ganhos de força do que em séries múltiplas durante um curto período inicial de treinamento (Wolfe et al., 2004). Duas outras meta-análises concluem que para indivíduos destreinados e treinados, quatro séries por grupamento muscular resultam em ganhos de força máxima, enquanto oito séries por grupamento muscular são necessários em atletas competitivos para ganhos de força máxima (Peterson et al., 2004; Rhea et al., 2003). Todavia, o número de séries necessário para promover ganhos máximos de força em atletas competitivos precisa ser visto com certo cuidado e precaução, devido aos poucos experimentos utilizando elevados números de séries por grupamento muscular. A conclusão das três meta-análises indica que programas de séries múltiplas são necessários para promover ganhos máximos na força.

Relação entre Grande Número de Séries e Trabalho Total

Quanto maior o número de séries, maior a quantidade total de trabalho executado, o que afeta várias respostas fisiológicas da sessão de treinamento. Em mulheres, a comparação entre sessões de treinamento com oito exercícios em 1 série com 10 repetições e outro realizado em 3 séries de 10 repetições mostrou que a resposta do ácido lático, do hormônio do crescimento e do cortisol no sangue é significativamente maior na sessão com 3 séries de execução (Mulligan et al., 1996). Outro estudo semelhante, comparando-se a resposta adaptativa de homens em oito exercícios com 1 série e 10 repetições ou em 3 séries com 10 repetições, mostrou que a resposta do ácido lático, da testosterona, do hormônio do crescimento e do cortisol foi significativamente maior na sessão com 3 séries de 10 repetições (Glotshalk et al., 1997). Como discutido anteriormente, por causa da duração dos períodos de repouso entre as séries e os exercícios, maiores valores de lactato, os níveis de hormônios séricos são encontrados implicando diretamente no aumento da capacidade de resistência muscular localizada e o crescimento do músculo em longo prazo.

Os programas de uma única série também parecem resultar em ganhos significativos na aptidão física. Por outro lado, durante períodos de treinamento mais prolongados, os programas com séries múltiplas provocam maiores ganhos na aptidão física geral. No caso de tempo de treinamento limitado, os programas de série única são ideais. Para muitas pessoas, os benefícios na aptidão física resultantes de programas com uma série já podem bastar para atender suas necessidades relacionadas à saúde e atingir seus objetivos. No caso de praticantes de levantamento de pesos recreativos, o tempo adicional necessário para a execução de um programa com séries múltiplas, mesmo que gere maiores benefícios na aptidão física, pode tornar o treinamento razoavelmente cansativo. Por outro lado, para outros tipos de praticantes, pode ser conveniente aumentar o tempo do treinamento e executar um programa de séries múltiplas que cause maiores ganhos na aptidão física geral em longo prazo.

Ordem dos Exercícios

A ordem dos exercícios pode afetar a carga de treinamento a ser usada para determinado exercício em uma sessão de treinamento. Caso um certo exercício seja executado primeiro ou no início da sessão, a carga utilizada é maior do que se esse mesmo exercício fosse executado ao final da sessão (Simão et al., 2007, 2005; Spreuwenberg et al., 2006; Sforzo e Toey, 1996). Desta forma, se o supino for o primeiro exercício de uma sessão de treinamento, pode ser usado uma carga maior para um determinado número de repetições do que aconteceria se depois de outros exercícios, em especial após outros exercícios para peitoral ou tríceps. Isso ocorre, em grande parte, por causa da fadiga muscular causada pelos exercícios anteriores. A lógica da ordem dos exercícios relaciona-se ao efeito da fadiga acumulada em conseqüência da execução de outros exercícios antes do exercício priorizado. O fato de um menor número de repetições ocorrer ao final da sessão de treinamento para uma mesma carga no exercício selecionado, apresenta-se de forma semelhante tanto em exercícios uniarticulares, multiarticulares, parte superior ou inferior do corpo (Simão et al., 2007, 2005; Spreuwenberg et al., 2006; Sforzo e Toey, 1996).

Em estudo proposto por Simão et al. (2007), investigou-se a influência de diferentes ordens nos exercícios resistidos sobre o número de repetições. Participaram 23 mulheres voluntárias (24,2 ± 4,5 anos; 56,9 ± 4,7 kg; 162,3 ± 5,9 cm; 18,2 ± 2,9 %G) com experiência mínima de dois anos de treinamento. Os dados foram coletados em duas etapas: 1) determinação de uma repetição máxima (1 RM) nos exercícios *leg-press* (LEG), supino horizontal (SUP), cadeira extensora (EXT), desenvolvimento sentado (DES), cadeira flexora (FLE) e tríceps no *pulley* (TRI); 2) realização de três séries com dois minutos de intervalo entre as séries e exercícios até a exaustão com 80% de 1RM em duas seqüências (SEQA e SEQB). SEQA: SUP, DES, TRI, LEG, EXT e FLE e SEQB: FLE, EXT, LEG, TRI, DES e SUP. O número de repetições foi sempre menor nos últimos exercícios das seqüências ($p<0,05$), independente da ordenação. Conclui-se que o desempenho, tanto nos grandes como pequenos grupamentos realizados por último nas seqüências, resultou em um menor número total de repetições.

Tabela 7.9 Número de repetições por série em ambas as seqüências de exercícios (média ± desvio padrão).

		SUP	DES	TRI	LEG	EXT	FLEX
SEQ A	1ª série	10,2±3,1†	9,4±5,4	8,8±2,7†	23,9±8,7†	9,4±3,7†	15,7±6,1†
	2ª série	8,2±2,8	7,9±3,9	8,5±3,0	20,3±6,5‡	9,9±3,9‡	14,3±5,5‡
	3ª série	6,7±2,5	7,3±5,1	8,4±2,8	19,3±7,8§	9,8±3,9	13,4±5,5§
	Média total	8,4±3,1#	8,2±4,9#	8,6±2,8#	21,1±7,8#	9,7±3,8#	14,5±5,7#
SEQ B	1ª série	6,7±2,5	7,9±3,9	12,4±3,1	20,0±7,6	12,7±4,4	18,4±4,8
	2ª série	6,0±2,5	6,7±2,4	10,3±2,8	16,3±6,8	13,0±4,8	16,6±6,1
	3ª série	5,3±2,0	5,7±2,0	9,6±2,8	16,2±6,9	12,0±4,5	16,1±6,6
	Média total	6,0±2,4	6,8±3,0	10,8±3,1	17,5±7,2	12,5±4,5	17,0±5,9

† Diferença significativa quando comparado a primeira série da SEQ B.

‡ Diferença significativa quando comparado a segunda série da SEQ B.

§ Diferença significativa quando comparado a terceira série da SEQ B.

Diferença significativa quando comparado a média total da SEQ B.

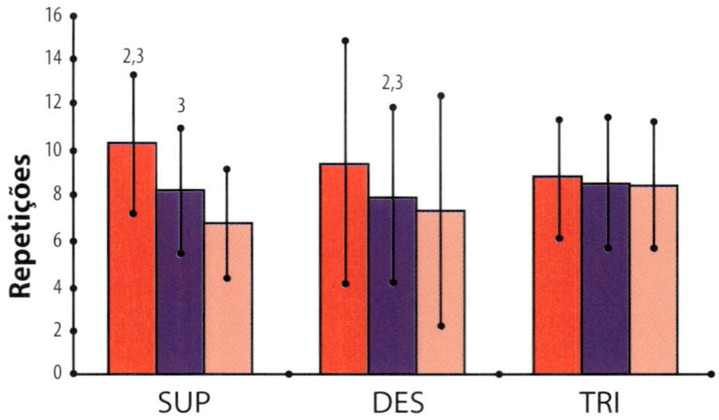

Gráfico7.1 Número de repetições por série na seqüência A (membros superiores). SUP = supino; DES = desenvolvimento; TRI = tríceps; 2 = diferença significativa para a segunda série do mesmo exercício; 3 = diferença significativa para a terceira série do mesmo exercício.

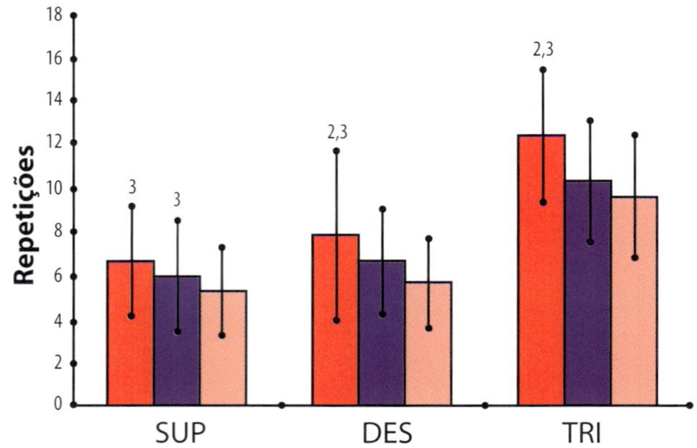

Gráfico 7.2 Número de repetições por série na seqüência B (membros superiores). SUP = supino; DES = desenvolvimento; TRI = tríceps; 2 = diferença significativa para a segunda série do mesmo exercício; 3 = diferença significativa para a terceira série do mesmo exercício.

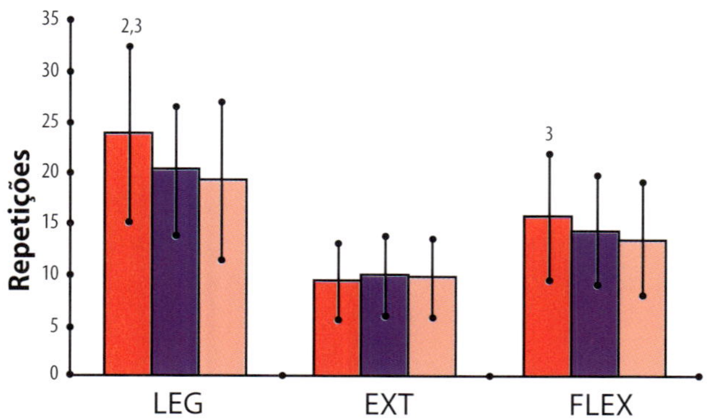

Gráfico 7.3 Número de repetições por série na seqüência A (membros inferiores). LEG = leg press; EXT = cadeira extensora; FLEX = cadeira flexora; 2 = diferença significativa para a segunda série do mesmo exercício; 3 = diferença significativa para a terceira série do mesmo exercício.

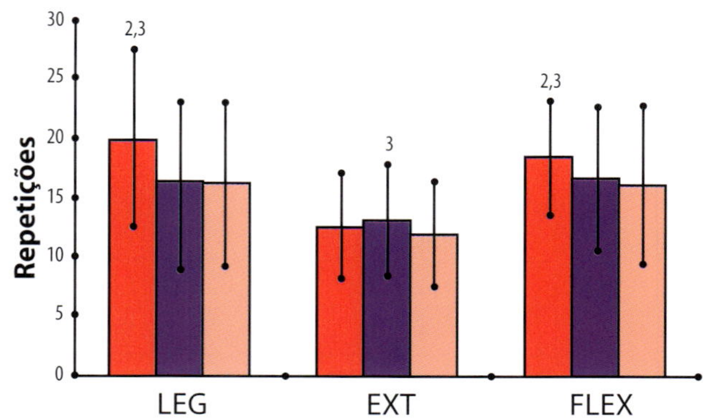

Gráfico 7.4 Número de repetições por série na seqüência B (membros inferiores). LEG = leg press; EXT = cadeira extensora; FLEX = cadeira flexora; 2 = diferença significativa para a segunda série do mesmo exercício; 3 = diferença significativa para a terceira série do mesmo exercício.

Legenda
- primeira sérire
- segunda série
- terceira série

Em outro estudo de Simão et al. (2005), foi investigado a influência de diferentes ordens nos exercícios resistidos sobre o desempenho em exercícios para membros superiores. O teste de 10 repetições máximas (10 RM) foi aplicado em cinco exercícios para membros superiores em 18 indivíduos (14 homens), com experiência mínima de seis meses de treinamento. Cada indivíduo completou duas sessões de treinamento com intervalo de 48 horas em um delineamento alternado. Uma sessão começou com os grandes grupamentos e progrediu para os pequenos grupamentos (SEQ A), enquanto na outra sessão foi realizada uma seqüência inversa (SEQB). A ordem dos exercícios na SEQA foi supino horizontal (SH), puxada pela frente (PF), desenvolvimento sentado (DS), rosca bíceps (RB) e rosca tríceps (RT). A SEQB seguia a seguinte ordenação: RT, RB, DS, PF e SH. Durante ambas as seqüências, três séries de cada exercício foram realizadas até a falha concêntrica e dois minutos de intervalo entre as séries foram fixados. Os resultados revelaram que o desempenho, tanto nos grandes como pequenos grupamentos, quando posicionados no fim das seqüências, associou-se a um menor número de repetições (p<0,05). Uma diminuição no número de repetições na terceira série foi igualmente observada, principalmente nos últimos exercícios de cada seqüência. Conclui-se que a ordem dos exercícios teve impacto no desempenho dos exercícios posicionados ao final das seqüências.

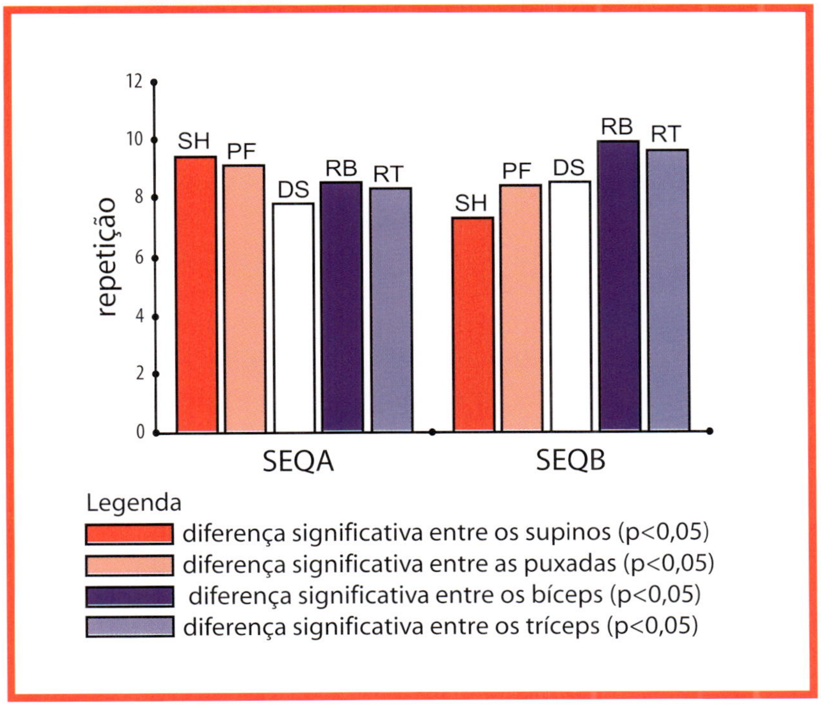

Gráfico 7.5 Número total de repetições em cada exercício.

É possível estabelecer várias ordenações para os exercícios, embora todas sejam variações de acordo com os objetivos determinados. O primeiro inclui exercícios para grandes grupos musculares ou várias articulações, tais como supino e agachamento com barras, antes da execução de exercícios para pequenos grupos musculares ou grupos isolados, como extensão de tríceps e de joelhos. A lógica dessa ordem permite atingir melhores resultados do treinamento com cargas elevadas para determinado número de repetições. Isso permitiria que os maiores grupos musculares fossem trabalhados antes de uma única articulação. Seria interessante ressaltar que esse treinamento levaria à fadiga parcial de um grupo muscular envolvido em exercícios para várias articulações, resultando, portanto, na limitação do desempenho nesses últimos exercícios. Essa ordenação dos exercícios é comum para a maioria dos praticantes de musculação e também em atletas que buscam aumento do desempenho e tem sido recomendada para aumentos de força máxima e hipertrofia muscular (ACSM, 2002). Adicionalmente, os proponentes dessa ordenação dos exercícios teorizam que a maioria das atividades diárias envolve atividades multiarticulares. Portanto, é senso comum que o treinamento deveria enfatizar a execução de exercícios multiarticulares primeiro de forma a aumentar o desempenho nas atividades diárias e desportivas.

Os exercícios isolados ou concentrados, ou seja, de pequenos grupos musculares, antes das atividades dos grandes grupos também é uma ordem bastante adotada. Um exemplo seria a execução de extensões e flexões de joelho antes dos agachamentos, método também conhecido como pré-exaustão. Acredita-se que ao fadigar os grupos musculares menores antes dos exercícios para os grupos musculares maiores, a produção de força desse grupo muscular utilizado será menor e, conseqüentemente, haverá mais estresse nos grupos musculares maiores. Para que o período da pré-exaustão seja bem-sucedido, deve-se induzir esse estado de fadiga nos grupos musculares mais fortes, e não nos mais fracos envolvidos no exercício para várias articulações. Por exemplo, se os músculos da região lombar estiverem no estado de pré-exaustão antes da execução dos agachamentos com barras, deverá ser utilizado menos peso, pois, para a maioria dos praticantes, os músculos da região lombar fadigam primeiro. Se, no entanto, a musculatura posterior de coxa for colocada em estado de pré-exaustão antes da execução dos agachamentos, será possível usar uma carga próxima ao normalmente utilizado no exercício, pois, para a maioria dos praticantes, a força dos posteriores de coxa não limita a capacidade no agachamento. Ao causar pré-exaustão sobre os posteriores de coxa, não se compromete a força de outros grupos musculares que deverão desenvolver o agachamento, sendo que os próprios posteriores de coxa terão de produzir a mesma força em um estado parcialmente fadigado.

Alguns dados indicam que a fadiga pode estimular o desenvolvimento da força (Rooney et al., 1994). Desta forma, o acúmulo da fadiga muscular seria um sinal fisiológico para as adaptações do treinamento, como o aumento da massa muscular. Muitos atletas de fisiculturismo usam as estratégias do treinamento de pré-exaustão, embora ainda não seja elucidado como a fadiga acumulada relaciona-se à massa muscular. No entanto, Augustsson et al., 2003) verificaram que apesar do uso difundido da pré-exaustão como uma técnica para aumentar a ativação do músculo objetivado (fatigado) durante exercícios multiarticulares, a pré-exaustão pode ter efeitos negativos no desempenho muscular. Os autores verificaram que os indivíduos executavam menor número de repetições para uma mesma carga no *leg-press* quando o faziam após a cadeira extensora. Conseqüentemente, os autores consideram que os instrutores de exercícios com peso deveriam reconsiderar seus efeitos na produção de força a ganhos musculares. Augustsson et al. (2003) consideram que o trabalho de pré-exaustão nos membros inferiores pode provocar efeitos desvantajosos no desempenho muscular e redução na força, visto que os sujeitos avaliados não conseguiram realizar o número de repetições estipulado.

Outro conceito importante refere-se à ordem em que os exercícios são realizados: seqüenciais x alternados. A ordem seqüencial está relacionada com a execução de dois ou mais exercícios consecutivos para o mesmo grupamento muscular, tais como dois exercícios de rosca direta para o braço. Outro exemplo de ordem seqüencial: supino horizontal, desenvolvimento em pé e tríceps no *pulley*, todos seguidos. A execução desses três exercícios tem em comum a utilização do grupo muscular tríceps, o que torna o treinamento bastante fatigante, pois está sendo estimulado em três exercícios sucessivos, o que resulta em alta concentração de lactato. Essa alta concentração de lactato local com certeza causará desconforto e, por isso, a ordem cumulativa deveria ser considerada como estratégia para programas de treinamentos avançados. A ordem seqüencial é usada por muitos fisiculturistas para induzir a hipertrofia muscular, embora ainda não existam estudos conclusivos sobre o tema.

Na ordem alternada, exercícios para o mesmo grupo muscular não são executados em seguida, há alternância entre dois ou mais grupos musculares. Como exemplo de ordem de alternada exercícios, pode-se citar a execução de supino e *leg-press*. Nesse caso, os exercícios permitem alternar as partes superior e inferior do corpo. Vale lembrar que muitas outras ordens podem ser utilizadas. Mais um exemplo: tríceps no *pulley*, extensão do joelho, rosca direta e flexão de tronco parcial. Quando os exercícios alternam os grupos musculares estimulados, os grupos não solicitados acabam tendo breve período de recuperação. Desta forma, o treinamento torna-se menos fatigante para determinados grupos musculares, pois resulta em menor concentração de lactato em comparação com os exercícios seqüenciais. Por esse motivo, a ordem alternada é uma boa opção para os iniciantes em programas de treinamento com pesos.

Uma boa progressão do nível de estresse causado pelo exercício pode ser obtida com exercícios em ordem alternada e, posteriormente, seqüencial. Quando isso é programado, a sobrecarga utilizada para determinado número de repetições de um exercício será menor, especialmente no fim da sessão, pois a ordem seqüencial é mais fatigante que a alternada. O mais interessante, portanto, é permitir que o praticante acostume-se gradativamente com a nova ordem do exercício. Essa adaptação pode ocorrer com a ordem seqüencial em apenas uma das sessões semanais e a alternada nas restantes, durante as outras várias semanas. Isso permitirá que se acrescente outra sessão seqüencial a cada uma ou duas semanas, até que o praticante execute a ordem seqüencial de modo concentrado e o número de sessões desejado.

A priorização da ordem do treinamento é outro fator relacionado ao programa, pois os exercícios mais importantes devem ser executados primeiro em cada sessão (Simão et al., 2005; 2007). Essa ordem permite que o praticante utilize a maior carga possível para determinado número de repetições e, desta forma, aumente as possibilidades de adaptação dos grupos musculares envolvidos. Por exemplo, se o principal objetivo do programa de treinamento for aumentar a força dos membros inferiores, para que o indivíduo suba escadas facilmente ou um atleta salte mais alto, a prioridade será escolher os exercícios para a perna como os primeiros da sessão.

De acordo com o modelo do sistema de prioridade, se a sessão de treinamento tiver como objetivo promover um aumento na produção de potência máxima, levantamento terra com extensão do tornozelo e exercícios pliométricos deveriam ser os primeiros de cada sessão. Durante o treinamento, devem ser promovidas adaptações fisiológicas que estimulem o aumento da produção de potência máxima, algo limitado pela fadiga. Caso o treinamento de potência seja executado em um estado de fadiga, o praticante estará treinando o desenvolvimento da potência máxima em um estado que pode prejudicar o desempenho, se comparados os níveis fadigado e não-fadigado. Em alguns casos, um dos objetivos do treinamento pode ser exatamente o desenvolvimento da potência máxima em estado fadigado. Por exemplo, habilitar um jogador de vôlei a saltar durante a última parte do primeiro *set*. Nesse caso, a execução de treinamento de potência em estado parcialmente fadigado parece ser interessante.

Uma consideração final em relação à ordem refere-se aos novos exercícios cuja técnica de execução correta ainda está sendo aprendida pelo praticante. Em situações desse tipo, a fadiga pode limitar a capacidade de corrigir a técnica de qualquer exercício novo, sobretudo dos mais difíceis, que envolvem múltiplas articulações. Por isso, os novos exercícios devem ser executados no começo da sessão de treinamento, para facilitar a execução correta da técnica. Em geral, é importante usar cargas inferiores ao máximo para determinado número de repetições. Cabe salientar também que a execução de novos exercícios no início de cada sessão pode funcionar como aquecimento.

Utilização de Diferentes Exercícios para o Mesmo Grupamento Muscular

Uma forma de variar o programa de treinamento de força pode ser modificar o exercício para determinado grupamento muscular. Por exemplo, após três ou quatro semanas de execução da flexão de cotovelo em equipamento, o exercício pode ser substituído pela flexão de cotovelo em pé (rosca bíceps) com halteres. Práticas de execução em diferentes exercícios para o mesmo grupo muscular podem alterar o padrão de recrutamento dos músculos envolvidos (Avedisian et al., 2005; Cogley et al., 2005; Stoutenberg et al., 2005). Caso haja mais de um músculo envolvido no exercício, a ordem de recrutamento e o momento em que se aproxima da produção de força máxima possível podem ser alterados, caso sejam feitos exercícios diferentes. A ordem de recrutamento de diferentes porções musculares e de suas fibras também pode ser modificada quando o praticante executar diferentes exercícios para o mesmo músculo, principalmente se a intensidade do esforço for submáxima. A variação dos exercícios para um mesmo grupo muscular ao longo do tempo tem como propósito garantir uma motivação, já que dificilmente um indivíduo realiza o treinamento máximo. Isso talvez garantisse aumentos similares na força e na hipertrofia muscular em todo o músculo.

Mesmo quando se executa um exercício com 1 RM, nem todos os músculos envolvidos ou suas porções são recrutados em máxima tensão. Por exemplo, na execução de um agachamento máximo com a barra, com estímulo total do quadríceps e do posterior de coxa em determinado momento, há várias possibilidades:

1. Se esses dois músculos tiverem o mesmo comprimento, não haverá movimento na articulação do joelho.
2. Se o quadríceps for mais forte que o posterior de coxa, o joelho será estendido.
3. Se o posterior de coxa for mais forte, o joelho será flexionado.

A ativação máxima de todos os grupos musculares e suas porções durante todo o tempo de um exercício é impossível e poderia resultar em fadiga ou movimento com mecânica e direção incorretas.

Normalmente, a alteração da mecânica do exercício de um grupo muscular pode privilegiar determinadas porções musculares ou grupo muscular em detrimento de outros, menos estimulados. Mudar o exercício não resulta no estímulo a outros músculos ou em sua porção ou grupamento, mas sim na possibilidade de maior ênfase em determinada porção ou grupo muscular. Muitos indivíduos sugerem que a execução de supino nas modalidades inclinada, invertida e horizontal enfatiza partes diferentes de um músculo ou grupo muscular, idéia confirmada pelos dados eletromiográficos (EMG) (Branett et al., 1995). Em um supino com pegada aberta, ocorreram modificações de pico de estimulação no músculo peitoral, de modo significativamente diferente em cada um dos três tipos de exercícios. A maior ativação ocorreu no supino horizontal, seguido do invertido e, depois, do inclinado. Apesar de não haver diferença significativa entre o uso da porção superior da musculatura peitoral no supino horizontal e no supino inclinado, ambos apresentam um estímulo consideravelmente maior que o supino invertido (declinado). O uso do deltóide anterior ocorreu mais intensamente no supino inclinado, seguido do horizontal e, depois, do invertido. Por outro lado, a atividade do tríceps (porção longa) mostra-se consideravelmente maior no supino horizontal do que nos outros dois exercícios. Isso indica claramente a alteração da ênfase em vários músculos, pois são aplicados exercícios diferentes para os mesmos grupos musculares.

Muitos exercícios podem ser modificados com a mudança de posição das mãos e dos pés. No agachamento com barras, pode haver maior ou menor abertura dos pés. Quando em posição menos aberta (75% da largura do ombro) ou mais (140% da largura do ombro), com o uso de uma resistência de 75% de 1 RM, o estímulo do músculo muda significativamente (McCaw e Melrose, 1999). A atividade eletromiográfica (EMG) do grupo muscular quadríceps (reto femoral, vasto lateral e vasto medial) não varia de forma relevante em posições com aberturas diferentes, embora a atividade muscular envolvida na adução de coxas (adutor longo) e glúteo máximo seja maior em posição mais aberta. A atividade dos músculos posteriores de coxa (bíceps femoral) não apresenta variações significativas em posições com diferentes distâncias entre os pés. Isso demonstra que exercícios distintos que envolvem os mesmos grupos musculares podem alterar a atividade de alguns músculos no exercício, mas não a de outros.

Evidencia-se, desta forma, que a atividade dos músculos pode realmente mudar quando se executam exercícios diferentes para o mesmo grupo muscular. Variar os exercícios é uma forma de alterar o estímulo nos músculos e em suas porções requeridas no exercício. Além disso, muitos praticantes acreditam que a alteração dos exercícios para um grupo muscular ajuda a tornar o programa mais interessante e, conseqüentemente, garante o contínuo desempenho no treinamento. Vale ressaltar que essas alterações podem ou não ocorrer dependendo, sobretudo, da intensidade de esforço.

Freqüência de Treinamento

Os praticantes de musculação que treinam recreativamente têm, em geral, freqüência de duas ou três sessões por semana, com um ou dois dias de repouso entre elas. Essa freqüência de treinamento parece ser realmente efetiva para gerar ganhos na força muscular e na aptidão física nesses indivíduos e têm sido uma recomendação apropriada para iniciantes e intermediários (ACSM, 2002). Uma meta-análise também evidencia as recomendações acima citadas para sujeitos iniciantes que desejam um *continuum* de aumento de força máxima e evidencia que um grupo muscular deve ser treinado até três vezes por semana (Rhea et al., 2003).

Ainda assim, existem algumas limitações na interpretação das pesquisas relativas à freqüência de treinamento. Em primeiro lugar, a maioria dos experimentos analisa períodos curtos (até 12 semanas) e homens adultos e treinados. Em algumas pesquisas, observou-se o treinamento em apenas um grupo muscular, o que torna discutível a validade dos resultados para outros grupos musculares. A maioria dos estudos que compararam diferentes freqüências de treinamento com uma a duas séries de um exercício por sessão deixa margem de dúvidas quanto à aplicação das conclusões para programas com maior volume. Além disso, todas as comparações de freqüências de treinamento partem do pressuposto de que o programa seguido em cada sessão é eficaz, mesmo porque os resultados são aparentes. Caso ocorra o inverso, ou seja, o programa não tenha apresentado nenhuma diferença nas adaptações, como ganhos na força e no volume, isso se deve pela variação da freqüência do treinamento. Apesar disso, uma interpretação cuidadosa das evidências indica que uma freqüência de treinamento duas ou três vezes por semana com cada grupo muscular, executando-se de uma a três séries por exercício em cada sessão, resulta em ganhos significativos de aptidão física e saúde. De um ponto de vista prático, um programa com essa regularidade encontra lugar na agenda da maioria dos praticantes.

Sessões de treinamento com maior freqüência, porém, podem gerar maiores ganhos de força e volume muscular, em especial para indivíduos já treinados. Um experimento em relação à freqüência do treinamento dos jogadores de futebol universitários americanos, demonstrou que parece ser ideal treinar entre quatro a cinco vezes por semana, pois essa freqüência resultou em maiores ganhos de força. Também é possível assiduidades muito altas resultem em ganhos menores na aptidão física e na força muscular em relação ao esperado (Hoffman et al., 1990). No estudo de Gilliam (1981), a comparação entre treinamentos de uma a cinco sessões por semana demonstra que, com cinco e três sessões por semana, os ganhos de força de 1 RM são consideravelmente maiores do que com uma e duas sessões semanais. Outro estudo demonstra que a freqüência de quatro sessões por semana apresenta resultados superiores aos conseguidos em três sessões semanais (Hunter, 1985). Esses estudos apresentam as mesmas limitações encontradas na comparação com qualquer outro estudo que relacione freqüências de treinamento. Esses experimentos indicam que freqüências de treinamento superiores a três vezes por semana são mais eficazes para determinados indivíduos do que sessões com menor freqüência.

Um fator importante a ser considerado é que a freqüência do treinamento pode ser aumentada mais facilmente quando os mesmos grupos musculares não são treinados em todas as sessões. Por esse motivo, os programas para segmentos corporais geralmente são organizados em cinco ou seis sessões semanais. Nesse tipo de programa, treina-se uma parte corporal ou grupo muscular apenas uma ou duas vezes por semana. Desta forma, são executados vários exercícios para cada grupo muscular e, normalmente, múltiplas séries de cada um. Em determinado dia, um certo grupo muscular é treinado com um volume relativamente mais alto.

Os adeptos do treinamento para segmentos corporais acreditam que a menor freqüência de treinamento do grupo muscular estimulado com maior volume, seguido de uma recuperação mais longa, pode trazer maiores ganhos de força e de aptidão física do que sessões mais freqüentes. Os fisiculturistas têm apresentado grandes ganhos em hipertrofia e força em programas para segmentos corporais, embora não existam estudos conclusivos a esse respeito.

Duas a três sessões de treinamento para todos os segmentos corporais (pelo menos um exercício para cada grupo muscular principal), separadas por um dia de repouso, são mais eficazes e apropriadas aos praticantes de programas de musculação em um treinamento com pesos. Sessões mais freqüentes podem resultar em maiores ganhos de força e aptidão física, em especial para os praticantes veteranos. Os programas para segmentos corporais, como já explicitado, também podem ser usados, mas esse tipo de programa exige sessões diárias de treinamento, algo que pode ser impossibilitado pelos compromissos do cotidiano.

Como acontece com todos os programas de musculação, o aspecto mais importante é a freqüência e a regularidade no treinamento. Caso um praticante, em função do horário de suas outras atividades diárias, tenha de executar um treinamento de três dias seguidos, perceberá que o programa resulta em ganhos de força e aptidão física. Nesse caso, pode ser que ele seja obrigado a reduzir a intensidade e o volume do treinamento na 2ª e 3ª sessão de cada semana, até que haja a adaptação. Mesmo assim, o programa conduzirá a ganhos de força e hipertrofia, sendo melhor executá-lo do que não ter envolvimento em treinamento algum.

Freqüência elevada de treinamento de quatro a seis vezes semanais tem sido recomendada para indivíduos treinados, sendo cada grupamento muscular treinado duas a três vezes semanais, com intervalos entre as sessões de treinamento suficientes para que o estímulo aplicado seja recuperado (ACSM, 2002). Uma meta-análise suporta as recomendações acima citadas e indica que uma freqüência de treinamento de duas vezes por semana para cada grupamento muscular resulta em maiores ganhos de força máxima (Rhea et al., 2003)

Duas Sessões Diárias de Treinamento (Treinamento Parcelado)

Alguns atletas de elite, envolvidos em programas de treinamento de força, como os halterofilistas olímpicos, por exemplo, executam duas ou mais sessões de treinamento por dia. Geralmente, adota-se essa prática para aumentar o volume total ou manter uma intensidade muito alta do treinamento. Com duas sessões diárias, torna-se possível executar um maior número de exercícios e séries, o que resulta em maior volume total de treinamento. Além disso, no intervalo das duas sessões diárias, o praticante recupera-se física e mentalmente, de modo a aumentar a capacidade de desempenho em comparação com os resultados de apenas uma sessão mais longa. Os atletas de elite treinados em programas com pesos recuperam a capacidade de produção de força máxima no intervalo entre as sessões da manhã e da tarde (Hakkinen, 1992; Hakkinen et al., 1988). Eles não apresentam reduções na força máxima em conseqüência de períodos curtos (uma a duas semanas) com múltiplas sessões de treinamento por dia (Kauhanen e Hakkinen, 1989; Warren et al., 1992). Em alguns casos, porém, constata-se moderada redução na capacidade de salto vertical. Além disso, todos os sintomas de intolerância ao treinamento ficam aparentes após um programa curto em diversas sessões por dia. Os halterofilistas olímpicos, por exemplo, também mostraram aumentos mais significativos nos resultados de força máxima em duas sessões de treinamento diárias do que em uma sessão diária durante duas semanas de treinamento (Hakkinen e Pakarinen, 1991). O conjunto dessas informações indica que atletas de elite envolvidos em programas de treinamento com pesos podem tolerar sessões múltiplas de treinamento por dia, que, por sua vez, podem levar a aumentos mais acentuados na força muscular do que em uma única sessão.

Embora duas sessões de treinamento por dia possam resultar em maiores ganhos de força muscular em relação a uma sessão por dia, a diferença revela-se relativamente pequena. Além disso, duas sessões por dia exigem disponibilidade de dois períodos, o que muitas vezes não é conveniente para a maioria dos adeptos dos programas de musculação. A adoção de um programa de múltiplas sessões por dia é uma estratégia interessante para o treinamento avançado, geralmente não recomendado para praticantes envolvidos em programas de musculação que não possuam objetivos competitivos.

Elaborar uma sessão de treinamento envolve várias decisões. Cada uma dessas sessões consiste em um bloco que constrói o planejamento de treinamento em longo prazo. Por isso, cada sessão deve ser muito bem pensada e elaborada com o intuito de proporcionar ganhos de força muscular e hipertrofia de nível ótimo em longo prazo. No próximo capítulo, serão descritas várias estratégias de treinamento em longo prazo usadas com freqüência para elaborar cada sessão.

Referências Bibliográficas

Abdessemed D, Duche P, Hautier C, Poumarat G, Bedu M. Effect of recovery duration on muscular power and blood lactate during the bench press exercise. International Journal Sports Medicine. 1999; 20: 368-373.

Augustsson J, Thomeé J, Hõrnstedet P, Lindblom J, Karlsson J, Grimby G. Effect of pre-exhaustion exercise on lower-extremity muscle activation during a leg press exercise. Journal Strength Conditioning Research. 2003;17:411-416..

American College of Sports Medicine. The recommended quantity and quality of exercise for developing and maintaining cardiorespiratory and muscular fitness, and flexibility in healthy adults. Medicine Science Sports Exercise. 1998; 30: 975-991.

American College of Sports Medicine. Progression models in resistance training for healthy adults. Medicine Science Sports Exercise. 2002; 34: 364-380.

Adams K, O'Shea JP, O'Shea KL, Climstein M. The effect of six weeks of squat, plyometric and squat-plyometric training on power production. Journal Applied Sport Science Research. 1992; 6: 36-41.

Atha J. Strengthening muscle. Exercise Sport Science Reviews. 1981; 9: 1-73.

Avedisian L, Kowalsky DS, Albro RC, Goldner D, Gill RC. Abdominal strengthening using the abvice machine as measured by surface electromyographic activation levels. Journal Strength Conditioning Research. 2005; 19: 709-712.

Barnett C, Kippers V, Turner P. Effects of variations of the bench press exercise on the EMG activity of five shoulder muscles. Journal Strength Conditioning Research. 1995; 9: 222-227.

Chapman PP, Whitehead JR, Binkert RH. The 225-lb reps-to-fatigue test has a submaximal estimate of 1-RM bench press performance in college football players. Journal Strength Conditioning Research. 1998; 12: 258-261.

Cogley RM, Archambault TA, Fiberger JF, Koverman MM, Youdas JW, Hollman JH. Comparison of muscle activation using various hand positions during the push-up exercise. Journal Strength Conditioning Research. 2005; 19: 628-633.

Crewther B, Cronin J, Keogh J. Possible stimuli for strength and power adaptation acute mechanical responses. Sports Medicine. 2005; 35: 967-989.

Fleck SJ, Kraemer WJ. Designing Resistance Training Programs. Champaign: Human Kinetics, 2004.

Gilliam GM. Effects of frequency of weight training on muscle strength enhancement. Journal Sports Medicine. 1981; 21: 432-436.

Gordon SE, Kraemer WJ, Vos NH, Lynch JM, Knuttgen HG. Effect of acid-base balance on the growth hormone response to acute high-intensity cycle exercise. Journal Applied Physiology. 1994; 76: 821-829.

Gotshalk LA, Loebel CC, Nindl BC, Putukian M, Sebastianelli WJ, Newton RU, Hakkinen K, Kraemer WJ. Hormonal responses of multiset versus single-set heavy-resistance exercise protocols. Canadian Journal Applied Physiology. 1997; 22: 244-255.

Hakkinen K. Neuromuscular responses in male and female athletes to two successive strength training sessions in one day. Journal Sports Medicine Physical Fitness. 1992; 32: 234-242.

Hakkinen K, Komi PV. Changes in electrical and mechanical behavior of leg extensor muscles during heavy resistance strength training. Scandinavian Journal Sports Science. 1985; 7: 55-64.

Hakkinen K, Komi PV. The effect of explosive type strength training on electromyographic and force production characteristics of leg extensor muscles during concentric and various stretch-shortening cycle exercises. Scandinavian Journal Sports Science. 1985; 7: 65-76.

Hakkinen K, Pakarinen A. Serum hormones in male strength athletes during intensive short-term strength training. European Journal Applied Physiology. 1991; 63: 194-199.

Hakkinen K, Pakarinen A. Serum hormones and strength development during strength training in middle-aged and elderly males and females. Acta Physiologica Scandinavica. 1994; 150: 211-219.

Hakkinen K, Pakarinen A, Alen M, Kauhanen H, Komi PV. Neuromuscular and hormonal responses elite athletes to two successive strength training sessions in one day. European Journal Applied Physiology. 1988; 57: 133-139.

Haltom RW, Kraemer RR, Sloan RA, Hebert EP, Frank K, Tryniecki JL. Circuit weight training and its effects on excess postexercise oxygen consumption. Medicine Science Sports Exercise. 1999; 31: 1613-1618.

Harris GR, Stone MH, O'Bryant HS, Proulx CM, Johson RL. Short-term performance effects of high power, high force or combined weight-training methods. Journal Strength Conditioning Research. 2000; 14: 14-20.

Hoeger WWK, Barette SL, Hale DF, Hopkins DR. Relationship between repetitions and selected percentages of one repetition maximum. Journal Applied Sport Science Research. 1987; 1: 11-13.

Hoeger WWK, Hopkins DR, Barette SL, Hale DF. Relationship between repetitions and selected percentages of one repetition maximum: a comparison between untrained and trained males and females. Journal Applied Sport Science Research. 1990; 4: 47-54.

Hoffman JR, Kraemer WJ, Fry AC, Deschenes M, Kemp M. The effects of self-selection for frequency of training in a winter conditioning program for football. Journal Applied Sport Science Research. 1990; 4: 76-82.

Hunter GR. Changes in body composition, body build and performance associated with different weight training frequencies in males and females. National Strength Conditioning Association Journal. 1985; 7: 26-28.

Keogh JWL, Wilson GJ, Weatherby RP. A Cross-sectional comparison of different resistance training techniques in the bench press. Journal Strength Conditioning Research. 1999; 13: 247-258.

Kraemer WJ. A series of studies-the physiological basis for strength training in american football: fact over philosophy. Journal Strength Conditioning Research. 1999; 11: 131-142.

Kraemer, W.J.; Fleck, S.J.; Dziados, J.E.; Harman, E.A.; Marchitelli, L.J.; Gordon, S.E.; Mello, R.; Frykman, P.N.; Koziris, L.P.; and Triplett, N.T. 1993. Changes in hormonal concentrations following different heavy resistance exercise protocols in women. Journal Applied Physiology. 75:594-604.

Kraemer WJ, Gordon SE, Fleck SJ, Marchitelli LJ, Mello R, Dziados JE, Friedl K, Hraman E, Maresh C, Fry AC. Endogenous anabolic hormonal and growth factor responses to heavy resistance exercise in males and females. International Journal Sports Medicine. 1991; 12: 228-235.

Kraemer WJ, Marchitelli LJ, McMurry D, Mello R, Dziados JE, Harman E, Frykman P, Gordom SE, Fleck SJ. Hormonal and growth factor responses to heavy resistance exercise. Journal Applied Physiology. 1990; 69: 1442-1450.

Kraemer WJ, Nobel BJ, Clark MJ, Culver BW. Physiologic responses to heavy-resistance exercise with very short rest periods. International Journal Sports Medicine. 1987; 8: 247-252.

Kraemer WJ, Ratamess N, Fry AC, Triplett-McBride T, Koziris LP, Bauer JA, Lynch JM, Fleck SJ. Influence of resistance training volume and periodization on physiological and performance adaptations in college women tennis players. American Journal Sports Medicine. 2000; 28: 626-633.

Kramer JB, Stone MH, O'Bryant HS, Conley MS, Johnson RL, Nieman DC, Honeycut DR, Hoke TP. Effects of single vs. multiple sets of weight training: impact of volume, intensity, and variation. Journal Strength Conditioning Research. 1997; 11: 143-147.

Marx JO, Ratamess NA, Nindl BC, Gotshalk LA, Volek JS, Dohi K, Bush JA, Gomez AL, Mazzetti SA, Fleck SJ, Kakkinen K, Newton RU, Kraemer WJ. The effects of single-set versus periodized multiple-set resistance training on muscular performance and hormonal concentrations in women. Medicine Science Sports Exercise. 2001; 33: 635-643.

McCall GE, Byrnes WC, Fleck SJ, Dickerson A, Kraemer WJ. Acute and chronic hormonal responses to resistance training designed to promote muscle hypertrophy. Canadian Journal Applied Physiology. 1999; 24: 96-107.

McCaw T, Melrose DR. Stance width and bar load effects on leg muscle activity during the parallel squat. Medicine Science Sports Exercise. 1999; 31: 428-436.

McDonagh MJN, Davies CTM. Adaptive responses of mammalian skeletal muscle to exercise with high loads. European Journal Applied Physiology. 1984; 52: 139-155.

Morales J, Sobonya S. Use of submaximal repetition tests for predicting 1RM strength in class athletes. Journal Strength Conditioning Research. 1996; 10: 186-189.

Moss BM, Refsnes PE, Abildgaard A, Nicolaysen K, Jensen J. Effects of maximal effort strength training with different loads on dynamic strength, cross-sectional area, load-power and load-velocity relationships. European Journal Applied Physiology. 1997; 75: 193-199.

Mulligan SE, Fleck SJ, Gordon SE, Koziris LP, Triplett-McBride NT, Kraemer WJ. Influence of resistance exercise volume on serum growth hormone and cortisol concentrations in women. Journal Strength Conditioning Research. 1996; 10: 256-262.

Newton RU, Kraemer WJ, Hakkinen K. Effects of ballistic training on preseason preparation of elite volleyball players. Medicine Science Sports Exercise. 1999; 31: 323-330.

Peterson MD, Rhea MR, Alvar BA. Maximizing strength development and athletes: A meta-analysis to determine the dose-response relationship. Journal Strength Conditioning Research. 2004; 18: 377-382.

Rhea MR, Alvar BA, Burkett LN, Ball SD. A meta-analysis to determine the dose response for strength development. Medicine Science Sports Exercise. 2003; 35: 456-464.

Rhea MR, Alvar BA, Burkett LN. Single vs. multiple sets for strength: A meta-analysis to address the controversy. Research Quarterly Exercise Sport. 2004; 73: 485-488.

Rooney KJ, Herbert RD, Balnave RJ. Fatigue contributes to the strength training stimulus. Medicine Science Sports Exercise. 1994; 26: 1160-1164.

Sforzo GA, Touey PR. Manipulating exercise order affects muscular performance during a resistance exercise training session. Journal Strength Conditioning Research. 1996; 10: 20-24.

Simão R, Farinatti PTV, Polito MD, Viveiros L, Fleck SJ. Influence of exercise order on the number of repetitions performed and perceived exertion during resistance exercise in women. Journal Strength Conditioning Research. 2007; 21:23-28.

Simão R, Monteiro W, Jacometo A, Tesseroli C, Teixeira G. A influência de três diferentes intervalos de recuperação entre séries com cargas para 10 repetições máximas. Revista Brasileira de Ciência e Movimento. 2006; 14:37-44.

Simão R, Farinatti PTV, Polito MD, Souto Maior A, Fleck SJ. Influence of exercise order on the number of repetitions performed and perceived exertion during resistance exercises. Journal Strength Conditioning Research. 2005; 19: 152-156.

Spreuwenberg LPB, Kraemer WJ, Spiering BA, Volek JS, Hatfield DL, Silvestre R, Vingren JL, Fragala MS, Hakkinen K, Newton RU, Maresh CM, Fleck SJ. Influence of exercise order in a resistance-training exercise session. Journal Strength Conditioning Research. 2006; 20: 141-144.

Staron RS, Karapondo DL, Kraemer WJ, Fry AC, Gordon SE, Falkel JE, Hagerman FC, Hikida RS. Skeletal muscle adaptations during the early days of heavy-resistance training in man and women. Journal Applied Physiology. 1994; 76: 1247-1255.

Stoutenberg M, Pluchino AP, Ma F, Hoctor JE, Signorile JF. The impact of position on electromyographical activity of the superficial quadriceps muscle during leg extension. Journal Strength Conditioning Research. 2005; 19: 931-938.

Ware JS, Clemans CT, Mayhew JL, Johnson TJ. Muscular endurance repetitions to predict bench press and squat strength in college football players. Journal Strength Conditioning Research. 1995; 9: 99-103.

Warren BJ, Stone MH, Kearney JT, Fleck SJ, Johson RL, Wilson GD, Kraemer WJ. Performance measures, blood lactate and plasma ammonia as indicators of over work in elite junior weightlifters. International Journal Sports Medicine. 1992; 13: 372-376.

Weiss LW, Coney HD, Clark FC. Differential functional adaptations to short-term low, moderate, and high-repetition weight training. Journal Strength Conditioning Research. 1999; 13: 236-241.

Willoughby DS. The effects of meso-cycle-length weight training programs involving periodization and partially equated volumes on upper and lower body strength. Journal Strength Conditioning Research. 1993; 7: 2-8.

Wolfe BL, LeMura LM, Cole PJ. Quantitative analysis of single- vs. multiple-set programs and resistance training. Journal Strength Conditioning Research. 2004; 18: 35-47.

8

Periodização

A manipulação das variáveis importantes para o programa de treinamento de força ao longo do tempo é chamada de planejamento em longo prazo ou simplesmente periodização. Caso venhamos a conversar com um treinador de atletismo ou natação a respeito do programa de treinamento, perceberemos que grande parte da conversa será relacionada às mudanças fisiológicas geradas ao longo do tempo em função das características do programa. As mudanças, como a distância total de nado ou de corrida em cada sessão de treinamento, são estratégias necessárias para desenvolver diferentes características de desempenho, de modo a promover um contínuo aperfeiçoamento e a melhorar essa execução nas principais competições.

Embora os benefícios de um treinamento de força periodizados sejam evidentes na literatura, muitos praticantes de um treinamento com pesos, para melhorar a aptidão física, seguem o mesmo programa durante meses ou até anos, o que resulta em pouco ou nenhum progresso na aptidão física. A variação do programa de treinamento realmente ajuda os adeptos do treinamento de força a obter maiores ganhos em longo prazo de tempo. Uma meta-análise, comparando o treinamento de força periodizado com o não periodizado, conclui que o treinamento periodizado resultou em ganhos significativos de força quando comparado ao treinamento não periodizado (Rhea e Alderman, 2004). O posicionamento do *American College of Sports Medicine* (2002) recomenda que o treinamento periodizado deve ser desempenhado para obtenção de força máxima, hipertrofia muscular e resistência muscular localizada. Essa periodização deve ser utilizada não só por atletas e avançados, mas também por indivíduos que desempenhem o treinamento com pesos como parte de um treinamento geral (ACSM, 2002), como, por exemplo, praticantes de pesos em salas de musculação que desejem estética e saúde.

Os conceitos da periodização no treinamento de força foram desenvolvidos em função de dois fatores principais: o primeiro relaciona-se ao sucesso internacional alcançado pelos países do antigo bloco do Leste Europeu (não apenas no halterofilismo, mas também em muitos outros esportes); o segundo, ao fato de que a ênfase no programa de adaptação aguda das variáveis resulta em características de aptidão física diferentes, como, por exemplo, aumentos de força ou hipertrofia muscular.

Muitas pessoas atribuem à ex-União Soviética e à ex-Alemanha Oriental, antigos integrantes do bloco, o sucesso no desenvolvimento dos conceitos de treinamento periodizado. Nesses países, muitos cientistas e técnicos de diferentes esportes dedicaram muito de seu tempo para desenvolver o treinamento periodizado, de modo a garantir o êxito de seus atletas em competições internacionais, como os Jogos Olímpicos. Alguns aspectos desse tipo de treinamento foram também incorporados por atletas de elite de muitos outros países a partir da década de 1960, sobretudo de natação, atletismo e halterofilismo.

O segundo fator que deve ser levado em consideração no desenvolvimento do treinamento periodizado de força é a importância de diferentes combinações entre as variáveis metodológicas do programa (ver Capítulo 7), principalmente por permitir a especificidade do trabalho para as diferentes características de aptidão física. Essas são estimuladas pelo trabalho de todas essas variáveis em determinado momento. Por exemplo, se o objetivo do treinamento for aumentar a hipertrofia muscular dos braços, a sessão deve ser elaborada em várias séries para cada trabalho de braços nos exercícios para bíceps e tríceps. Além disso, a sessão de treinamento pode utilizar como exemplo períodos de recuperação de um minuto entre as séries e os exercícios. Elaborada desta forma, a sessão estimula mais intensamente o aumento da resposta hormonal, como a liberação do hormônio do crescimento, em comparação a um treinamento com intervalos mais longos, que utilizem uma série por exercício para cada grupamento muscular. Além dos aspectos apresentados anteriormente, recomenda-se que a sessão tenha em torno de dez repetições em múltiplas séries por exercício, o que aumentaria a resposta hormonal em comparação aos programas de exercícios com número diferentes de repetições, como, por exemplo, de cinco repetições por série.

Como as diferentes combinações das principais variáveis metodológicas do programa de treinamento de força enfatizam as várias características de aptidão física, técnicos e treinadores organizam sessões de treinamento que variam durante uma temporada, na tentativa de desenvolver várias características necessárias para o sucesso na competição em diferentes fases do programa de treinamento.

De modo global, todas as variáveis metodológicas estimuladas pelo programa resultam em bom nível de adaptação. Desta forma, é possível elaborar uma sessão que promova aumentos na hipertrofia muscular e optar pela realização de apenas seis repetições em cada série. Isso significa que os aumentos no volume muscular acontecerão, mas serão reduzidos, já que a ênfase está voltada, nesse momento, ao desenvolvimento de trabalho de força. A sessão pode ser composta praticamente de qualquer combinação entre as variáveis importantes para o programa.

Deve-se lembrar, entretanto, que certas mudanças causam diferentes resultados finais no programa de treinamento. No quadro abaixo, são apresentadas algumas orientações básicas para a organização da sessão de treinamento, que pode enfatizar o aumento ou a diminuição da resposta de uma variável de aptidão física que seja importante para o programa. Por exemplo, em uma sessão que enfatize a força muscular, poderiam ser utilizadas todas as orientações para induzir o aumento da força, utilizando-se dez repetições por série. Isso significa que a escolha de dez repetições por série implica a diminuição do estímulo sobre a melhora da força em função do aumento da hipertrofia muscular.

Orientação para o programa de treinamento com ênfase em diferentes características de aptidão física

Resistência Muscular Local
- Períodos de descanso: curto, de 30 segundos a 1 minuto.
- Repetições por série: 10-20.
- Exercícios: pelo menos um exercício para cada grupo muscular importante.

** Trabalhar com exercícios cumulativos para cada grupo muscular.*

Volume Muscular
- Períodos de descanso: 1 minuto.
- Repetições por sério: aproximadamente 10.
- Exercícios: um ou mais para cada grupo muscular.

** Trabalhar com exercícios cumulativos para cada grupo muscular.*

Força
- Períodos de descanso: longos, de 2 a 3 minutos ou mais.
- Repetições por série: 3-6.
- Exercícios: normalmente 3-6 repetições por série apenas para exercícios destinados a várias articulações.

** Inicialmente em ordem alternada.*

Modelo Clássico de Periodização no Treinamento de Força e Potência

O modelo de periodização clássico de treinamento de força e potência muscular tem como principal objetivo maximizar os incrementos de força e, posteriormente, atingir a força máxima em determinado período, como, por exemplo, o que antecede uma competição esportiva. Com isso, os atletas arremessadores de peso, corredores de 100 metros e halterofilistas buscam os melhores resultados pela combinação da força e potência, alcançada pelo modelo periodizado de treinamento. Os praticantes de musculação recreacionais que desejam maximizar ganhos de força e potência na academia podem também utilizar o modelo periodizado de treinamento.

Um conceito importante no modelo clássico de periodização de força e potência estabelece que se deve iniciar o treinamento com volume alto e intensidade baixa (ver Gráfico 8.1). Conforme o programa de treinamento avança, gradualmente, reduz-se o volume do treino e aumenta-se a intensidade. Um pouco antes de uma competição alvo, a intensidade do treinamento deveria estar próxima à máxima e com o menor volume relativo, como forma de maximizar a produção de força e potência durante a preparação final para a competição.

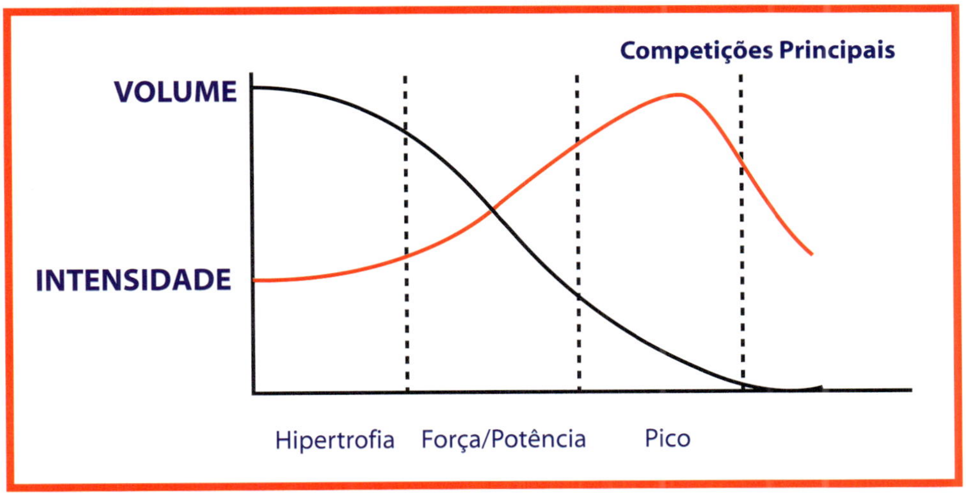

Gráfico 8.1

As mudanças graduais, de baixa intensidade para alto volume, costumavam ocorrer durante um ano de treinamento. Por outro lado, muitos programas estão periodizados para esse tipo de mudança progressiva entre 12 e 16 semanas de treinamento, em função de alterações no modelo periodizado clássico para o treinamento de força e potência. Na Tabela 8.1, apresentamos um modelo interessante de treinamento com fases que podem durar entre três e quatro semanas. Observa-se, nessa tabela, que em cada fase existe uma prioridade, seja ela de hipertrofia, força máxima ou potência muscular máxima.

Tabela 8.1 Programa de treinamento de força/potência

	Fase de Hipertrofia	Fase de Força e Potência	Fase de Potência	Fase de Pico
Séries	3-4	3-5	3-5	1-3
Repetições	8-15	2-6	2-3	1-3

Para cada objetivo, há uma fase de treinamento: hipertrofia (aumentar o volume muscular), força (incrementar a produção de força máxima) e potência (maximizar a relação força e potência). O objetivo da fase de pico é priorizar a produção de força máxima para uma repetição. Normalmente, nas fases de treinamento de força, força e potência e de pico, adota-se determinado número de repetições e séries em exercícios com múltiplas articulações, como ocorre no supino e no agachamento. Por outro lado, os exercícios com uma articulação principal, como as flexões e extensões de cotovelo (bíceps e tríceps), geralmente apresentam séries e intervalos similares aos utilizados na fase de hipertrofia. Imediatamente após completar a fase de treinamento de força máxima (fase de pico), o praticante tem um período de repouso de uma ou duas semanas, após o qual retorna ao treinamento de hipertrofia, repetindo, desta forma, todas as fases do treinamento.

Existem faixas de treinamento padrão para o número de séries, repetições e intervalo em cada fase do treinamento, embora ocorram variações na intensidade e no volume em cada uma delas. Por exemplo, durante uma semana na fase de treinamento de força, podem ser executadas 3 séries de 4 repetições no agachamento. Na semana seguinte, podem ser realizadas 4 séries de 6 repetições do mesmo exercício. Os intervalos, o número de séries e repetições também permitem a execução de exercícios diferentes com outro número de séries e repetições. Por exemplo: durante a fase de força, o supino pode ser executado em 5 séries, enquanto o agachamento em 3 séries na mesma sessão de treinamento. Essas variações permitem alterar o programa para atingir os objetivos e atender às necessidades individuais.

Existem evidências científicas suficientes a respeito do modelo de treinamento periodizado clássico de força e potência. Esses estudos permitem concluir que esse modelo produz resultados superiores aos alcançados por programas de séries múltiplas e série única sem variação (Fleck, 1999), afirmação válida para aumentos de força máxima e de aquisição de massa corporal magra.

Nos Gráficos 8.2 e 8.3, apresentam-se aumentos de força máxima em 1 RM, comparando-se um programa periodizado de força e potência com dois programas de séries múltiplas sem variação (Willoughby, 1993). Foram executadas 6 séries de 8 repetições e 5 séries de 10 repetições, com cargas de 83 e 79% de 1 RM, respectivamente. Todos os programas que tiveram freqüência de três vezes semanais ocasionaram ganhos significativos na força máxima nas 16 semanas de treinamento. Ainda assim, o modelo periodizado resultou em aumentos significativamente maiores no supino após 8 semanas de treinamento, com diferença crescente em relação aos outros dois programas após 12 e 16 semanas.

No agachamento, tanto o programa de treinamento periodizado quanto o feito em 6 séries de 8 repetições resultaram em aumentos muito mais acentuados do que o encontrado no programa de 5 séries com 10 repetições após 4, 8 e 12 semanas de treinamento. Apenas após a 16ª semana, o programa periodizado apresentou ganhos consideravelmente maiores na capacidade de execução de 1 RM no agachamento em relação aos outros dois programas com séries definidas. Constata-se, portanto, que com períodos de treinamento suficientes, os programas periodizados produzem resultados superiores quando comparados aos dos fixos.

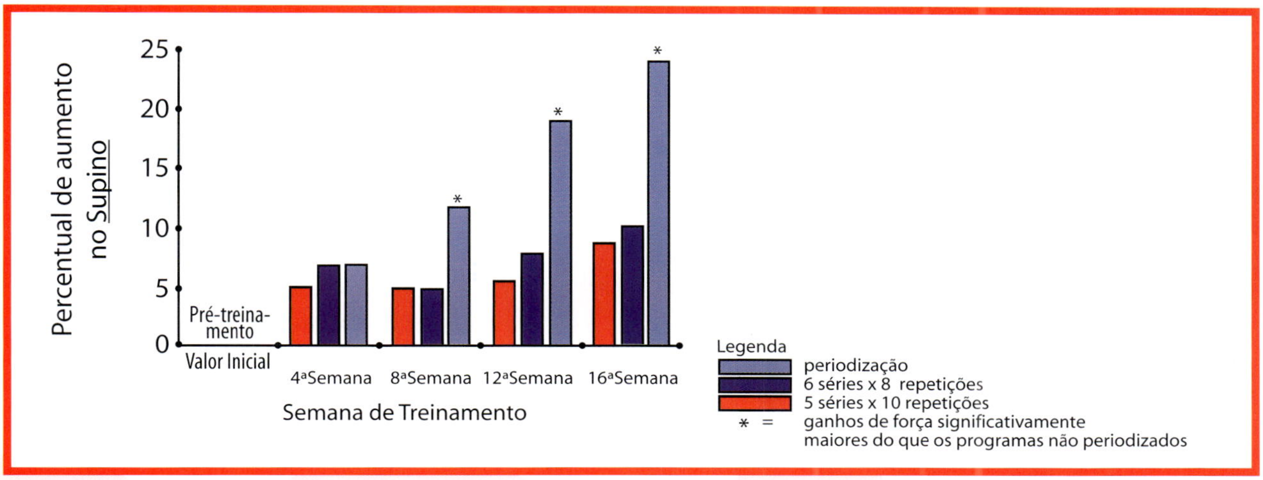

Gráfico 8.2

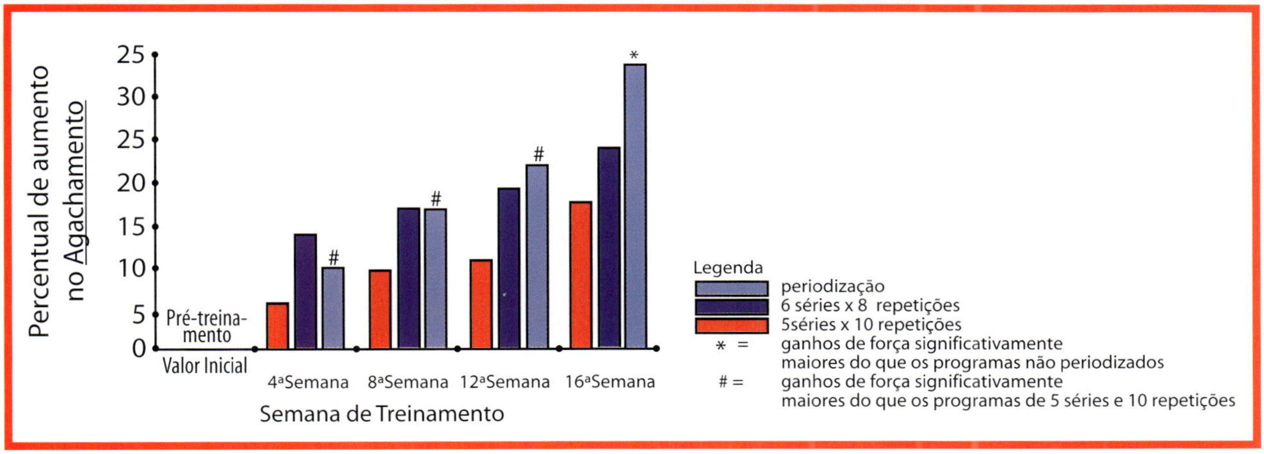

Gráfico 8.3

Em qualquer modelo de treinamento periodizado para desenvolvimento da força e potência, o volume de treinamento desempenhado é um fator primordial que deve ser levado em consideração. Algumas informações indicam que uma quantidade moderada no volume de treinamento produz ganhos superiores de força e potência do que baixos volumes de treinamento. Grupos de levantadores de pesos júnior treinaram por 10 semanas, quatro a cinco vezes semanais em um modelo clássico de desenvolvimento de força e potência, e foram divididos em três grupos, sendo um grupo com alto volume, outro com volume moderado e o terceiro com um baixo volume de treinamento. Os exercícios selecionados para o treinamento foram os similares da competição como arranque, desenvolvimento e agachamento. De uma forma geral, os resultados no ganho de força máxima demonstraram que o grupo com volume moderado foi significativamente superior quando comparado ao baixo e alto volume. Entre o volume alto e baixo não foram observadas diferenças significativas nos ganhos de força máxima. Isso demonstra que volumes moderados de treinamento são melhores no ganho de força máxima.

Modelo de Treinamento Periodizado Ondulatório

A periodização ondulatória refere-se ao treinamento no qual o volume e a intensidade do treinamento não seguem o mesmo padrão sugerido no modelo periodizado clássico de força e potência. Na versão ondulatória, a intensidade e o volume do treinamento aumentam e diminuem ao longo do programa. De fato, o volume e a intensidade de treinamento com o modelo ondulatório sofrem substanciais mudanças nas sessões de treinamento durante todo o decorrer da periodização.

Vários estudos compararam o modelo de periodização ondulatório com os de série única, e em todos os casos, o ondulatório mostrou resultados superiores em ganhos de aptidão física e força muscular (Kraemer, 1997; Kraemer et al., 2000; Marx et al., 2001). Mais recentemente, um modelo de periodização ondulatório foi comparado a um modelo tradicional em 3 séries e também verificado que o modelo ondulatório foi superior nos ganhos de força e aptidão física (Kraemer et al., 2003). Esses experimentos foram observados tanto em atletas como em sujeitos destreinados. Portanto, os resultados indicam que o modelo ondulatório pode produzir superior ganho de força e aptidão física em ambos, atletas e destreinados.

No estudo de Marx et al. (2001), o modelo ondulatório foi comparado com o modelo de série única durante seis meses em mulheres inexperientes no treinamento com pesos. O modelo ondulatório foi aplicado em duas sessões diferentes, cada uma com freqüência de duas vezes por semana: segundas e quintas-feiras. Era realizada uma sessão de força e potência, composta sobretudo de exercícios multiarticulares, de 2 a 4 séries com número de repetições que variavam entre as três zonas diferentes de treinamento, alternadas em cada sessão. As zonas de treinamento adotadas eram de 3 a 5, 8 a 10 e 12 a 15 repetições por série. Isso significa, por exemplo, que na segunda-feira de uma semana, eram executadas de 8 a 10 repetições por série e na quinta, de 3 a 5; depois, na segunda-feira seguinte, faziam-se de 12 a 15 repetições por série.

A carga utilizada em todas as zonas de treinamento era de repetições máximas ou valores próximos a isso. Desta forma, quando o treinamento era composto de 8 a 10 repetições por série, utilizava-se um peso que permitia realizar entre 8 a 10 repetições máximas. Às terças e às sextas-feiras, os indivíduos sempre praticavam de 2 a 4 séries e de 8 a 10 RM. Os exercícios executados às terças e sextas-feiras eram predominantemente do tipo uniarticular. O treinamento de série única consistia em uma série de 8 a 12 RM, sendo realizado em três dias por semana em duas sessões de treinamento diferentes e alternadas. A única diferença entre as duas sessões residia na aplicação de exercícios para os mesmos grupos musculares. Por exemplo, em uma sessão, executavam-se exercícios para a panturrilha em pé; na outra, as praticantes realizavam o exercício sentado.

As diferenças percentuais obtidas pela comparação de alguns resultados desses dois programas diferentes são apresentadas na Tabela 8.2. Os valores são apresentados trimestralmente e as variações percentuais referem-se ao pré-treinamento. Já os valores apresentados na coluna 3-6 meses correspondem às alterações percentuais em relação ao valor dos três meses.

Tabela 8.2 Programa periodizado ondulado versus programa de treinamento em série única

	Periodizado	Série Única	Ondulado	Meses
	3	3-6	3	3-6
supino 1RM	+3a	0a	+5a, c	+5a, b, c
leg press 1RM	+8a	+3a	+20ac	+7a, b, c
percentual de gordura corporal	-2	0	-4a	-3a, b, c
massa corporal magra	+2	0	+5a	+3a, c
potência para salto vertical	+9a	+1a	+26a, c	+13a, b, c
40 metros	0	0	-2	-3a, c

3 = diferença percentual em relação ao valor do pré-treinamento

3-6 = diferença percentual em relação ao valor de três meses

a = significativamente diferente do pré-treinamento

b = significativamente diferente do valor de três meses

c = significativamente diferente do valor da série única durante o mesmo período de tempo

Como se vê, o modelo periodizado ondulatório resultou em alterações significativas em todas as medidas de aptidão física e força muscular após três meses de treinamento e, na maioria dos casos, a mudança foi maior do que as encontradas no modelo de treinamento com série única que produziu alterações significativas em algumas medidas de aptidão física e força muscular após três meses de treinamento. No período de três a seis meses, o modelo de série única não ocasionou aumentos significativos na aptidão física e força muscular em comparação com os valores do terceiro mês. Isso significa que esse modelo resultou em um platô de treinamento (continuação do treinamento sem ganhos futuros de aptidão física e força) no período citado. O modelo de treinamento ondulatório, por sua vez, continuou apresentando ganhos significativos de aptidão física e força muscular no período de três a seis meses de treinamento. Em todos os casos, os ganhos apresentados pelo modelo ondulatório no período foram significativamente maiores do que os alcançados pelo treinamento de série única.

Resultados similares foram apresentados por outros estudos, que compararam modelos de treinamento periodizado ondulatório ao de série única com baixo volume de treinamento sem variação. Em um desses estudos, jogadores de futebol norte-americanos foram treinados durante seis meses (Kraemer, 1997); nos outros, jogadoras de tênis universitárias, foram observadas durante nove meses (Kraemer et al., 2000, 2003). Além de produzir maiores ganhos na aptidão física e na força, os modelos periodizados também resultaram em ganhos significativamente maiores em testes específicos para modalidades esportivas, como nos valores de velocidade (potência) no saque de tênis, se comparados aos programas de série única. Os modelos de periodização ondulatória, portanto, podem também ser usados por atletas para produzir ganhos progressivos na aptidão física e na força muscular durante longos períodos de treinamento.

Os modelos ondulatórios podem ser especificamente adequados para atletas cujo esporte tem temporadas longas, como é o caso do tênis e do basquete. Para esses atletas, a força máxima em 1RM referente ao valor de pico pode ser, em determinado momento, um objetivo do modelo de treinamento periodizado clássico para força e potência, e não necessariamente a finalidade principal do treinamento. Nesses casos, um objetivo muito mais importante seria o progresso continuado do treinamento durante longos períodos e a manutenção ou o aumento da aptidão física e da força muscular por toda a temporada. O treinamento periodizado ondulatório atinge os objetivos de muitos atletas que precisam atuar em campeonatos longos.

Os praticantes envolvidos em treinamento recreacional com pesos que desejam obter ganhos contínuos de aptidão física e força poderiam utilizar o treinamento ondulatório tanto em curtos quanto longos períodos de treinamento. No treinamento clássico periodizado de força e potência, tem-se como principal objetivo estimular o pico de força máxima ou apenas a força máxima para 1 RM. Esse, porém, não costuma ser o objetivo da maioria dos praticantes recreativos que tencionam obter ganhos progressivos de aptidão física e força muscular durante longos períodos de treinamento, sem, necessariamente, maximizar e manter o pico da força máxima para 1 RM. Por essa razão, o treinamento periodizado ondulatório parece ser a melhor opção para a maioria dos praticantes de atividades de musculação em academias.

Programa Periodizado de Treinamento com Pesos e Resistência Muscular Localizada

Um dos objetivos do treinamento com pesos seria o desenvolvimento da resistência muscular localizada. Uma comparação de três diferentes modelos de treinamento delineados para aumentar a resistência muscular localizada durante 15 semanas de treinamento demonstrou alguns resultados interessantes (Rhea et al., 2003). Um modelo de treinamento seguiu o modelo de treinamento periodizado linear que progrediu de 25 RM para 20 RM e depois para 15 RM, sendo essas modificações vistas nas repetições máximas a cada cinco semanas. Esse modelo caracterizou-se por aumentar a intensidade e, conseqüentemente, diminuir o volume (repetições) de forma progressiva. Um segundo modelo de treinamento seguiu o chamado modelo linear reverso de periodização, no qual iniciou com cargas para 15 RM, depois foi para 20 RM e posteriormente para 25 RM. Essas modificações nas repetições máximas também ocorreram a cada cinco semanas. Vale ressaltar que esse modelo foi o contrário do primeiro, no qual se iniciou com maior intensidade (carga) e progressivamente aumentou o volume. O terceiro modelo foi definido como modelo de periodização ondulatório semanal e usou as mesmas cargas para as repetições máximas, mas variou essas repetições máximas nas sessões de treinamento. Isso quer dizer que em uma semana de treinamento em um dia se fazia 15 RM e no outro 20 RM, em outra semana se fazia 25 RM e na outra 15 RM. A seqüência de treinamento não seguia essa ordem pré-determinada, sendo alterada a cada semana. Todos os grupos treinaram em três séries de cadeira extensora, dois dias por semana. Note que todos os modelos de periodização utilizaram elevado número de repetições por série e, portanto, não foi esperado que ganhos significativos da força em 1 RM fossem obtidos.

Contudo, a força máxima em 1 RM aumentou significativamente em todos os três grupos treinados. O modelo de periodização linear, o modelo de periodização linear reverso e o modelo de periodização ondulatório demonstraram aumentos na força em 1 RM de 9,1, 5,6 e 9,8%, respectivamente. A resistência muscular localizada foi determinada pelo número máximo de repetições desempenhadas com 50% do peso corporal do indivíduo. Todos os grupos apresentaram aumentos na resistência, sendo que o modelo de periodização linear, o modelo de periodização linear reverso e o modelo de periodização ondulatório demonstraram aumentos de 55,9, 72,8 e 54,5% na resistência muscular localizada, respectivamente. O aumento da resistência muscular localizada demonstrou ser significativamente maior no modelo de periodização linear reverso do que nos outros dois modelos de periodização. O aumento da força máxima em 1 RM demonstrou que o modelo de periodização linear e o modelo ondulatório foram significativamente superiores ao modelo de periodização linear reverso. Os resultados indicam que os modelos de treinamento periodizados que utilizam cargas menores (de 15 a 25 RM) podem aumentar a resistência muscular localizada e força máxima. Todavia, o modelo de treinamento mais efetivo para aumento da resistência muscular localizada pode ser o modelo de periodização linear reverso.

Programas Periodizados de Treinamento com Pesos Individualizados

Todo o treinamento de força deveria ser direcionado de forma individualizada para obtenção de resultados de acordo com o objetivo almejado. Decisões sobre as variáveis metodológicas, tais como ordem dos exercícios, número de séries, repetições máximas, períodos de intervalo entre séries e exercícios, entre outros, devem fazer parte da programação de um treinamento individualizado. Um programa de treinamento periodizado pode também ser necessário para obtenção de um desempenho máximo em uma determinada aptidão física.

Em um experimento de Ebben et al. (2004), jovens mulheres experientes e inexperientes em remo desempenharam um modelo de treinamento periodizado tradicional de força e potência e o modelo de periodização linear com um elevado número de repetições. As remadoras experientes eram mais velhas (21 *versus* 18 anos) e possuíam maior experiência do que as remadoras consideradas inexperientes. O modelo tradicional de periodização de força e potência consistia na progressão de 12 a 5 repetições por série durante o período de oito semanas. Enquanto o modelo de periodização linear progredia de 15 a 32 repetições por série durante oito semanas. Ambos os modelos utilizados aproximaram-se de 80 a 100% das repetições máximas e, desta forma, as remadoras (experientes e inexperientes) demonstraram significativos aumentos na potência muscular. No entanto, o treinamento das remadoras experientes com o modelo tradicional de força e potência demonstrou significativa diminuição no tempo de execução dos 2000 metros (477 para 470 segundos), se comparado às remadoras experientes que treinaram no modelo de periodização linear com elevadas repetições (475 para 472 segundos). As remadoras inexperientes que treinaram no modelo de periodização linear com elevadas repetições demonstraram maiores diminuições no tempo de forma considerável no tempo em 2000 metros (513 para 498 segundos) quando comparadas às remadoras inexperientes que executaram o modelo tradicional de força e potência (502 para 492 segundos). Todas essas diferenças ocorridas podem ser consideradas pequenas em termos numéricos (tempo), no entanto, em termos competitivos essas diferenças são grandiosas na obtenção do sucesso. Esses resultados indicam que os tipos de modelos periodizados são necessários para obterem-se os maiores ganhos possíveis na aptidão desejada.

Modelos periodizados de treinamento são superiores aos modelos não periodizados no treinamento de força e deveriam ser utilizados tanto por indivíduos atletas como os recreacionais. Para os indivíduos que desejam picos da força e potência, o modelo clássico pode ser apropriado. Indivíduos normais (recreacionais) e atletas envolvidos em esportes de competições com longa duração durante o ano e que não desejam a obtenção de um pico, e sim a manutenção de um bom condicionamento durante todo o ano deveriam realizar o modelo periodizado ondulatório.

Referências Bibliográficas

American College of Sports Medicine. Progression models in resistance training for healthy adults. Medicine Science Sports Exercise. 2002; 34: 364-380.

Ebben WP, Kindler AG, Chirdon KA, Jenkins NC, Polichnowski AJ, Ng AV. The effect of high-load vs. high-repetition training on injured performance. Journal Strength Conditioning Research. 2004; 18: 513-517.

Fleck SJ. Periodized strength training: A critical review. Journal Strength Conditioning Research. 1999; 13: 82-89.

Gonzalez-Badillo JJ, Gorostiaga EM, Arellano R, Izquierdo M. Moderate resistance training volume produces more favorable strength gains than high or low volumes during a short-term training cycle. Journal Strength Conditioning Research. 2005; 92: 689-697.

Kraemer WJ. A series of studies-the physiological basis for strength training and American football: Fact over philosophy. Journal Strength Conditioning Research. 1997; 11: 131-142.

Kraemer WJ, Hakkinen K, Triplett-McBride NT, Fry AC, Koziris LP, Ratamess NA, Bauer JE, Volek JS, McConnell T, Newton RU, Gordon SE, Cummings D, Hauth J, Pullo F, Lynch JM, Fleck SJ, Mazzetti SA, Knuttgen HG. Physiological changes with periodized resistance training in women tennis players. Medicine Science Sports Exercise. 2003; 35: 157-168.

Kraemer WJ, Ratamess N, Fry AC, Triplett-McBride T, Koziris LP, Bauer JA, Lynch JM, Fleck SJ. Influence of resistance training volume and periodization on physiological and performance adaptations in college women tennis players. American Journal Sports Medicine. 2000; 28: 626-633.

Marx JO, Ratamess NA, Nindl BC, Goshalk LA, Volek JS, Dohi K, Bush JA, Gomez AL, Mazzetti SA, Fleck SJ, Hakkinen K, Newton RU, Kraemer WJ. The effects of single-set vs. periodized multiple-set resistance training on muscular performance and hormonal concentrations in women. Medicine Science Sports Exercise. 2001; 33: 635-643.

Rhea MR, Alderman BL. A meta-analysis of periodized vs. non-periodized strength and power training programs. Research Quarterly Exercise Sport. 2004; 75: 413-422.

Rhea MR, Phillips WT, Burkett LN, Stone WJ, Ball SD, Alvar BA, Thomas AB. A comparison of linear and daily undulating periodized programs with the equated volume and intensity for local muscular endurance. Journal Strength Conditioning Research. 2003; 17: 82-87.

Willoughby DS. The effects of meso-cycle-length weight training programs involving periodization and partially equated volumes on upper and lower body strength. Journal Strength Conditioning Research. 1993; 7: 2-8.

9

Análise de Exercícios

Neste capítulo, apresentaremos os exercícios mais comuns e utilizados em salas de musculação. Temos como objetivo analisar de forma aplicada as articulações envolvidas, bem como seus movimentos, os erros mais comuns e os músculos mais atuantes no movimento. Gostaríamos de ressaltar que não destacamos quais os melhores exercícios, e nem os comparamos. É comum o profissional atuante em academias destacar que tal exercício possui mais atuação em um feixe muscular do que outro, como, por exemplo, o supino 30°, que atua mais no feixe clavicular do peitoral. Essa afirmação não parece ser fundamentada na literatura e a análise por eletromiografia (EMG) é extremamente difícil e complexa para ser analisada de forma tão simplória. Outros vários exercícios parecem seguir o mesmo viés.

O importante para nós é demonstrar a técnica correta do movimento durante o exercício, principalmente por causa da segurança, pois muitas vezes uma técnica incorreta pode resultar em lesões. No entanto, a maneira correta de executar os movimentos é extremamente simples, basta seguir o alinhamento articular, o que nem sempre é adotado pelos profissionais. Uma adoção de variações em diversos exercícios sem respeitar os segmentos de alinhamento articular, muitas vezes coloca o praticante em risco e não apresenta qualquer benefício, ou melhor, promove elevado risco para um baixo benefício. Muitas vezes, a inadequação do equipamento também pode resultar em uma técnica de execução incorreta.

Gostaríamos de explicitar que ambos os autores são defensores dos exercícios básicos (agachamentos, supinos, puxadas, remadas, entre outros) e que *o importante são exercícios nos quais se possa deslocar a maior carga possível*, para promover ganhos de força e hipertrofia muscular. Seguindo essa linha, demonstraremos alguns experimentos que verificaram sinal por EMG em alguns exercícios e ressaltamos que nossa estrutura corporal possui uma cadeia cinética, portanto, exercícios que isolam essa ou aquela musculatura nos parecem impossível. Sendo assim, destacaremos os grupamentos normalmente priorizados em uma seleção de exercícios em salas de musculação e faremos a análise pelas articulações envolvidas e não pelos segmentos corporais.

A análise de exercícios será descrita por:

- posição inicial – refere-se ao início do movimento realizado pelo praticante.
- execução – análise do movimento pela fase concêntrica do movimento.
- músculos principais atuantes – referem-se aos principais músculos selecionados na prescrição de exercícios em salas de musculação. Ressaltamos que, nesse caso, não serão avaliados todos os motores primários, mas sim a musculatura selecionada em um programa de musculação. Exemplo: em uma puxada aberta pela frente no *pulley*, o trapézio apresenta ação muscular durante o movimento. No entanto, acreditamos que o profissional de Educação Física em sala de musculação não prescreve a puxada pela frente no *pulley* objetivando desenvolvimento do trapézio, e sim do grande dorsal ou latíssimo do dorso.

Musculatura Dorsal

Puxada Aberta pela Frente no *Pulley*

Posição inicial:

Indivíduo sentado com os braços elevados, segurando a barra. O espaço entre as mãos ("pegada") deve ser aquele em que ao realizar o movimento o braço e antebraço formem um ângulo de 90°.

Figura 9.1

Execução:

Adução de ombros e flexão de cotovelos

Figura 9.2

Músculos principais atuantes:

Grande dorsal (latíssimo do dorso), redondo maior, rombóide maior e bíceps.

Figura 9.3

Alguns erros comuns:

- "Pegada" aberta ou fechada demais, promovendo menor amplitude de movimento.
- Manutenção do tronco em hiperextensão durante todo o movimento.
- Elevação dos quadris.
- Hiperlordotizar a região lombar.

Observação: O importante é que o praticante realize o movimento de acordo com a Figura 9.4 , e não com a Figura 9.5 (Lantz e McNamara, 2003).

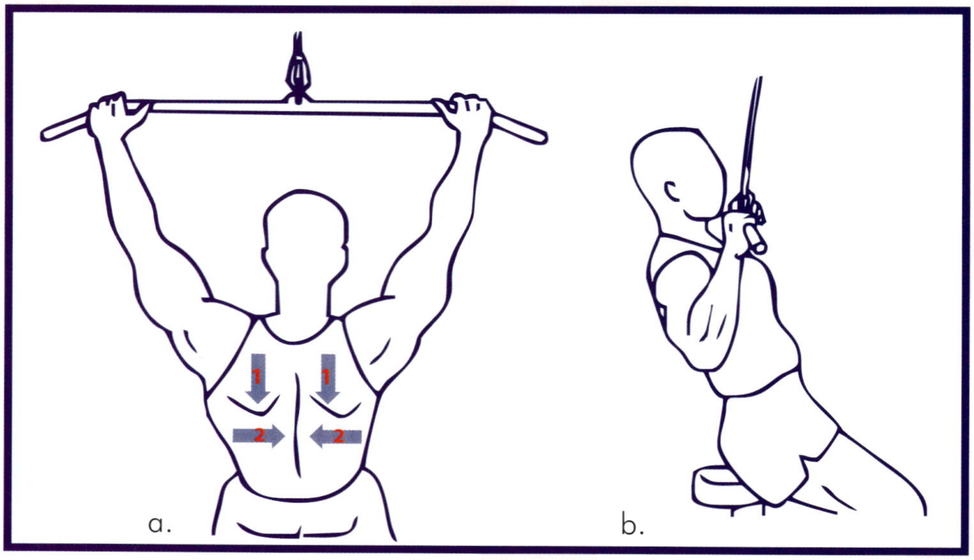

Figura 9.4 O importante é promover uma depressão (seta 1), seguida por uma adução da escápula (seta 2). Essa posição deve ser mantida durante a execução da fase concêntrica (a). O praticante não deve permitir que os cotovelos desloquem-se para trás do tronco (b).

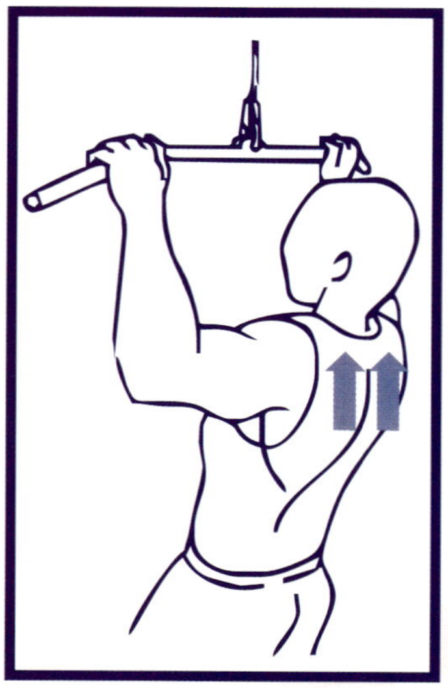

Figura 9.5 Técnica inadequada.

Na Figura 9.6, analisaremos as quatro variações mais comuns na puxada no *pulley* alto, segundo Signorile et al. (2002). Vale ressaltar que, até o presente momento (2007), essa é a melhor publicação científica sobre tal exercício.

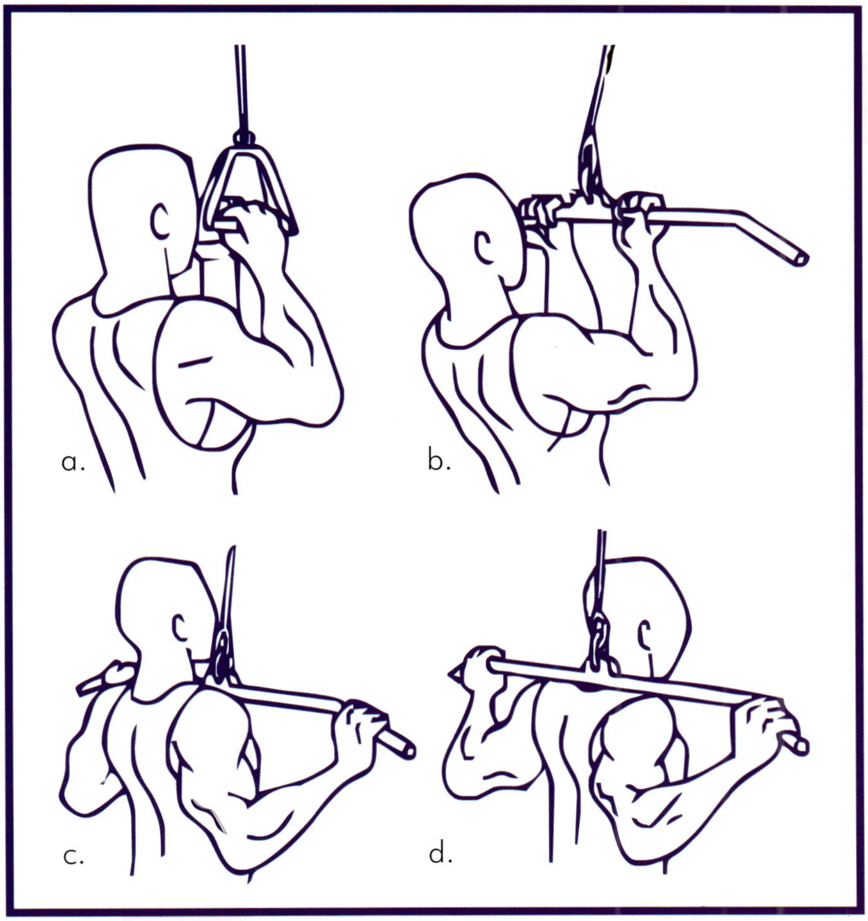

Figura 9.6 Posições das mãos: (a) "pegada" fechada, (b) "pegada" supinada, (c) "pegada" aberta pela frente, (d) "pegada" aberta por trás.

O resultado dos recrutamentos para cada posição descrita na Figura 9.6 são demonstrados no Gráfico 9.1, para cada grupamento muscular avaliado na fase concêntrica do movimento.

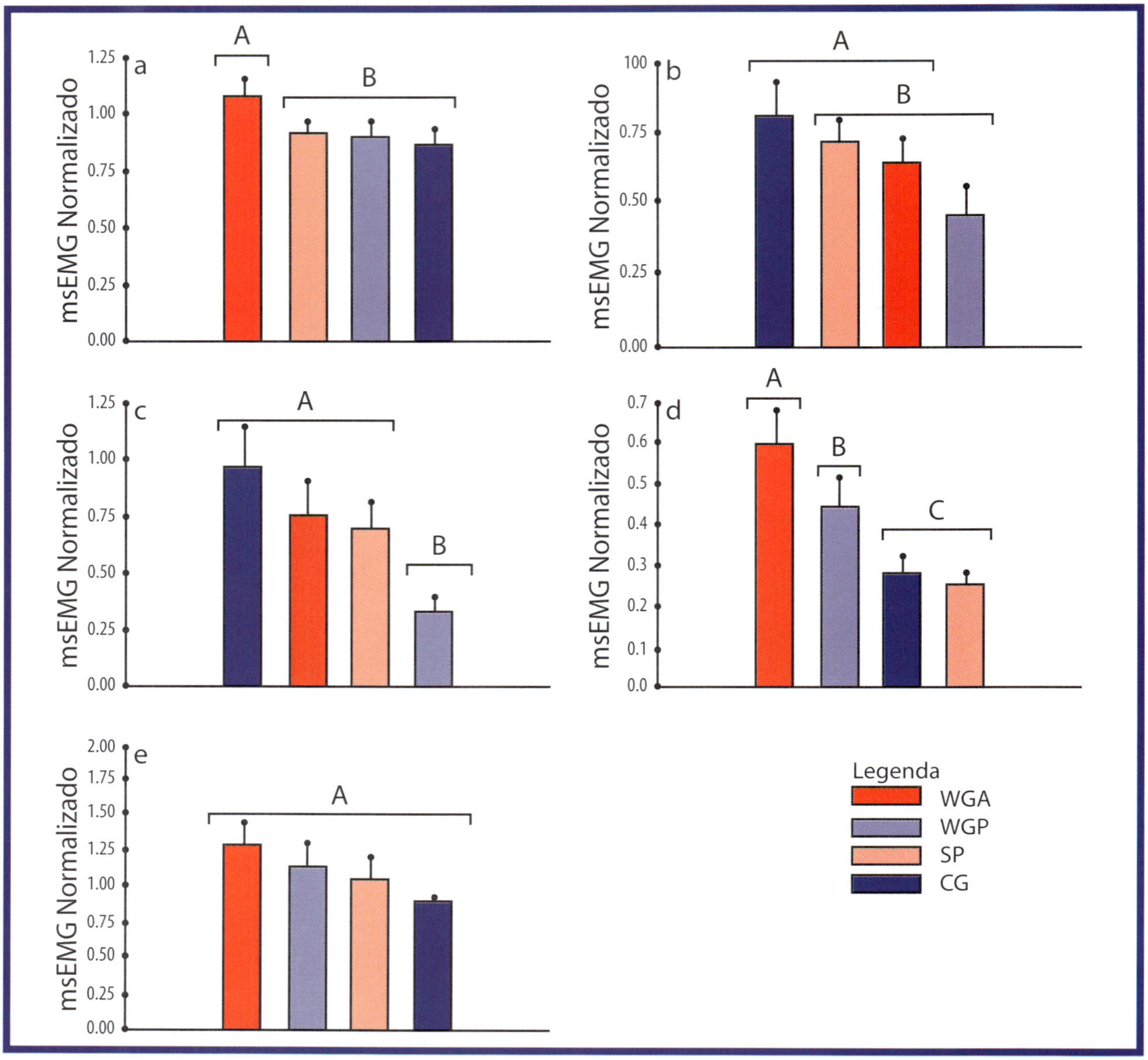

Gráfico 9.1 WGA = "pegada" aberta pela frente; WGP = "pegada" aberta por trás; SP = "pegada" supinada; CG = "pegada" fechada. Os gráficos representam os grupamentos musculares: a) grande dorsal; b) peitoral maior; c) deltóide posterior; d) cabeça longa do tríceps; e) redondo maior. As barras acima dos gráficos representam as diferenças significativas em relação às demais.

Como se pode observar nesse gráfico, verificou-se que o grande dorsal sofreu maior recrutamento na puxada aberta pela frente de forma significativa em relação aos demais na fase concêntrica do movimento. Como normalmente esse exercício é utilizado visando ao grande dorsal, a puxada pela frente parece produzir maior efeito de recrutamento do que a puxada por trás. Como realizar a puxada por trás de forma correta é extremamente difícil e também coloca o praticante em maior risco de lesão, parece-nos adequado priorizar a puxada aberta pela frente no *pulley*. Sendo assim, é fácil verificarmos que as máquinas de musculação mais avançadas tecnicamente já não permitem que a puxada por trás seja realizada, isso demonstra conjunção entre a evolução de tecnologia com avanço científico.

Os resultados do recrutamento para cada posição apresentada na Figura 9.6 são descritos no Gráfico 9.2, para cada grupamento muscular avaliado na fase excêntrica do movimento.

Como se pode verificar no Gráfico 9.2, verificou-se que o grande dorsal sofreu maior recrutamento na puxada pela frente de forma significativa em relação às demais na fase excêntrica do movimento. Mais uma vez, a puxada pela frente parece ser mais efetiva para desenvolvimento do grande dorsal ou do latíssimo do dorso.

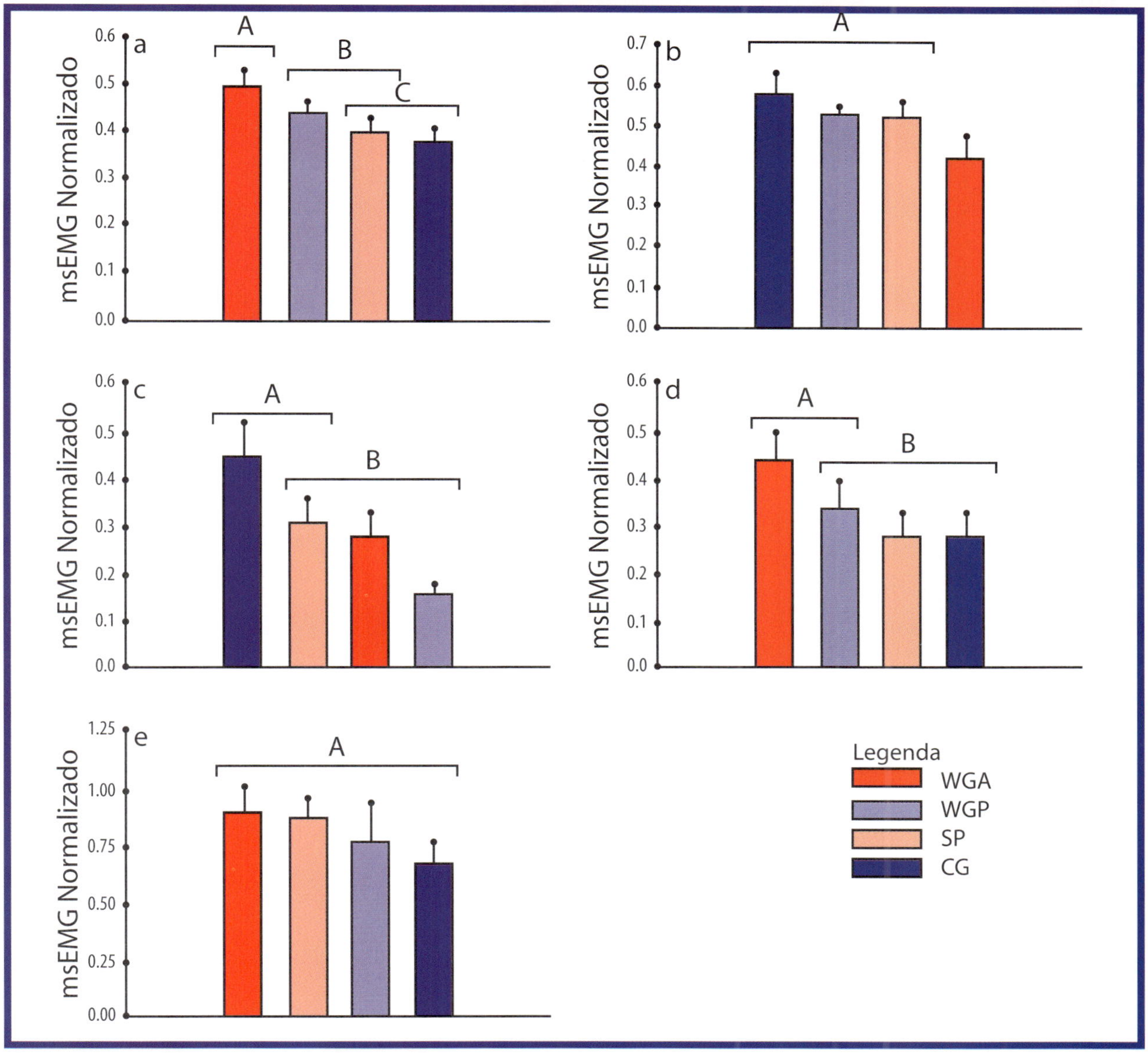

Gráfico 9.2 WGA = "pegada" aberta pela frente; WGP = "pegada" aberta por trás; SP = "pegada" supinada; CG = "pegada" fechada. Os gráficos representam os grupamentos musculares: a) grande dorsal; b) peitoral maior; c) deltóide posterior; d) cabeça longa do tríceps; e) redondo maior. As barras acima dos gráficos representam as diferenças significativas em relação às demais.

Segundo Signoreli et al. (2002), em suas aplicações práticas, se o objetivo de maior importância na puxada é o desenvolvimento da força na adução de ombros, o melhor seria prescrever a posição das mãos de forma a ativar primariamente o músculo envolvido (grande dorsal). Os resultados desse estudo indicam que a puxada pela frente possui maior recrutamento de unidades motoras no grande dorsal do que em outras condições de "pegadas". Esses resultados são importantes para trazer a questão sobre a necessidade da puxada por trás, a qual tem sido citada na literatura como potencial risco de lesão na articulação glenoumeral e região cervical.

Mas se o propósito da prescrição na puxada for o desenvolvimento geral da força durante a adução de ombro, e se algum movimento desportivo envolve essa adução com o braço localizado mais anteriormente, o praticante deveria incluir o movimento que ativa mais a peitoral maior. Os resultados desse experimento indicam que a "pegada" fechada recruta mais o peitoral maior.

Remada Horizontal Aberta Sentada

Posição inicial:

Indivíduo sentado com os ombros flexionados e cotovelos quase estendidos, com as mãos segurando a barra. O espaço entre as mãos ("pegada") deve ser aquele em que, ao realizar o movimento, o braço e antebraço formem um ângulo de 90⁰.

Figura 9.7

Execução:

Extensão horizontal de ombros (ou abdução horizontal de ombros) e flexão de cotovelos.

Músculos principais atuantes:

Rombóides, elevador da escápula, trapézio, deltóide posterior e bíceps.

Figura 9.8

Alguns erros comuns:

- "Pegada" aberta ou fechada em excesso, promovendo menor amplitude de movimento.
- Manutenção do tronco em hiperextensão durante todo o movimento.
- Elevação dos quadris.
- Na fase excêntrica, deixar os braços demasiadamente à frente.

Outras variações nas posições corporais podem ser realizadas, como, por exemplo, com o tronco flexionado à frente ou no exercício de remada aberta com o joelho apoiado no banco. O importante é que a execução do movimento (extensão horizontal de ombro com flexão de cotovelo) seja a mesma, para ativação dos músculos envolvidos. Essas variações podem ser utilizadas como motivação de variação de treino. Mas a musculatura envolvida é a mesma.

Figura 9.9

Figura 9.10

Remada Fechada

Posição inicial:

Indivíduo em pé, com o tronco flexionado. O espaço entre as mãos ("pegada") deve ser aquele em que, ao realizar o movimento, o braço e antebraço formem um ângulo de 90º ao realizar a extensão de ombros e flexão de cotovelos.

Figura 9.11

Execução:

Extensão de ombros e flexão de cotovelos

Figura 9.12

Músculos principais atuantes:

Grande dorsal, redondo maior e bíceps.

Alguns erros comuns:

- "Pegada" aberta ou fechada demais, promovendo menor amplitude de movimento.
- Realizar a flexão e hiperextensão do tronco durante todo o movimento.
- Na fase excêntrica, deixar os braços demasiadamente à frente.

Outras variações nas posições corporais podem ser realizadas, como, por exemplo, no aparelho de remada fechada, no exercício de remada fechada com o joelho apoiado no banco ("serrote") ou com halteres.

Figura 9.13

O importante é que a execução do movimento (extensão de ombro com flexão de cotovelo) seja a mesma, para ativação dos músculos envolvidos. Essas variações podem ser utilizadas como motivação de variação de treino. Mas a musculatura envolvida é a mesma.

Observação: É importante ressaltar que a maior diferença entre as remadas reside na movimentação da articulação do ombro. Ao realizar a extensão horizontal de ombros ou abdução horizontal de ombros, uma maior ação dos rombóides parece existir. No entanto, ao executar a extensão dos ombros, uma maior ação do grande dorsal parece ser estimulada.

Terra

Posição inicial:

Indivíduo em pé, sustentando a barra.

Figura 9.14

Execução:

A partir do final da fase excêntrica do movimento, inicia-se a extensão do tronco, chegando-se até a posição inicial.

Figura 9.15

Músculos principais atuantes:

Musculatura paravertebral, posteriores de coxa e glúteo máximo.

Alguns erros comuns:

- Ao realizar a fase excêntrica, não manter as curvaturas fisiológicas íntegras.
- Manter a coluna flexionada durante todo o movimento.

Esse exercício apresenta uma maior necessidade de percepção corporal para que seja realizado adequadamente. Nesse caso, também é necessário que a musculatura paravertebral seja forte suficiente para sustentar esse movimento. No entanto, esse movimento normalmente é banido nas salas de musculação. Mas lembre-se que ele faz parte do cotidiano do ser humano. Para minimizar o risco, normalmente é priorizado o movimento no qual a barra alcance até a altura do joelho.

Figura 9.16

Na verdade, o importante é que durante a execução não ocorra uma flexão da coluna. Essa flexão promove uma menor ação da paravertebral e uma maior compressão intradiscal.

Muitos indivíduos, em especial atletas, utilizam esse movimento com os joelhos estendidos com o objetivo de priorizar posteriores de coxa e glúteo máximo. Essa variação pode ser utilizada, mas para indivíduos treinados, visto que a compressão intradiscal é extremamente aumentada. O importante para a maior parte da população em academias é o movimento até a linha dos joelhos, no qual os mesmos apresentam-se ligeiramente flexionados e fazem que não ocorra alteração fisiológica das curvaturas da coluna.

Posição inicial:

Indivíduo em decúbito ventral.

Figura 9.17

Execução:

A partir do final da fase excêntrica do movimento, inicia-se a extensão do tronco, chegando-se até a posição inicial.

Figura 9.18

Músculos principais atuantes:

Musculatura paravertebral.

Alguns erros comuns:

- Ao realizar a fase excêntrica, não manter as curvaturas fisiológicas íntegras.
- Manter a coluna flexionada durante o movimento.

Esse exercício, ao contrário do anterior (Terra), é de fácil execução, mas o cuidado deve ser o mesmo no tocante a execução com a coluna flexionada. O importante é manter as curvaturas íntegras para evitar o aumento da compressão intradiscal. Sendo assim, esse movimento deve chegar normalmente até 70^0 na fase excêntrica, para evitar naturalmente uma flexão da coluna e aumento da compressão dos discos.

Membros Inferiores

Agachamentos

Posição inicial:

Indivíduo em pé, pés paralelos, joelhos quase estendidos e com a barra apoiada na linha do trapézio.

Figura 9.19

Execução:

Ao final da fase excêntrica, é realizada uma extensão de joelhos e quadris.

Figura 9.20

Músculos principais atuantes:

Glúteo máximo, quadríceps e posteriores de coxa.

Alguns erros comuns:

- Executar uma extensão completa de joelhos e quadris, realizando um "tranco" nas articulações.
- Projetar o tronco excessivamente à frente na fase excêntrica do movimento.
- Colocar a barra na região cervical.

O exercício agachamento é uma das atividades consideradas básica para desenvolvimento de força e hipertrofia. Na verdade, estão envolvidas três articulações: tornozelo, joelho e quadril. A mobilização de cargas normalmente é elevada, fazendo que sua prescrição ocorra em basicamente todos os programas de prescrição de exercícios de força para indivíduos treinados, destreinados ou não treinados.

Certamente, nem todos os praticantes do treinamento de força nas academias conseguem realizar adequadamente esse exercício com a barra livre. Desta forma, algumas variações podem ser executadas, mas os grupamentos musculares priorizados continuam os mesmos. Os exercícios agachamento no *Smith Machine*, "Afundo" e *leg-press* podem ser variações executadas com segurança. A seleção de uma dessas ou outras variações dependem de uma avaliação do profissional em relação ao seu aluno e sua capacidade de execução no exercício.

Figura 9.21 *Smith Machine*.

Figura 9.22 Afundo.

Figura 9.23 *Leg-press*.

Os experimentos em relação ao agachamento na literatura são diversos. No entanto, nossa proposta é demonstrar alguns que possuam maior aplicação prática. Caterisano et al. (2002) desenvolveram um experimento para medir a contribuição de quatro grupamentos musculares em três diferentes profundidades no agachamento. Dez levantadores de peso realizaram o agachamento parcial, paralelo ao solo, e o profundo, utilizando 100 a 125% do peso corporal como resistência. Eletrodos de superfície foram utilizados para medir o Vasto Medial Oblíquo (VMO), o Vasto Lateral (VL), o Bíceps Femoral (BF) e o Glúteo Máximo (GM). O resultado demonstrou uma diferença significativa na contribuição do GM durante a fase concêntrica nas diferentes profundidades: parcial (16,9%), paralelo (28%) e profundo (35,4%). Não houve diferença significativa entre a contribuição do BF, VMO e o VL nas diferentes fases do agachamento. Os resultados sugerem que o GM, mais do que o BF, VMO e VL tornam-se mais ativos na fase concêntrica de acordo com a profundidade da execução do agachamento.

Segundo Cotterman et al. (2005), o propósito do experimento foi comparar a carga em 1 RM no agachamento com peso livre e no *Smith Machine*. Ambos os exercícios foram executados até as coxas estarem paralelas ao solo. A carga obtida (kg) no *Smith* foi superior ao peso livre. Acreditamos que esses resultados tenham sido obtidos em razão do equilíbrio, mas isso não quer dizer que houve um maior recrutamento da musculatura. Aliás, essa foi uma limitação do estudo.

Fry et al. (2003) questionam algumas recomendações no agachamento livre que sugerem que as pernas devam ficar paralelas, evitando que os joelhos ultrapassem as pontas dos pés. Esse estudo avaliou a cinemática das articulações quando os joelhos estavam restritos (Figura 9.24) *versus* não restrito (Figura 9.25). Sete homens foram avaliados ao desempenhar duas variações de agachamento. Em um movimento, o joelho poderia mover-se levemente para trás (Figura 9.25) ou uma barreira de madeira limitaria o movimento (Figura 9.24). Diferentes resultados de torque entre o joelho e quadril foram obtidos na fase estática em ambos agachamentos. Para o agachamento não restrito, o torque no joelho foi de 150,1 ± 50,8 e no quadril de 28,2 ± 65,0. Para o agachamento restrito, o torque no joelho foi de 117,3 ± 34,2 e no quadril 302,7 ± 71,2. As aplicações práticas desse experimento sugerem que ao restringir o movimento dos joelhos, minimiza o estresse sobre o mesmo, mas aumenta sobre o quadril. Ao não restringir, aumenta sobre o joelho, mas diminui no quadril. Sendo assim, os autores desse experimento sugerem que uma leve projeção do joelho possa ser indicada. Os mesmos sugerem que a decisão deve ser tomada de acordo com a necessidade de cada indivíduo.

Figura 9.24 Agachamento restrito.

Figura 9.25 Agachamento não restrito.

Boyden et al. (2000) avaliaram a questão da posição dos pés e a sua possível ação no vasto medial, vasto lateral e reto femoral. O experimento utilizou eletromiografia de superfície com 65 a 75% de carga obtida em 1 RM. Seis levantadores de peso experientes desempenharam o agachamento com rotação interna de coxa em 10^0, 0^0 (posição neutra), com rotação externa de coxa em 10^0 e 20^0. Em nenhum dos casos ocorreu diferença significativa na musculatura analisada. Os autores sugerem que se deva desempenhar o agachamento em uma posição confortável e segura, evitando risco de lesões.

Conforme dito anteriormente, não temos a pretensão de discutirmos os diversos estudos da literatura em relação ao agachamento, mas gostaríamos de chamar a atenção do grau de dificuldade em selecionar o exercício de acordo com a necessidade ou limitação do indivíduo.

Panturrilha

Basicamente, os exercícios para panturrilha podem ser divididos em duas formas: os exercícios que são realizados com os joelhos estendidos e os com os joelhos flexionados. Os com joelhos estendidos normalmente priorizam uma maior ação do gastrocnêmio e os com joelhos flexionados proporcionam uma maior ação do sóleo.

Figura 9.26 Exercício com joelho estendido.

Figura 9.27 Exercício com joelho flexionado.

Posição inicial:

Sentado com o apoio próximo ao calcâneo, com o joelho no eixo de rotação do aparelho.

Figura 9.28

Execução:

Flexão de joelhos.

Figura 9.29

Músculos principais atuantes:

Posteriores de coxa.

Alguns erros comuns:

- Flexionar o joelho mais que 90º entre coxa e perna.
- Elevar os quadris na fase concêntrica.

Outras formas de execução desse exercício, visando ao posterior de coxa, são a flexora em pé ou deitado. Normalmente, a escolha entre esses exercícios é feita de acordo com o objetivo e a necessidade do aluno.

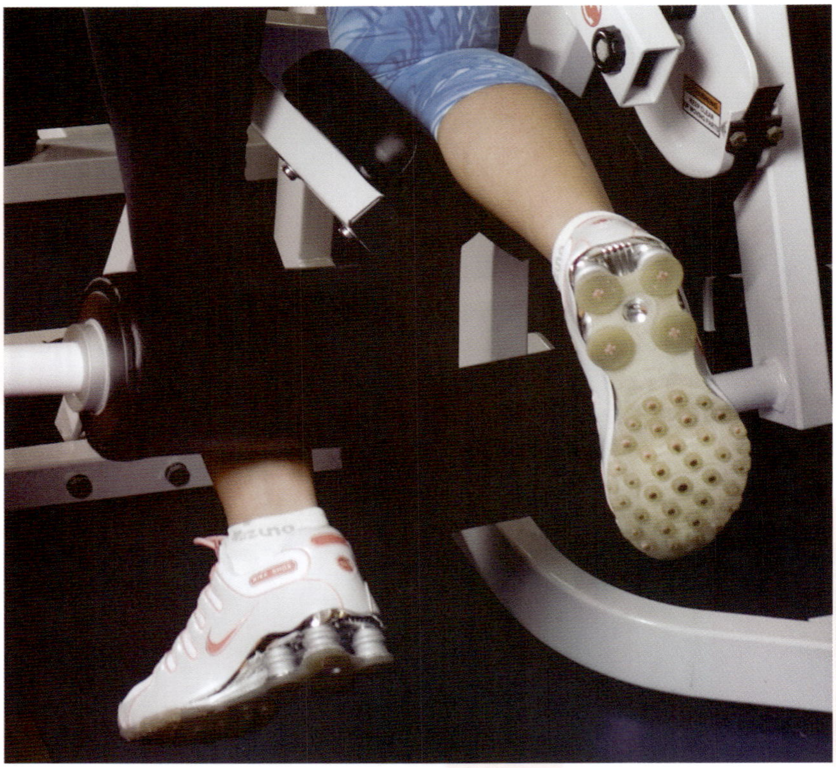

Figura 9.30 Flexora em pé.

Figura 9.31 Flexora deitado.

Em um estudo realizado por Wright et al. (1999), foram comparados três movimentos envolvendo os posteriores de coxa em 11 homens treinados, desempenhando três repetições com 75% de 1 RM na cadeira flexora, *Stiff* ("peso morto") e o agachamento livre. A eletromiografia integrada (EMG) e o pico da EMG foram utilizados no bíceps femoral e semitendinoso, durante a fase concêntrica e excêntrica. Os resultados foram os seguintes: a fase concêntrica na flexora e no *Stiff* foram as que obtiveram maior atividade EMG, sem diferença significativa entre eles. O agachamento na fase concêntrica demonstrou um pouco mais da metade da atividade EMG nos outros dois exercícios. Os autores concluíram que a flexora como o *Stiff* envolve a ação do posterior de coxa de forma similar, enquanto o agachamento envolve, aproximadamente, 70% da ação do posterior quando comparado aos outros dois movimentos.

Extensora

Posição inicial:

Sentado com o apoio na articulação do tornozelo, com o joelho no eixo de rotação do aparelho.

Figura 9.32

Execução:

Extensão de joelhos.

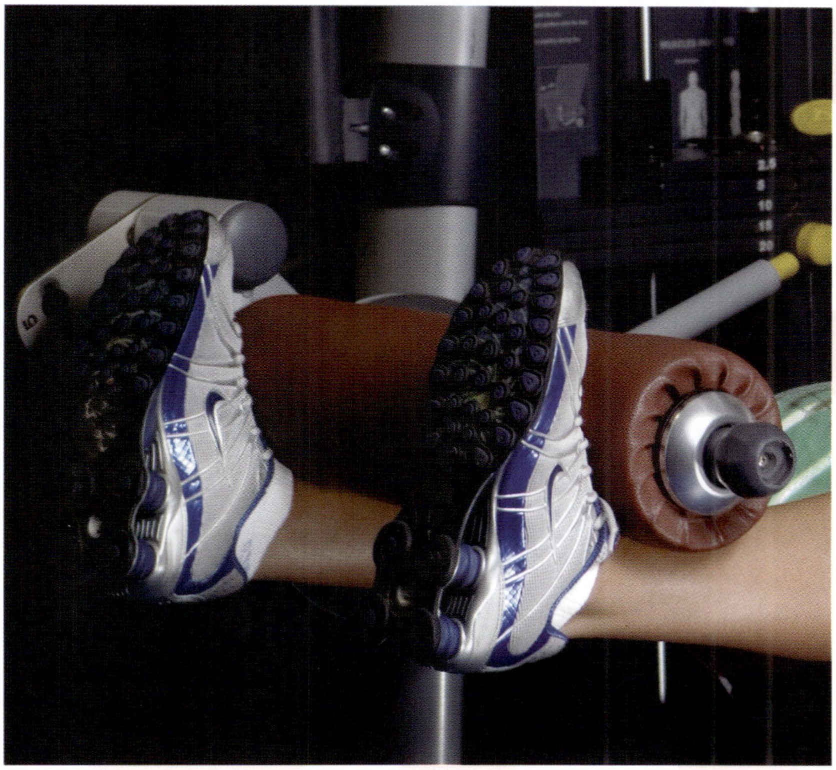

Figura 9.33

Músculos principais atuantes:

Quadríceps.

Alguns erros comuns:

- Elevar os quadris na fase concêntrica.
- Na fase excêntrica, ultrapassar os 90º.
- Hiperlordotizar a região lombar.

Gomez et al. (2005) investigaram as variações eletromigraficas (EMG) em diferentes posições da cadeira extensora e suas possíveis modificações de alteração de sinal na musculatura dos Eretores da Coluna (EC), Vasto Medial (VM), Vasto Lateral (VL) e Reto Femoral (RF). Dez homens e dez mulheres desempenharam oito repetições com 70% de 8 RM nos ângulos de 90^0, 100^0 e 110^0 de inclinação do encosto do banco em relação ao assento. Os resultados indicaram uma maior ativação dos EC em 110^0 e uma maior ativação no VM (fase concêntrica) e VL (fase excêntrica) em 90^0. No RF, não houve diferença significativa em nenhuma das posições avaliadas, exceto de que em 110^0 foi mais elevada do que em 100^0 (fase concêntrica). Os autores concluíram que o encosto em inclinação de 90^0 é a melhor posição, pois essa angulação maximiza a ativação do quadríceps enquanto o estresse diminui nos EC.

Stoutenberg et al. (2005) verificaram o impacto na posição dos pés no quadríceps em análise por eletromiografia (EMG) na cadeira extensora. Vinte quatro homens e mulheres desempenharam oito repetições com 70% de 8 RM com as pernas em rotação medial, rotação lateral e posição neutra e suas possíveis ações no Vasto Lateral (VL), Vasto Medial (VM) e Reto Femoral (RF). A maior ação do VM e VL ocorreu na rotação interna. O RF teve sua maior atuação na rotação externa. Os respectivos autores concluem que esses achados são aplicáveis em atletas e fisiculturistas que objetivam aumentar seletivamente o tamanho muscular e desempenho em partes específicas do quadríceps. Talvez esses resultados também possam contribuir em um estágio de reabilitação.

Peitoral

Supino Horizontal

Posição inicial:

Decúbito dorsal, ombros flexionados e cotovelos estendidos. As mãos devem posicionar-se de modo que, na fase excêntrica do movimento, ocorra um ângulo de 90^0 entre braço e antebraço.

Figura 9.34

Execução:

Flexão horizontal de ombros ou adução horizontal de ombros e extensão de cotovelos.

Figura 9.35

Músculos principais atuantes:

Peitoral maior e menor, deltóide anterior e tríceps.

Alguns erros comuns:

- Hiperlordotizar a região lombar na fase excêntrica do movimento.
- Não direcionar a barra na direção da região mesoexternal.

Como em outros exercícios, o supino horizontal é considerado um exercício básico no desenvolvimento de força e hipertrofia na musculatura do peitoral. Entretanto, outros exercícios podem ser utilizados como, por exemplo, crucifixo horizontal com halteres, supino 30^{0}, crucifixo 30^{0}, entre outros.

Figura 9.36

Figura 9.37

Figura 9.38

Glass e Armstrong (1997) verificaram a relação entre o recrutamento de unidades motoras por eletromiografia em duas áreas do peitoral maior em duas formas de execução do supino. Quinze homens experientes completaram seis repetições do supino em posição inclinada (30º) e declinada (15º). Os resultados demonstraram que uma maior carga em 1 RM foi obtida de forma significativa no supino declinado. Na porção inferior do peitoral, o supino declinado possuiu maior ativação de forma considerável em relação ao supino 30º em ambas as fases (concêntrica e excêntrica). Na porção clavicular do peitoral, não houve diferença significativa em nenhuma fase entre os diferentes supinos. Os autores concluem que existe alteração no recrutamento na parte inferior do peitoral entre os diferentes supinos, mas o mesmo não ocorreu na porção clavicular.

Barnett et al. (1995) investigaram quatro diferentes posições no supino: supino horizontal, supino inclinado (40º), declinado (-18º) e inclinado com o tronco próximo a 90º. Utilizou-se a eletromiografia em seis homens treinados com 80% da carga determinada como máxima, em cinco musculaturas distintas. A porção esternal do peitoral maior foi mais ativa no supino horizontal do que no declinado. A porção clavicular do peitoral não foi mais ativada no inclinado do que no supino horizontal, mas foi menos ativa no declinado. A ação do deltóide anterior tendeu a aumentar com o crescimento da inclinação do tronco. A porção longa do tríceps foi mais ativa durante o declinado e o horizontal do que nas outras duas condições. O grande dorsal possui baixa estimulação em todas as condições avaliadas.

Welsch et al. (2005) verificaram a diferença de ativação na eletromiografia no peitoral maior e deltóide anterior em três exercícios: supino horizontal com a barra, supino com halteres e crucifixo. Doze homens e mulheres com diferentes níveis de treinamento desempenharam 6 RM. A ativação das unidades motoras não foi significativamente diferente durante os três exercícios. No entanto, o grau de recrutamento no supino com a barra foi levemente superior aos outros dois exercícios, mas não de forma significativa. Todavia, o crucifixo teve significativamente menor tempo de recrutamento do que os outros dois exercícios. O tempo de recrutamento no supino com a barra foi significativamente superior ao supino com halteres. Portanto, o crucifixo pode ser um exercício auxiliar, enquanto os outros dois exercícios podem ser alternados em diferentes programas de treinamento.

Ombro e Trapézio

Desenvolvimento

Posição inicial:

Indivíduo em pé, com os braços elevados e cotovelos estendidos. A "pegada" deve ser aquela em que, ao realizar a fase excêntrica, o braço e antebraço formem um ângulo de 90^0.

Figura 9.39

Execução:

Abdução de ombros com a extensão do cotovelo.

Figura 9.40

Músculos principais atuantes:

Deltóide (parte acromial e clavicular), trapézio e tríceps.

Alguns erros comuns:

- Hiperlordotizar a região lombar no movimento.
- Não direcionar a barra na direção da região do manúbrio.

Outros exercícios podem ser utilizados para o desenvolvimento da força e hipertrofia do ombro e trapézio. Vale ressaltar que os músculos da região escapular atuam fortemente nos exercícios de supino como descritos acima, no entanto, variações como a elevação lateral e o encolhimento podem e devem ser usados como variações nos programas de treinamento. As remadas também são boas variações, sendo que existe uma forte atuação do bíceps por causa da flexão de cotovelos.

Figura 9.41 Elevação lateral.

Figura 9.42 Encolhimento.

Bíceps

Posição inicial:

Indivíduo em pé, com os cotovelos estendidos, segurando a barra.

Figura 9.43

Execução:

Flexão de cotovelos.

Figura 9.44

Músculos principais atuantes:

Bíceps.

Alguns erros comuns:

- Realizar a hiperextensão do tronco na fase concêntrica do movimento.
- Executar uma flexão de ombro acentuada durante a fase concêntrica.

Conforme descrito anteriormente em outros exercícios, além do exercício "rosca" bíceps direta exposto acima, diversas outras variações podem ser realizadas nesse tradicional exercício chamado "rosca" bíceps. Dentre as quais, podemos destacar a "rosca" 45^0 e a "rosca" concentrada.

Figura 9.45 Rosca 45^0.

Figura 9.46 Rosca concentrada.

Tríceps

Posição inicial:

Indivíduo em decúbito dorsal com os cotovelos estendidos sustentando a barra.

Figura 9.47

Execução:

Extensão de cotovelos.

Figura 9.48

Músculos principais atuantes:

Tríceps.

Alguns erros comuns:

- Hiperlordotizar a região lombar na fase concêntrica do movimento.
- "Abrir" demasiadamente os cotovelos durante o movimento.

Além do exercício tríceps testa, algumas variações são comumente utilizadas nas salas de musculação: o tríceps supinado e o tríceps francês.

Figura 9.49 Tríceps supinado.

Figura 9.50 Tríceps francês.

Em um experimento proposto por Cosio-Lima et al. (2003), foram comparados os efeitos de cinco semanas de treinamento na bola Suíça ou *Physioball* e exercícios convencionais no solo. O grupo experimental (15) desempenhou as flexões parciais de tronco e as extensões de tronco sobre a bola Suíça, enquanto o grupo controle (15) realizou os mesmos exercícios em solo. A eletromiografia (EMG) foi usada na situação de pré e pós-treinamento no reto-abdominal e eretores da coluna. O grupo do *Physioball* apresentou maiores níveis significativamente de EMG em relação ao grupo controle. No entanto, os níveis de força medidos em aparelho isocinético (*Cybex*) não apresentaram diferenças. A conclusão do experimento foi de que em uma fase inicial de treinamento o trabalho realizado na *Physioball* apresenta maiores ganhos de equilíbrio e atividade neural em mulheres não treinadas. Os ganhos de força em cinco semanas de treinamento não apresentaram diferença.

Marshall e Murphy (2006) compararam a atividade muscular por eletromiografia (EMG) em 14 indivíduos treinados no exercício supino com halteres na bola Suíça e no solo e sua ação na musculatura do peitoral, reto-abdominal e deltóide. Os resultados demonstraram que a atividade no deltóide anterior, reto-abdominal, transverso, oblíquo interno foram significativamente maiores ao utilizar a bola Suíça. O peitoral maior também apresentou diferença significativa ao realizar o supino na bola Suíça, mas esse maior recrutamento foi observado na fase concêntrica. Desta forma, os autores concluem que a bola Suíça pode ser uma alternativa a ser utilizada em um treinamento de força. Mas os mesmos também reforçam que estudos longitudinais devam ser feitos para verificação nos ganhos de força.

Bird et al. (2006) compararam o *Ab-Slide* com a flexão de tronco parcial através de eletromiografia (EMG) na musculatura Superior do Abdômen (SA), Oblíquo Externo (OE) e região Inferior do Abdômen (IA). "Para os leitores visualizarem, o *Ab-Slide* é semelhante ao movimento de encerar o solo". Os resultados demonstraram que durante a fase concêntrica, o OE e a IA foram maiores na flexão parcial de tronco. Durante a fase excêntrica, o OE, IA e AS foram maiores no *Ab-Slide*. Desta forma, os autores concluem que o *Ab-Slide* pode ser uma forma de variação de exercício, mas que a flexão parcial de tronco deve permanecer como exercício tradicional para a musculatura estudada.

Outros diversos estudos podem ser encontrados na literatura abordando diferentes formas de execução e sua capacidade de atividade EMG na região abdominal. No entanto, gostaríamos de lembrar que as variações podem e devem ser utilizadas, senão como melhor forma de recrutamento, pelo menos como forma de motivação pela variação. O que nos preocupa são as variações inusitadas e, ao mesmo, tempo mirabolantes, fazendo que a coluna vertebral esteja completamente fora do alinhamento articular. Acreditamos que pelo menos o bom senso da fisiologia músculo articular deve prevalecer.

Figura 9.51

Figura 9.52

Referências Bibliográficas

Barnett C, Kippers V, Turner P. Effects of variations of the bench press exercise on the EMG activity of five shoulder muscles. Journal Strength Conditioning Research. 1995; 9: 222-227.

Bird M, Fletcher KM, Koch AJ. Electromyographic comparison of the Ab-Slide and crunch exercises. Journal Strength Conditioning Research. 2006; 20:436-440.

Boyden G, Kingman J, Dyson R. A comparison of quadriceps electromyographic activity with the position of the foot during the parallel squat. Journal Strength Conditioning Research. 2000; 14: 379-382.

Caterisano A, Moss RF, Pellinger TK, Woodruff K, Lewis VC, Booth W, Khadra T. The effect of back squat depth on the EMG activity of 4 superficial hip and thigh muscles. Journal Strength Conditioning Research. 2002; 16: 428-432.

Cosio-Lima LM, Reynolds KL, Winter C, Paolone V, Jones MT. Effects of physioball and conventional floor exercises on early phase adaptations in back and abdominal core stability and balance in women. Journal Strength Conditioning Research. 2003; 17: 721-725.

Cotterman ML, Darby LA, Skelly WA. Comparison of muscle force production using the smith machine and free weights for bench press and squat exercises. Journal Strength Conditioning Research. 2005; 19: 169-176.

Fry AC, Smith JC, Schilling BK. Effect of kneew position on hip and kneew torques during the barbell squat. Journal Strength Conditioning Research. 2003; 17: 629-633.

Glass SC, Armstrong T. Electromyographical activity of the pectoralis muscle during incline and decline bench presses. Journal Strength Conditioning Research. 1997; 11: 163-167.

Gomez TR, Ma F, Adams JB, Stoutenberg M, Signorile JF. The impact os seat back angle on electromyographical activity of the lower back and quadriceps muscles during bilateral knee extension. Journal Strength Conditioning Research. 2005; 19: 908-917.

Lantz J, Mc Namara S. Modifying the latissimus pull-down exercise for athletes with shoulder injury. National Strength & Conditioning Association. 2003; 25: 67-69.

Marshall PWM, Murphy BA. Increased deltoid and abdominal muscle activity during swiss ball bench press. Journal Strength Conditioning Research. 2006; 20: 745-750.

Signorile JE, Zink AJ, Szwed SP. A comparative eletromyographycal investigation of muscle utilization patterns using various hand positions during the lat pull-down. Journal Strength Conditioning Research. 2002; 16: 539-546.

Stoutenberg M, Pluchino AP, Ma F, Hoctor JE, Signorile JF. The impact of foot position on electromyographical activity of the superficial quadriceps muscles during leg extension. Journal Strength Conditioning Research. 2005; 19: 931-938.

Welsch EA, Bird M, Mayhew JL. Electromyographic activity of the pctoralis major and anterior deltoid muscles during 3 upper-body lifts. Journal Strength Conditioning Research. 2005; 19: 449-452.

Wright GA, DeLong TH, Gehlsen G. Electromyographic activity of the hamstrings during performance of the leg curl, stiff-leg deadlift, and back squat movements. Journal Strength Conditioning Research. 1999; 13: 168-174.

Sobre os Autores

Steven Fleck é diretor do departamento de Ciências do Esporte do Colorado College, em Colorado Springs. Foi diretor responsável pelo Programa de Condicionamento Físico do Comitê Olímpico dos Estados Unidos da América. Atuou como preparador físico da Confederação Alemã de Voleibol.

Como renomado especialista de nível internacional em treinamento de força e treinamento anaeróbio, Dr. Fleck foi vice-presidente da NSCA (Associação Nacional de Treinamento de Força e Condicionamento Físico – USA). Membro do American College of Sport Medicine, foi condecorado como cientista do ano em 1991, recebendo o NSCA Lifetime Achievement Award em 2006.

Autor de vários livros e inúmeros artigos sobre treinamento de força e condicionamento físico.

Sobre os Autores

Roberto Simão
Professor da Escola de Educação Física e Desportos - Universidade Federal do Rio de Janeiro.
Doutor em Educação Física pela Universidade Gama Filho (UGF).
Mestre em Educação Física (UGF).
Pós-Graduado em Musculação e Treinamento de Força (UGF).
Pós-Graduado em Treinamento Desportivo (UGF).
Membro do National Strength Conditioning Association.
Docente convidado da Pós-Graduação lato sensu da Universidade Gama Filho.